解剖犯罪實驗室

BRANDON L. GARRETT

×

AUTOPSY OF A CRIME LAB

×

EXPOSING THE FLAWS IN FORENSICS

布蘭登・葛雷特／著
朱崇旻／譯

目次
Contents

目 次

Contents

獻給凱瑞（Kerry）、亞歷克斯（Alex）與扎克（Zack）

第一部
鑑識科學的危機
The Crisis in Forensics

前言
Introduction

請想像一下：你被選為刑事訴訟的陪審員，看著一位專家坐上證人席，他表示自己是資深指紋鑑識人員，在維吉尼亞州匡提科的聯邦調查局、全美最優秀的鑑識實驗室供職。前些日子發生了恐怖攻擊事件，一百九十三人在一連串的爆炸中喪生。現在，專家胸有成竹地表示，他將被告的指紋與犯罪現場附近一輛白色廂型車內裝有爆裂物的袋子上採集到指紋進行比對，在用電腦螢幕仔細研究高解析度的指紋之後，他發現兩枚指紋有十五個特徵點相同。於是，專家提出明確的結論：「兩者百分之百吻合。」接著，他請兩名經驗豐富的同僚——他所在單位的負責人與一名有三十五年資歷的退休聯邦調查局鑑識人員——檢視兩枚指紋。這三位專家一致認為，被告的指紋與袋子上的指紋百分之百相同。

法官請身為陪審員的你仔細檢視所有證據。法官告訴你，你必須排除合理懷疑，確認被告就是犯人，才能判定被告有罪。在這種情況下，你會如何裁決？

「法官大人，那不是我的指紋。」面對擺在眼前的證據，被告如此說道。

「什麼⋯⋯」法官回道。「這不是你的指紋？」

「就算是，我也不知道它為什麼會出現在那個地方，」被告堅定地說。「那不是我的指紋。」

這不是假想的案件，在奧勒岡州的聯邦法庭上，於奧勒岡州波特蘭市執業的律師布蘭登．梅菲爾德（Brandon Mayfield）為了自己的自由奮力辯白。聯邦探員在法庭上表示，他們在西班牙馬德里四輛通勤列車爆炸現場附近一個裝有爆裂物的袋子上發現他的指紋，該案造成一百九十三人死亡、約兩千人受傷。法官選擇相信聯邦調查局的證據，將梅菲爾德視為恐攻案件的重要證人加以拘留。梅菲爾德知道自己是無辜的。他從未去過西班牙。他在多年前皈依伊斯蘭教，調查局推測，也許他已效忠於伊斯蘭激進組織，並以假名出國。基於上述種種因素，梅菲爾德面臨無期限監禁（indefinite detention）與死刑，這起案件後來也改變了鑑識科學的發展軌跡。

如果案件唯一的證據是指紋比對，你會判定被告有罪嗎？那如果你拿到的是咬痕比對、藥物檢驗或ＤＮＡ鑑定結果呢？在做出宣告一個人有罪的重大決定之前，你應該先問：這份證據有多可靠？鑑識證據泛指法律上使用科學方法得來的證據；我在本書中也會討論刑事案件中用到的各種鑑識證據。令人驚訝的是，許多鑑識人員使用的方法都沒有扎實的科學研究根據。事實上，除了ＤＮＡ鑑定外，在刑事審判中將證據與特定被告連結起來的專家證人無法明確回答「你的證據有多可靠？」這個問題。我們從一百多年前就開始使用指紋鑑定等技術，總有人知道這些方法有多可靠。然而，這些方法的可靠性（reliability）不僅未經測試、無人知曉，專家也不會對法官與陪審團坦承其鑑識工作背後的不確定性。這些專家不會告訴你，沒有人仔細測試過他們慣用的這些檢驗方法是否可靠，他們所供職的鑑識實驗室也缺乏嚴格的測試程序。相反地，這些鑑識分析師在法庭作證時，就像大眾喜愛的鑑識影集中的演員一樣：他們聲稱找到了完美匹配的證據。我們以熱門節目《CSI犯罪現場：邁阿密》的某集為例，有一段劇情和梅菲爾德的案件有些相似，調查員只找到一枚指紋。一流調查員艾瑞克．戴可看著圖像表示：「這裡有帳形紋。」戴可用電腦分析指紋，結果出乎意料，竟與受害者未婚夫的指紋相似度百分九十九．三二。片刻後，警員逮捕了那名未婚夫，押著他走出家門。案件終結。[1]

偵辦梅菲爾德案件的聯邦調查局分析師甚至更加有把握：他們「百分之百」確信那就是梅菲爾德的指紋。當西班牙當局發表一份與其結論相左的調查報告時，聯邦調查局的指紋分析師表示強烈反對，他們甚至將鑑定結果與放大的影像發送給西班牙當局。聯邦調查局先是二十四小時監視梅菲爾德，接著將他逮捕。梅菲爾德的律師告訴他，他很可能被無期限監禁，甚至判處死刑。然而，二〇〇四年五月二十日，出乎意料的事情發生了：檢察官在法庭上告訴法官，那天早上政府「收到西班牙傳送過來的資料」，這份資料「推翻了指紋分析的結果」，西班牙當局「完全確定」那枚指紋屬於一名已知的阿爾及利亞恐怖分子。聯邦調查局同意釋放梅菲爾德，幾天後撤銷了所有指控，向梅菲爾德致歉；隨後展開了一場內部調查。[2]

我們的鑑識實驗室需要接受徹底的檢驗。這起事件對梅菲爾德和他的家人造成了深深的傷害。從調查局探員失敗的鑑識分析來看，我們對於鑑識證據的可靠性知之甚少。我們必須找出這些錯誤為什麼會發生的原因。畢竟，指紋做為法庭證據已有一百多年的歷史。數十年來，指紋鑑識人員一直堅稱他們的錯誤率為零。倘若三位經驗豐富的指紋專家在這起備受矚目的案件中都提出了錯誤的分析結果，那麼我們是不是該質疑指紋分析的可靠性？其他鑑識方法呢？面對這些問題，我們該嚴謹地探討鑑識技術背後的科學根據。在梅菲爾德事件過後，美國司法部確實執行了一次小型檢驗，報告中長篇大論地指出該案的偵辦與鑑識過程中的問題。然而，調查員並未試圖回答最根本的問題以解開陪審團心中的疑惑：指紋比對結果究竟有多可靠？沒有人進行相關的科學研究。調查員只在檢討報告中簡單地提到，根據批評者的說法，指紋辨識的基本原理仍有待科學證明。他們另外寫道，一些辯護律師與學者提出質疑，是否能用指紋證據推斷出肯定結論……但除此之外，他們沒有再深入檢視這些鑑識方法的可靠性。[3]

多年來，持續有一些人提出對於鑑識方法可靠性的質疑，但這些聲音主要來自學界，也一直未能成功傳達到法院內部。尤其當DNA鑑定在一九九〇年代普及化之後，權威科學家、法學教授、社會科學家和一些辯護律師也開始提出疑問：撇開DNA鑑定不談，過去傳統的鑑識方法背後究竟存在什麼研究根據？但是，沒有人理會他們的疑問。一九九三年，美國最高法院下達了道伯訴梅洛道製藥公司（*Daubert v. Merrell Dow Pharmaceuticals, Inc.*）的判決，表示聯邦法官必須做為把關者，確保專家使用可靠的鑑識方法。多個州份採用這項聯邦規定後，律師們本以為法官最終會在法庭上嚴謹審視鑑識科學方法，也確實有少數幾位法官躊躇地提出了對於指紋辨識可靠性的擔憂，卻立刻被聯邦調查局駁回，並斷言這種技術萬無一失。

梅菲爾德等案件逐漸揭露的真相，開始侵蝕執法部門、鑑識分析師和檢察官圍繞鑑識證據所築起的沉默高牆。本書第一部分將描述律師、科學家與調查員揭露鑑識科學危機的過程。無故受害的不只有梅菲爾德，在他洗刷罪名過後不久，維吉尼亞州一個名為基斯．霍華德（Keith Harward）的受刑人寫了一封又一封信，希望能透過DNA鑑定重獲清白。在先前的訴訟過程中，牙醫聲稱霍華德的齒印與受害者身上的咬痕相符。沒有人相信他是無辜的，直到他的一封信寄到由律師貝里．薛克（Barry Scheck）與彼得．內費爾德（Peter Neufeld）在紐約創立的非營利組織清白專案（Innocence Project），才有人願意重新檢視他的案件。而在華府，公設辯護人珊德拉．萊維克（Sandra Levick）找出一連串的懸案，辦案的聯邦探員都對於毛髮比對結果提出了過於誇大的證詞。萊維克同樣開始以現代DNA鑑定的方式，還舊案中被冤枉的人們一個清白。

除此之外，研究者也紛紛提出了新的問題。頂尖統計學家開始質疑鑑識科學中存在的種種機率，畢竟每一個結論都存在一定程度的不確定性，百分之百吻合的狀況是不存在的。心理學家艾提爾・卓爾（Itiel Dror）著手研究認知偏誤在鑑識科學扮演的角色；內費爾德和我則開始檢視數百起案件，觀察事後因DNA鑑定而翻案、無辜者重獲自由的訴訟中出現何種證詞。我們的研究結果相當驚人：此類案件中，冤枉的定罪有超過半數以上都是鑑定方面的錯誤所致。[4]這時候，專業的鑑識科學界內部也出現了反對的聲音，幾位鑑識學家開始小心謹慎地提出質疑。

人們開始質疑各種鑑識方法，並且仔細檢視鑑識實驗室。二〇〇四年，梅菲爾德被捕的那一年，休士頓一間鑑識實驗室因接二連三出錯而關閉；這場大災難的審查者便是知名的前聯邦檢察官麥克・布羅姆維奇（Michael Bromwich）。萊維克很快地發現，布羅姆維奇過去曾審查過聯邦調查局多起毛髮比對案件中的問題證詞，其中也包括萊維克客戶的案件。布羅姆維奇審查的案件中，有百分之九十五都牽扯到聯邦調查局專家錯誤的證詞，專家對於鑑識技術的可靠性做出不實證詞，影響不少案件的結果，甚至是數起死刑案的判決。這段時期還發生其他鑑識相關危機，卻無人找出問題的本源。索妮雅・法拉克（Sonja Farak）與安妮・杜漢（Annie Dookhan）在麻州任職的實驗室假造大量的檢驗數據，兩人被逮後，總計有超過四萬起案件翻案。從伊利諾州芝加哥、俄亥俄州克里夫蘭到麻州阿姆赫斯特（Amherst），大大小小的城市都有鑑識實驗室受到審核評估，也有案件重啟調查，甚至連西維吉尼亞州、蒙大拿州的州立鑑識實驗室也難逃審查。媒體開始報導關於鑑識分析出錯的消息，並引人懷疑此種不甚準確的鑑識結果致使一些無辜民眾被判處死刑。

面對逐漸擴大的全國問題，美國國會遂要求國家科學院（National Academy of Sciences, NAS）進行調查並做出報告。調查委員會由多位頂尖科學家、鑑識實驗室主持人、法官和律師所組成。委員會共同主持人之一、聯邦上訴法院法官哈利．愛德華茲（Harry Edwards）過去一直認為鑑識科學提供的是完美無瑕的證據，在委員會的律師和科學家調查了數百起和梅菲爾德狀況相似的案件之後，他大感震驚。二〇〇九年二月十六日，調查報告出爐當天，美國鑑識科學學會（American Academy of Forensic Sciences, AAFS）的全國會議似乎凝結了。那份三百頁的報告提出再明確不過的結論。簡而言之，就是：「除了細胞核DNA分析之外，沒有嚴謹的研究顯示任何一種鑑識方法能一致且確實無疑地展現出證據與特定個人或來源之間的關係。」這是什麼意思呢？撰寫報告的科學家想表達的是，只有DNA鑑定能可靠地找出證據與個人的關聯，其他鑑識方法都不夠可靠，無法確切地找出犯嫌與證物之間的連結。鑑識科學是刑事案件的關鍵之一，但許多鑑識證據都「未經任何有意義的科學驗證。」[5]

如這份重要的報告所示，許多鑑識比對方法都缺乏可靠性，而且這還不是問題的全貌。當你後退一步觀察完整的調查訴訟流程，從犯罪現場到鑑識實驗室，最後到法庭，你會發現這個問題比想像中大得多。本書第二部分就是在探索鑑識出錯的各種可能性。鑑識方法都有特定的錯誤率，但包括誤檢與遺漏之類的錯誤，極少有人仔細測試專家的可靠性，就連指紋與槍彈比對等長期廣泛使用的方法也未經檢測。即使研究者調查出鑑識方法的錯誤率，鑑識分析師通常不會在法庭上揭露這些數字，而大部分實驗室不會嚴格測試鑑識專家的可靠性，所以我們也無從得知他們的證詞有多麼可信。法官將這些鑑識分析師當作專家，讓他們坐上證人席，並用誇張的言語向陪審團宣稱自己的分析完美無瑕。鑑識人員一般是做為執法單位的一部分執行任務，但他們還是會受到偏誤影響。

二〇〇九年調查報告發表後，美國的鑑識實驗室與法庭並未有太大改變，於是另一群頂尖的科學家在數學家暨遺傳學家艾瑞克．蘭德（Eric Lander）的領導下集結起來。二〇一六年，美國總統科技顧問委員會（President's Council of Advisors on Science and Technology, PCAST）發表一份報告，這份報告的主軸相當簡單：如果不清楚某種鑑識技術的可靠性，我們就應該先回答這個基本問題，否則不該使用這種方法。蘭德等科學家表示，槍彈比對與咬痕比對方法仍有待驗證。至於其他技術，像是指紋比對雖然有效，但錯誤率遠比人們想像的高出許多。然而，多數鑑識專家、檢察官與法官仍舊無視這份科學調查報告。少有人執行新的研究、評估各種鑑識方法的錯誤率，分析人員持續提出無根據的結論，檢察官持續依賴這些結論，法官也甚少提出對槍彈與咬痕比對等證據的質疑。

今日，如何正確使用鑑識證據成了無比重要的議題；本書第三部分將焦點從鑑識專家轉向鑑識實驗室。儘管人們對於鑑識的審查日益嚴格，鑑識實驗室的規模卻逐漸擴增。法界對於鑑識服務的需求與檢驗項目都大幅增加，鑑識實驗室現在每年收到的檢驗請託數以百萬計，刑事案件的調查與訴訟也更加地仰賴鑑識科學。聯邦調查局率先大規模擴增了鑑識資料庫，並不時從中尋找與產生新的線索。儘管如此，許多實驗室缺乏有效的品管機制，警員也缺乏有效的防護裝備以避免污染犯罪現場的證據。此外，新科技也可能帶來新的不確定因素；實驗室與警方購入愈來愈多快速DNA鑑定儀器（RapidHIT ID System）、臉部辨識演算法與其他電腦程式，而其中許多新科技的可靠性都仍是未知數。

這是關乎我們所有人的議題，任何人都可能遇到和梅菲爾德相同的困境。畢竟，他之所以成為恐攻案的嫌疑人，就是因為調查局在政府的鑑識資料庫中比對出他的指紋。事實上，你的資料也存在類似的資料庫裡。即使從未被逮捕或定罪，調查人員還是可以在資料庫找到你的生物資料。機場監視器、社群媒體、護照或駕照的大頭照等臉部照片都被輸入資料庫，系統能使用存在資料庫裡的數百、數千萬張臉孔辨識犯罪嫌疑人。如果你有親屬將個人DNA資訊交給系譜網站進行分析，你可能也會被連結到他們的資料裡。我們都在未授權的情況下被放入超大規模嫌疑人名單中，所有人都有被誤捕的風險。

有愈來愈多憂心忡忡的科學家、律師與鑑識工作者加入原本那群人的行列，致力於將更多科學方法帶入鑑識實驗室與法庭之中。本書第四部分將探討鑑識科學的發展方向。德州休士頓意外成了改革中心之一，該郡的鑑識實驗室因嚴重的品管問題而遭到關閉，後來由自稱「休士頓瘋狂學痴」的彼得・斯陶特（Peter Stout）擔任新實驗室休士頓鑑識科學中心（Houston Forensic Science Center）的主持人，慣常實行錯誤測試與品管檢驗，讓實驗室蛻變為鑑識界的楷模。現在，起而面對挑戰的科學家日益增多，用有憑證依據的統計學來取代有問題的「吻合」概念。

我們可以改善鑑識工作。鑑識就像航空或醫藥一樣，出錯的後果相當慘重，所以必須嚴格控管；它不像占星術，我們不管制占星術是因為我們並不期望它給出可靠的結果。鑑識界需要全國性的管制。人們有必要知道電視上口若懸河的演員以及法庭上的專家說錯了，鑑識並沒有所謂的百分之百。就如《CSI犯罪現場》的吉爾・葛瑞森所說的，你必須「追隨證據」，因為證據「不會說謊」。一旦了解鑑識的假設和所使用的方法，你就能提出真正該問的問題：專家是絕對可靠，抑或只是科幻故事中的情節？專家究竟有多可信？鑑識實驗室為什麼會出錯？為什麼有這麼多法官接受可靠性未知的證據？本書各章節剖析了鑑識實驗室各方面的缺陷，在讀完本書之後，你將了解讓鑑識系統起死回生的方法，理解所有人所面對的高風險。在攸關人命與自由的情境中，在我們的法庭與實驗室之中，律師與科學家展開了一場戰鬥，只求將合理有效的科學帶入我們的司法體系。

1 咬痕案 The Bite Mark Case

一九八二年，維吉尼亞州紐波特紐斯（Newport News）一樁稱為「咬痕案」的謀殺訴訟案在新聞媒體界掀起了軒然大波。牙醫表示，他們比對了受害者腿上的咬痕與被告的牙齒印模——警方先前遲遲無法破案，後來多虧參與辦案的牙醫才找到犯罪嫌疑人。日後，其中一名牙醫表示，在當時「咬痕分析還是新技術」，大眾會對此感到好奇也是情有可原。[1]二十五年後，我從圖書館法律書區架上翻找一本又一本灰塵滿布的厚書，查閱維吉尼亞州過往謀殺案訴訟的紀錄，試圖釐清一九八〇與一九九〇年代鑑識專家是如何在法庭上作證的。我找到二十多起訴訟案，其中有不少案件都牽扯到有問題的鑑識證詞，但這樁咬痕案的證詞過於特殊，遂引起我的注意。在基斯．霍華德死刑案中，六名牙醫比對了咬痕與牙齒印模，最終認定是霍華德多次啃咬受害者的腿部。他們全都錯了。

某日清晨，一名男子闖入紐波特紐斯海軍基地附近的一間民宅。他先是用鐵撬將男性受害者毆打致死，再多次性侵其妻。在性侵過程中，凶手咬了女性受害者的大腿和小腿。她活

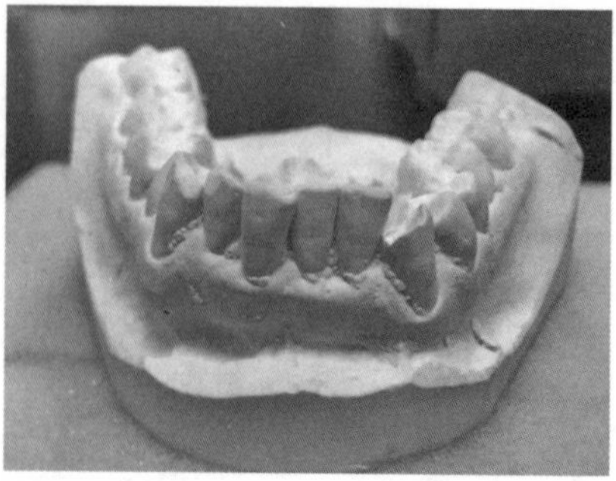

一九八二年，用來定罪
基斯．霍華德的牙齒印模。
由法蘭克．格林（Frank Green）、
《里奇蒙時報》（*Richmond Times-Dispatch*）提供。

了下來，報警後，警方在她身上的咬痕處採集檢體並拍照存證。由於案發當時光線昏暗，看不清楚凶手的長相，她只知道是個白人男性，身上穿著繡有三個V形圖樣的白色水手服——那是E-3級海軍水手的制服。核動力航母卡爾文森號（*USS Carl Vinson*）當時正在附近的船塢施工，艦上有數千名E-3級水手。基斯．霍華德就是其中之一。

在這場或許是警方有史以來最大規模的牙科蒐證行動中，牙醫檢查了卡爾文森號上所有海軍水手的牙齒。約莫三千名水手輪番被召進餐廳，兩名牙醫持手電筒檢查他們的牙齒，尋找咬痕上標誌性的旋轉牙。牙醫在檢查過霍華德之後，又把他叫去取齒列模型，如上圖所示。他們最初比對他的牙齒與受害者身上的齒痕時，排除了他是凶手的可能性。顯然，這段霍華德指為「夾擊」的蒐證程序並未發現任何線索。

一般人看牙醫是為了清潔與治療牙齒，而不是協助刑案調查。不過，從一九七〇年代開始，便有一群牙醫以協助辦案的方式賺取外快，同時獲得在法庭上成名的機會。過往，牙醫用原始齒模來識別人類遺骸。而這群新的牙醫宣稱，他們能透過比對受害者身上的齒痕與犯嫌的齒模，揪出真正的凶手。這些牙醫會上法庭作證並協助辦案，因此稱為法醫牙科學家或法醫口腔學家（forensic odontologist）。在霍華德的案件中，法醫牙科學家胸有成竹地提出了他們的結論。他們雖然在船上的「夾擊」行動中排除了霍華德，但後來在法庭上，牙醫仍宣稱受害者身上的咬痕與霍華德的齒列相符。

◈法醫牙科學方法

法醫牙科學可用於辨識人類遺骸。牙齒是人體最堅硬的物質，即使發生了可怕的事故，死者的皮膚組織、指紋與五官都沒能保存下來，法醫牙科學家仍有機會利用牙齒辨識身分。這類驗屍比對工作之所以可靠，是因為牙醫只需辨識少部分死者，且掌握了這些人的資料。在牙齒都保存良好的情況下，牙醫可藉由仔細比對屍體的牙齒與患者的牙科紀錄，逐一釐清死者的身分。在一九七〇年代早期，法醫牙科學家進行的就是這類工作。[2]當時他們並沒有比對皮膚上的咬痕，畢竟這類比對困難得多。我們啃咬東西時只會用到靠前排的幾顆牙齒，在不規則的物體表面留下咬痕。如果你曾被在長牙的幼童咬過，就會知道被咬之後不一定會留下清楚的齒痕，而可能是一大塊紅色瘀傷。我們鮮少在犯罪事件中看到啃咬這種駭人聽聞的狀況，不過，謀殺、虐童與攻擊等案件偶爾會出現咬痕證據。

從一九七四年加州謀殺案訴訟麥克斯案（*People v. Marx*）開始，將咬痕比對結果做為證據呈上法庭的案例只增不減。[3]在該案中，三名專家檢視了受害者鼻子上的橢圓形撕裂傷，認為那是咬痕。其中一名專家、加州大學洛杉磯分校牙醫學院教授表示，在一般情況下，他不會提供關於咬痕的證詞，因為齒痕比對相當困難，不過這起案件是特例。被告的牙齒相當特殊，而因鼻部組織繃得很緊，受害者鼻子上的咬痕保存完好且十分立體，該名專家供稱這是他見過最清晰的咬痕。[4]儘管咬痕比對的做法還很新穎，但法官仍允許專家證人出庭作證。上訴法院法官也接受了這份專家證詞。後來有多個州份的法官都以此為先例，允許更多其他咬痕專家提出證詞。[5]這些專家不僅參與遺骸辨識與難得有清晰咬痕的案件，他們甚至在一九七六年成立一專業組織美國法醫牙科學委員會（American Board of Forensic Odontology, ABFO），也開始有牙醫聲稱能透過咬痕比對，揪出齒痕相符的凶手。[6]

最著名的咬痕案當屬連續殺人犯泰德．邦迪（Ted Bundy）的案件。一九七八年，邦迪進入佛羅里達州立大學（Florida State University）某姊妹會所襲擊並性侵四名女學生，並咬了其中一名受害者。在有力的咬痕比對證據推動下，他被判有罪，後來承認自己犯下數十起謀殺案，最終於一九八九年坐上佛羅里達州的老閃光（Old Sparky）電椅，處以死刑。邦迪的齒列似乎異常凌亂，齒印也較為獨特，檢察官於是將咬痕照片放大呈現在陪審團面前。在邦迪案審理當時，美國僅不到半數州份認可咬痕證據，然而到了一九九〇年代末，全美五十個州都已接受咬痕證據。問題是，比起逼近真相，法醫牙科學家的工作更接近虛構故事一些。

◈如何比對咬痕

咬痕比對流程相當簡單，步驟也都符合常識。鑑識人員會先將咬痕的照片放大，假如受害者身上仍留有啃咬的凹凸痕跡，也可以製作3D印模以利比對。如今，我們可以在咬傷處採集檢體、檢驗DNA，但如果傷口處的唾液不足，以至於無法順利進行DNA鑑定，就只能請牙醫檢視咬痕本身。

首先，牙醫會確認傷痕是人類造成的。這一點或許略帶挑戰性，畢竟屍體可能有多處挫傷（瘀傷）或腐爛，不容易看出傷痕是否為啃咬所致。假如牙醫認定那是人類牙齒造成的咬傷，他便會試圖判斷那是上排或下排牙齒的咬痕，並透過痕跡辨識出每一顆牙齒。

接下來，牙醫會製作嫌疑人的牙齒印模，用肉眼比對齒模與咬痕的相似與相異之處。他可能會將受害者身上的咬痕照片與被告的牙齒印模重疊比對，或將兩者擺在一起做比較，也可能會用電腦調整照片品質或放大影像，總之，沒有特定一種比對方法。[7]在一些頗具爭議性的案件中，牙醫甚至將嫌疑人的牙齒印模放在受害者身上做比對，引發他們是否在製造和目標相符的新齒痕的問題。

法醫牙科學家在比對咬痕與牙齒印模時，會注意哪些地方？牙醫表示，他們會找尋用肉眼看去不特別明顯的一些特質。一般人約有三十顆牙齒，每一顆牙齒的表面皆可用以比對，而且每個人的牙齒都有大量的變化與相異之處。除此之外，人們還可能缺牙、牙齒經過重建（含補牙填充物、牙套和牙橋）、戴假牙、牙齒有缺口或裂縫，或者咬合的動作不一致。一名牙醫在霍華德一案中表示：「牙齒會有磨損、斷裂之類的偶然特質，所以每個人的牙齒都獨一無二。」[8]

這項技術背後有幾個基本假設。首先，我們必須假設人類齒列具有某種獨特之處。所有人的牙齒真的都不一樣嗎？有多不一樣？從未有人根據經驗與統計方法去測試這個假設、分析大規模的牙齒資料庫，或計算特定齒列特質的罕見程度，而且沒有任何統計資料顯示人們的齒列出現共同點的機率。國家科學院在二〇〇九年一份重要的報告中做出結論，我們應做更多研究「驗證咬痕比對的基本科學根據」。報告中還指出，人類擁有獨特齒列的假設「未經科學證實」。[9]

國家科學院也表示，牙齒能否獨特或可靠地將生物資訊印在人類皮膚上，同樣「未經科學證實」。[10]我們通常是用前牙咬東西，不過，咀嚼與磨碎食物用的後側牙齒才有較複雜的齒冠，前側牙齒可比對的特質相對較少。最前面的門牙往往會留下長方形的直印，兩旁的犬齒則會留下三角形牙印，至於這些前側牙齒是否能清楚地將齒列形狀印在皮膚上，目前仍是未解之謎。我們咬東西時，大部分的牙齒其實並不會碰到被咬的物品，而有時咬痕留下的資訊實在太少，牙醫甚至無法判斷那是人類還是動物造成的傷痕。研究者請法醫牙科學家判斷某個咬痕是人類或是動物所致，法醫牙科學家卻無法達成共識。畢竟人的皮膚具有彈性，皮膚上的咬痕會「隨著時間改變，並且可能因皮膚的彈性、被咬面的凹凸不平，以及事後腫脹與傷口癒合而變形。」[11]

法醫牙科學家還提出了第三點，即咬人當下可能是「動態」情境，無論是咬人者或被咬者都在大幅度移動。在這種情況下，考慮到兩者的動態或被咬面的不平整，咬痕有機會變形，牙齒形狀與咬痕形狀也可能顯得不同。但沒有人知道該如何詮釋其中的差異。事實上，牙醫承認，咬痕與咬人者的牙齒印模必然會存在一些差異。問題是，要有多少差異才能判定犯嫌並不是咬人者，目前還沒有判斷準則。

而更根本的問題是：咬痕專家在比對證據時，該用何種標準尋找齒列特徵？比對方法本身並沒有明確的定義。牙醫必須找到多少個相似的特徵，那些特徵又必須具備多高的品質，才能判定咬痕與犯嫌的齒列「吻合」？有些案件的齒痕相似處僅有八處，也有些案件列出超過五十個相似處。[12]沒有人知道究竟要找到多少相似之處才能宣布兩者「吻合」。一九八〇年代，有人曾試圖制定評估咬痕精確度的評分標準，但後來無疾而終。

咬痕比對過程既模糊、主觀，且仰賴牙醫的經驗與個人判斷。然而，法醫牙科學家在法庭上經常信心十足地作證，咬痕就是某個犯嫌的牙齒留下的，並得出「身分識別結果」。數十年來，美國法醫牙科學委員會始終表示，牙醫能「實際確認」咬痕與刑事被告的齒列相符，「合理或在實務上確認沒有他人犯案的可能性」。這還不是最值得一提的部分。委員會白紙黑字的指導方針甚至寫道，若在法庭上遭律師質疑，牙醫可以更堅決地陳述自己得到的結論。指導方針中表明，「在發表證詞時，若受詢問，可聲明『我認為結論無庸置疑』或『在我看來，犯嫌就是咬人者』。」[13]

儘管存在顯而易見的缺陷，但沒有法官對相關證據提出有意義的質疑。

◈咬痕案的審判

一名牙醫作證指出，基斯．霍華德的牙齒「非常、非常、非常有可能是留下咬痕的牙齒」。既然他說了三次「非常」，齒列與咬痕想必是高度吻合。檢察官於是請他多加解釋。

牙醫表示：「我得到了醫學上具確定性的結論，印模所呈現的牙齒就是造成咬痕的牙齒。」

「所以沒有差異嗎？」檢察官問道。

「我沒找到任何差異。」

檢察官接著請他對陪審團說明「醫學上合理的確定性」是什麼意思。

牙醫解釋說：「我沒看過全世界所有的牙齒。不過，根據我讀過的資料和我的研究，我們從未見過齒印相同或齒列完全一致的兩個人，更別說是每顆牙齒特徵都吻合的了。所以，從實際角度來看，醫學上的確定性就是沒有其他人擁有這副獨特的齒列。」

接著，第二名牙醫作證表示，「實際上不可能有另一個人擁有這所有特徵的組合。」檢察官再次請專家證人加以解釋。專家表示，他「在科學上合理地確定是霍華德先生造成那條腿上的咬痕。」

「沒有不一致之處嗎？」檢察官問道。

「沒有。實際上，不可能有另一個人擁有這所有特徵的組合。」

檢察官又問：「如果努力去找，理論上有無可能找到另一個牙齒相似的人呢？」

「我是真的覺得不可能。」牙醫回道。[14]

這份證詞十分有力。研究顯示，當專家對自己提出的結論深表自信，人們往往會產生極為正面的反應，認定這些胸有成竹的專家正確無誤。陪審團也會注意證人透過肢體語言等動作所傳達的信心，好比堅定的眼神交會、良好的姿勢、正面的態度，以及身體向前傾等自信的表現。陪審員往往相當在意專家是否可信，是否討人喜歡。[15]此外，陪審員也常對專家的背景印象深刻。在逼真的模擬訴訟研究中，強納森．柯勒（Jonathan Koehler）、N．J．史懷哲（N. J. Schweitzer）、麥克．薩克斯（Michael Saks）與丹恩．麥奎斯頓（Dawn McQuiston）等學者評析陪審團對鑑識專家證詞的反應，發現專家的背景與經歷大大影響了陪審團的印象。換言之，比起鑑識專家使用的方法是否受過科學驗證，陪審員更在乎專家的背景與經歷。[16]

方才，第二名專家證人不僅自信滿滿地發表結論，而且學識淵博，在國際上享有盛譽。他先前在泰德．邦迪的訴訟案中作證，是導致邦迪被判刑的證人之一，並且參與甘迺迪遇刺案的調查。此外，他也是美國法醫牙科學委員會的創始成員之一；該委員會是法醫牙科學的專業團體，能「認證」法醫牙科學的「專科醫生」。這名牙醫還曾為調查代表團隊一員，辨識沙皇尼古拉二世（Nicholas II）的遺骸，以及被阿根廷軍政府「消失」的多名受害者遺骸。更了不起的是，他曾任美國鑑識科學學會主席，一度為六千七百名學會成員之首。

「陪審團聽得目瞪口呆，完全被說服了。（他）簡直就像奧茲國的大魔法師，為他們表演飄浮術。」霍華德回憶起該名牙醫闡述自身經歷時，陪審團痴迷的反應。

多名牙醫表示，霍華德的齒列有特殊且明顯的特徵。像是其中一顆牙齒「向旁歪斜」，有個「鉤狀區域」似乎與咬痕吻合，另外還有與咬痕完美契合的「缺口區域」與「斷裂處」，「沒有任何的不一致」。

辯護律師指出一個不一致之處：霍華德其中的兩顆牙齒之間有道縫，咬痕卻未見這條縫隙。第二名專家證人表示這不重要。「你這麼說就錯了。」他說道，並高傲地強調這是「所謂心存好意的外行人」容易犯的錯誤。

這類證詞不僅直接連結了證據與被告，還剝奪了被告的人性。就如清白專案的律師克里斯．法比坎特（Chris Fabricant）所說，檢察官可以宣稱被告是「咬了可憐受害者」的「動物」，以及「這是科學證明出來的」。[17]

在霍華德案的訴訟尾聲，檢察官對陪審團說道：「當專家在合理的科學確定性範圍內告訴你，擁有這套齒模的人就是咬了受害者雙腿的人，疑問便都煙消雲散了。」陪審團於一九八二年九月判定霍華德有罪，並處以死刑。在當時的蓄意謀殺法規下，該案因法律問題被維吉尼亞州最高法院發回更審。一九八六年，霍華德在第二次訴訟中被判處終身監禁，不得假釋。

◈DNA的赦免

在我偶然發現霍華德的紀錄的那段時間，他致信紐約班傑明．卡多佐法學院（Benjamin N. Cardozo School of Law）的清白專案，希望能透過DNA鑑定證明專家證人的結論有誤。霍華德二十年前就對上訴與定罪後的補救措施感到絕望，以為自己會無辜死於獄中。但他聽另一名受刑人提起清白專案之後，決定寫一封信給這個組織。清白專案接下了他的案子，在取得犯罪現場的採樣之後進行了DNA鑑定。

過去在受害者身上多處採到的DNA樣本都屬同一名男性，但那個人並不是霍華德，而是過去同於卡爾文森號服役的水手。真正的凶手因入室竊盜與綁架罪被關進俄亥俄州一所監獄，十多年前便死在獄中。二〇一六年，在入獄三十三年後，已屆花甲之年的霍華德終於獲釋了。出獄當天，他三十多年來首次和他兄弟們見面。

這樁案件究竟哪裡出錯了？我們現在知道，出庭作證的牙醫不僅誇大其詞，還錯誤地宣稱咬痕上所有特徵都與霍華德的齒列吻合。怎麼會有六名牙醫分別得出同樣的結論，犯下同樣的錯誤？他們或許都受到了來自警方的壓力，或同儕判斷的偏誤影響。在第一場審判開始前，霍華德因和女友發生爭執被捕，女友抓住霍華德時，他咬了女友的手臂。後來他的女友撤銷了指控，警方與檢方顯然還是將霍華德視為「咬人者」，這可能鼓勵牙醫改變他們的說詞，以符合檢方的期望：讓霍華德被定罪。六名牙醫知道彼此的研判結果，最後他們讓無辜的男人被定罪，凶手逍遙法外。而在當時，「咬痕案」被視為鑑識科學的一大勝利。

因咬痕證據被定罪，後來藉由DNA鑑定重獲清白的不只有霍華德一人——到目前為止，相似案件共有十起。羅伊・布朗（Roy Brown）在紐約上州被判謀殺罪，身陷囹圄十五年，後來才因DNA證據被釋放。在審判中，一名咬痕專家向陪審團表示，「在牙醫學上可以合理地確定」是布朗的牙齒製造了咬痕，並聲稱牙齒與咬痕之間的差異「不一致，但可以解釋。」威利・傑克森（Willie Jackson）因咬痕比對結果在路易斯安那州一所監獄關了十六年，最終DNA鑑定洗刷了他的罪名。兩名牙醫認為雷伊・克隆（Ray Krone）的牙齒與齒痕相符，他因此在亞利桑那州遭判處死刑。其中一名牙醫表示：「是那個牙齒造成了那個傷痕」，而「那就是雷伊・克隆」的牙齒。克隆後來推翻了判決，結果又因咬痕證據再次被定罪；入獄十年後，才透過DNA鑑定獲釋。[18]大眾稱他為「暴牙殺人犯」，他的齒列也確實相當特殊，但多年後真正的凶手因DNA證據被捕，人們才發現凶手的牙齒長得平凡無奇。

◈牙醫的回應

二〇一七年二月，基斯．霍華德參加了美國鑑識科學學會的年度聚會。在題為「一口咬定的犯罪與其他麻煩狀況」的法醫牙醫師研討會上，霍華德表示：「我來這裡不是為了交朋友。」他抨擊道：「咬痕什麼的根本是假的。為什麼還要繼續呢？根本就說不通。」「三十四年來，我一直在想：『這到底是怎麼回事？』」他在論及自己的判決時說道。「你們把別人的性命握在手裡，然後猜測：『我說是這樣，所以一定是這樣。』」

霍華德問道：「那為什麼要這麼做？」他能想到的唯一解釋是「金錢和自尊。」[19]二〇一八年，美國法醫牙科學委員會修改了指導方針，建議牙醫用「多名嫌疑人的牙科紀錄」尋找凶手。換言之，牙醫不該用單一嫌疑人的牙齒做比對，而是該用多名嫌疑人的齒列樣本和咬痕做比對。此外，委員會認為在發表比對報告之前，應該由另一名牙醫進行獨立驗證。[20]委員會強調道，牙醫最多只能判斷能否排除某個嫌疑人的牙齒製造咬痕的可能性。然而，就如我在後續段落與章節所述，法官仍舊准許專家在法庭上提出咬痕證據。

事實上，一些法醫牙科學家已將專業拓展到其他領域，如根據X光造影為移民官員提供意見，判定被拘留的年輕人實際上很可能是成年人，應轉移至成人拘留所。從外地抵達美國邊境的年輕人可能缺乏身分證明，但移民官員必須知道被拘留者是十七歲還是十八歲；未成年人會被安置在收容所，等待和親屬擔保人重聚，並得到特殊的法律保護，而成年人則會被關押在監獄般的拘留所。目前並沒有任何相關的統計研究，我們無法憑牙齒大小判斷一個人是十七歲還是十八歲。二〇〇八年，美國國會頒布了《人口販運受害者保護重新授權法案》（Trafficking Victims Reauthorization and Protection Act），禁止在移民相關決策中用咬痕鑑定的方式來判定年齡。一項聯邦審計強調：「由於個體的成長受多種因素影響，骨骼或牙齒的X光片無法用於判定特定年齡。」一些法官否決了基於齒列比對的判決，並指出此種分析缺乏科學佐證；例如，二〇一六年，一名聯邦法官發現一些移民官員仍單憑牙科X光片判斷年齡，將孩童送往拘留所。美國移民及海關執法局（Immigration and Customs Enforcement, ICE）新發布的手冊中寫道，牙科檢查應被視為「最後手段」。一名牙醫對此發表了回應，表示移民及海關執法局僱用的牙醫所使用的技術「非常主觀」，不該「用於生命與自由相關之案件」。然而，年輕人即使在今天仍有可能因牙齒比對結果被送進成人拘留所，而在二〇一九年，數名律師在人身保護令訴訟程序中對另外一些案件提出了質疑。[21]

總而言之，牙醫從一九七〇年代開始發表關於人類牙齒的言論。他們基於自己的主觀意見，在攸關生死的案件中得出獨斷的結論，而法官則是紛紛接受了相關證據。直到今天，牙醫仍在進行咬痕比對，儘管他們可能會用略微收斂的態度發表結論，法官仍會接受此類比對證據。不幸的是，同樣的問題也存在於許多其他類型的鑑識證據中。在一九七〇與八〇年代，無論是指紋、毛髮、纖維、工具痕跡或咬痕，專家往往會在法庭上作證說，他們發現與被告「相符」，並聲稱自己對結論有百分之百的信心。然而，這些專家都無法詳細解釋他們的判定方法，也沒有科學研究支持他們過分自信的主張。

對於法界未能認真改革並改變咬痕比對的鑑識方法，基斯・霍華德表示：「這是一個警告——倘若我發現有人出庭作證、提出咬痕證據，我會跟著上法庭，我會聯絡媒體，我會打扮成自由女神站在街角，舉著大大的牌子寫著『這是垃圾』。」[22]

2 鑑識科學的危機
The Crisis in Forensics

「其實，我是在追尋精采故事的過程中來到了冤錯案的世界。」暢銷書作家暨律師約翰・葛里遜（John Grisham）在美國參議院致詞時說道。葛里遜第一次深入認識鑑識科學，是在《紐約時報》上讀到隆恩・威廉森（Ron Williamson）這名男子的訃文之際。「我們年紀相仿，兩個人都曾夢想成為職棒選手，都是在美國聖經帶小鎮上長大的，我們的宗教背景也一樣。」然而，「隆恩被冤枉定罪，被人當成性侵犯與殺人犯，並判處死刑，繼而發瘋。在他被處決前五天，奇蹟才終於降臨，救了他一命。」葛里遜在他撰寫的第一部紀實作品《無辜之人：小鎮冤案紀實》（*The Innocent Man: Murder and Injustice in a Small Town*）中講述隆恩・威廉森的故事，他也透過此案認識到鑑識科學的缺陷與相關冤錯案。在威廉森的訴訟中，檢方請鑑識專家出庭作證，專家關於毛髮比對與血型鑑定的證詞卻有些問題。[1]葛里遜回憶道：「對隆恩最不利的證詞出自一名專家之口——那名專家是奧克拉荷馬州調查局的分析師。專家表示，他們從犯罪現場採集到十七根頭髮與陰毛樣本」，那些毛髮「在顯微鏡下」與威廉森的毛髮「一致」。時隔十一年，那十七根毛髮全都做了DNA鑑定，沒有一根屬於威廉森，他終於獲得平反，結果短短五年後便死於肝衰竭。完成《無辜之人》後，葛里遜參與了清白專案部分工作，很快就發現威廉森的冤錯案其實相當典型，沒有根據的鑑識方法其實是「全國性的問題」。

「是時候整頓這些有問題的科學了。」葛里遜直截了當地對議員們說道，並表示：「錯誤的科學在美國法庭橫行無阻。」他呼籲聯邦政府快速展開行動解決問題，例如命令聯邦機構設立具法律效力的科學標準。他指出，我們不該任由各州定義自己的「科學」，科學只該有一種定義。參議員艾米・克羅布徹（Amy Klobuchar）在聽證會上問道：「葛里遜先生，你有從這次討論得到任何寫作的靈感嗎？也許可以把這些龜速的流程當作題材，寫一本驚悚小說。」葛里遜回道：「無論是什麼題材都可以拿來寫書。」將近十年過後，情況仍不見進展，聯邦政府也沒有實行他建議的政策。[2]話雖如此，若不是著名科學組織在二〇〇九年發布報告，詳盡指出美國法院所認可的鑑識方法當中的種種缺陷，參議院也不會舉行聽證會，更別提有機會聽到葛里遜的發言。我將在本章講述這場危機備受關注的始末，以及那篇報告揭露全國鑑識科學危機過後的餘波。

◈法官與學會

著名聯邦上訴法院法官哈利・愛德華茲並沒有「關於鑑識科學群體的成見」。愛德華茲曾於密西根大學法學院與哈佛大學法學院任教，其後擔任美國國鐵董事與董事長，接著被指派為哥倫比亞特區聯邦巡迴上訴法院首席法官，經歷著實令人欽佩。在上訴法院審理曝光度高的複雜刑案時，他和大多數法官一樣「直接認定」鑑識科學「是以扎實的科學方法為基礎」。[3]愛德華茲寫過關於司法程序、法律倫理與勞資爭議仲裁的司法意見書與書作，他的著作也都十分重要，不過，他不曾將焦點放在鑑識科學上。後來，愛德華茲法官接受了新的挑戰，成為美國國家科學院鑑識科學相關委員會的共同會長，著手研究鑑識科學面對的種種挑戰。他很快便發現，自己原來對鑑識科學的情況與大力支持現狀的人們一樣知之甚少。

當時，我同樣對鑑識科學沒什麼想法，畢竟我和大多數律師一樣沒有科學背景。我從二〇〇二年開始執業，年輕時曾接手數起因DNA鑑定而翻案的冤錯案，在辦理紐約史泰登島（Staten Island）一起案件時，我參觀了紐約法醫辦公室的DNA鑑定部門，認識了最終替委託人換得自由的檢驗流程。那起案件也與咬痕脫離不了關係，牙醫聲稱我們委託人的牙齒「符合」受害者身上的咬痕。不過在這起案件中，咬痕並不是重點。我們為了替被冤枉的委託人求償而將重點放在咬傷處的檢體，以及後來的DNA鑑定上。身為民權律師，我從未仔細檢視過專家所做的咬痕分析、指紋鑑定或毛髮比對結果，而是和愛德華茲法官一樣，先入為主地認定這些鑑識方法大多是合理且有效的科學方法。

二〇〇九年，我轉任法學教授，坐在寧靜舒適的辦公室裡，讀著堆積如山的刑案訴訟紀錄，其中一疊便是基斯・霍華德案。事後想來，這還真是神奇的巧合。我之所以湊巧接觸到他的案件，是因為愛德華茲法官主導的團體的一通來電。我剛在二〇〇八年發表一篇文章，研究前兩百樁被DNA鑑定推翻的冤錯案，這是我在該領域發表的第一篇著作。[4]美國國家科學院資深總監安－瑪莉・瑪札（Anne-Marie Mazza）來電表示，他們創立了由一批優秀科學家與律師組成的委員會，目標是探討鑑識科學的現況，而他們想了解鑑識證詞在DNA平反冤錯案中扮演何種角色。這個問題不容易回答，我得發起規模極大的研究計畫，蒐集紙本訴訟紀錄、讀過紀錄後進行編碼，並分析數據資料……考慮到種種因素，我實在不確定自己能否主持規模如此龐大的計畫。我在尚未接下計畫，並同意撰寫史上第一篇關於鑑識科學在DNA除罪案件中之角色的報告之前，便先致電給我的友人暨清白專案創辦人之一——彼得・內費爾德。我劈頭就問他：美國國家科學院到底是什麼？

美國國家科學院是在一八六三年由林肯總統簽署法案所創立的機構，現在是美國科學界近似領袖地位的組織，成員多是成就非凡的學者。彼得簡單地對我解釋道，該組織頗具權威，此次組成的委員會是在執行十分關鍵的計畫。美國國家科學院的會員資格被視為「科學家的至高榮譽之一」，有一百九十位會員曾獲得諾貝爾獎。[5]調查委員會的十七名成員包括鑑識科學家、頂尖科學研究員、著名律師和法官等人，他們過去從未針對鑑識方法進行批判，其中六名委員甚至與鑑識科學界關係匪淺。在進一步了解這項計畫的重要性之後，彼得同意和我合作以蒐集更多資料，研究DNA除罪案件中發生的錯誤，趕在短短數個月內完成詳盡的報告。而該委員會的整體研究將揭發全國性的鑑識科學危機。

◈DNA革命

DNA鑑定方法於一九九〇年代問世，一舉挑戰了過往所有的鑑識方法。在DNA鑑定普及化之前，刑案偵查有時會以驗血型的方式來排除犯罪嫌疑人。假設在犯罪現場採集到的血液樣本為A型，那麼就絕不可能是O型血的人留下的。A、B與O型血相當常見，因此通常無法用血型判定犯嫌的身分；例如，專家也許會表示族群中約莫百分之三十或四十的人有其中一種血型，而犯嫌也是這群人之一。另外，只有在血液或生物檢體足量時，才有辦法做到血型分析，而大部分犯罪現場都採集不到如此大量的樣本。儘管如此，在性侵案中或在凶手留下沾有唾液、汗水或血液的衣物時，血型檢驗仍有助於案件偵辦。

DNA鑑定引致鑑識分析領域的革新，但這並非立即的效果。人們最初發現DNA是在一八六〇年代。一九五三年，詹姆斯・華生（James Watson）與弗朗西斯・克里克（Francis Crick）發現了DNA的雙股螺旋結構。DNA的形狀類似扭轉的梯子，兩條梯邊由醣類與磷酸基交替構成，中間的橫檔則是由四種鹼基組成，分別為腺嘌呤（adenine）、胞嘧啶（cytosine）、鳥糞嘌呤（guanine）與胸腺嘧啶（thymine）。這四種鹼基形成兩個一組的鹼基對（A與T配對，

C與G配對），DNA為細胞提供的遺傳訊息就記錄在鹼基對的排列之中，而一段DNA可能是由數千對鹼基所組成。DNA的結構被發現後，許多人開始密集研究人類基因組。大部分的鑑識科學方法是警界鑑識實驗室或未在警界供職的人士發展而出，例如霍華德案的咬痕比對技術便是由牙醫所建立，DNA鑑定則與這些鑑識方法不同，是在實驗室中研究出來的。

一九八〇年代，英國遺傳學家亞歷克・傑弗里斯爵士（Sir Alec Jeffreys）開啟了新的遺傳學研究，將焦點放在基因組中的短重複序列，這在日後成為刑事案件DNA鑑定的基礎。傑弗里斯等科學家發展出將短重複序列分離出來的方法，這些序列在人與人之間變異度高，適合用於DNA辨識。細胞核DNA包含許多具重要功能的基因，負責提供蛋白質編碼的指令，不過遺傳學家認為大多數DNA序列都是「非編碼DNA」（noncoding DNA，或稱「垃圾DNA」），而科學家後來才發現這些序列也有其獨特作用。儘管有了DNA鑑定技術，然而早期的檢驗方法需使用到大量檢體，因此DNA鑑定並未普遍用於刑案偵辦。

一九九〇年代中期，隨著短片段重複序列（Short Tandem Repeat, STR）檢驗技術的開發，DNA鑑定方於刑案偵辦領域掀起一波革命。短片段重複序列分析的關鍵字是「短」與「重複」。[6]完整的人類DNA排列起來可長達六呎，每條染色體都在細胞核中緊密纏繞，寬度僅數微米（百萬分之一米）。短片段重複序列分析只需檢驗部分的DNA，即使是極少量檢體也能用於檢驗，這些DNA片段會重複數次，而每個人的重複次數可能大不相同。這項遺傳學革命的延伸技術是聚合酶連鎖反應（Polymerase Chain Reaction, PCR），科學家藉由特定的酶，可以在連鎖反應中一再複製遺傳訊息樣本與樣本的複製序列，從而擴增出數十億段複製序列。此外，科學家也研發出能快速分析遺傳訊息的方法，而且這些分析程序大部分是由數位化完成。短片段重複序列分析與聚合酶連鎖反應技術皆於一九九〇年代標準化，使得今日得以利用上述技術檢驗DNA的二十多個片段，建立犯罪嫌疑人的基因檔案。

DNA鑑定與傳統的鑑識方法不同，是以客觀統計數值為根據。研究者透過蒐集不同族群的DNA數據，研究出「對偶基因」（allele）這般變化極大的基因特質在不同族群出現的頻率。也就是說，DNA鑑定結果並不是用「符合」或「不符合」來表示，而是或高或低的機率值。科學家可以用族群統計數據判斷一個人湊巧與特定基因檔案相符的機率，而這個機率可能是數百萬、數億、甚或數兆分之一。至於咬痕、毛髮、指紋或槍彈與工具痕跡的特質就沒有相關族群統計資料可循，無法得知鑑識人員分析的細節是多麼普遍或罕見。

隨著愈來愈多公司開始向執法單位推銷DNA鑑定技術，將遺傳指紋分析（DNA fingerprinting）標榜為「一次檢驗就得出決定性結果」的方法[7]，聯邦調查局很快便率先制定一套流程，並成立DNA分析小組（DNA Analysis Unit），成為美國頭號DNA鑑定中心。到了一九九〇年代中期，一些州立與地方實驗室也逐漸引進DNA鑑定技術。一九九三年，國會頒布了新法案，授權聯邦調查局將DNA樣本建成全國資料庫，DNA聯合索引系統（Combined

DNA Index System, CODIS）就這麼誕生了。[8]

不久之後，法官開始在刑事訴訟中接受DNA證據，不過這也是一番掙扎的結果。在DNA鑑定方法甫問世之時，專家有時會出庭表示檢驗結果與犯罪嫌疑人「相符」，或者提出無精細計算根據的機率數值。面對這類證詞，一些辯護律師請分子生物學界與遺傳學界的研究者出庭作證[9]，DNA鑑定方法因不透明且有潛在主觀因子而多次引起爭議。在數起爭議事件沸沸揚揚地傳開後，一九九〇年代的「DNA戰爭」開打。國家科學院集結了相關領域的尖端科學家，請他們研究此問題，並明確制定鑑識科學上的DNA鑑定標準。[10]

DNA對於刑事司法體系的影響很快便顯現出來，人們發起了第一波冤錯案平反行動。在紐約市發起清白專案的貝里·薛克與內費爾德以及其他懷有相同志向的律師現在發現，時間是站在DNA鑑定這一邊的，DNA證據經過多年的考驗還是有機會完好地保存下來，所以即使犯罪嫌疑人被定罪數十年後，證據還是可以拿出來重新檢驗。目前有三百七十多起案件在進行DNA鑑定後被推翻，數百名被定罪判刑的無辜人士終於重獲清白，而清白專案便是用DNA鑑定平反冤錯案的先驅團隊。在清白專案的啟發下，全美、全球各地都發起了類似的計畫，重獲自由的人們每年在無辜聯盟（Innocence Network）年會上致詞，年會從早期的零星數人成長到今日龐大的規模，現在光是介紹所有與會的受冤者可能就得用上整整一個鐘頭。這些人平均關了十五年以上的冤獄，長年來檢察官與法官一直堅信他們有罪，多虧了律師在法庭上多年的奮戰他們才得以重獲自由。近期，也有些檢察官組織了定罪完善小組（conviction integrity unit），自發重新調查以往的案件，替受冤者平反。我們在研究這些司法正義的錯誤時可以學到不少，我的第一本書就是在詳細分析前兩百五十樁DNA平反冤錯案。[11]而若不是美國國家科學院的瑪札來電請我研究鑑識科學在冤錯案中扮演的角色，我可能根本就不會著手寫那本書。

美國國會之所以請國家科學院的科學家重新檢視鑑識科學的可靠性，部分原因是DNA證據持續推翻過往冤錯案，導致愈來愈多人開始質疑現行的鑑識方法。鑑識科學無疑有大幅的進展，鑑識實驗室的規模也逐漸擴大、專業工作人員人數漸增，但隨著冤錯案平反的狀況逐漸普遍，許多鑑識科學領域的科學根據也受到質疑。此外，一些鑑識實驗室也頻頻傳出品管方面的醜聞，例如我們將在第十一章介紹的事件——在稽核休士頓鑑識實驗室的過程中，數百起案件的鑑識錯誤浮上檯面，DNA鑑定小組也出了問題，該實驗室最後關閉。[12]在舊案重開、實驗室稽核與醜聞頻傳的情況下，立法人員決定認真進行一次科學審查。

◈DNA平反案當中不完美的鑑識科學

怎麼會有這麼多無辜的人被冤枉呢？我們必須解剖鑑識科學本身，揭發冤錯案訴訟過程中發生的錯誤，並將焦點放在鑑識技術上。幸好在國家科學院的委員會來電聯繫我不久前，清白專案已經將他們的資料與檔案掃描成了方便查閱的電子檔。內費爾德和我決定合作進行對鑑識科學的解剖，研讀DNA平反案的訴訟紀錄剖析鑑識分析師的證詞，將這些訴訟紀錄編碼後的研究結果報告給國家科學院的調查委員會。我們的另一個目標，則是判斷這些冤錯案中的鑑識專家證詞是否典型，是否類似其他刑案訴訟的專家證詞。回歸正題，我就是受國家科學院請託，才會隨機抽閱霍華德等維吉尼亞州的案件，以及其他數州的刑案訴訟紀錄。

在一番研究過後，我們很快便找到了明顯的規律。在後來因DNA技術獲釋的數百個受冤者當中，多數人最初被定罪都是毛髮、咬痕甚至是指紋比對等傳統鑑識科學證據所致，我們也發現大部分冤錯案不僅是鑑識證據有誤，分析師還在法庭上對陪審團發表了誇張的言論，放大這些鑑識證據的可靠性。我們隨機選出的訴訟紀錄也出現了同樣不完美的證詞，由此可見，鑑識方面的錯誤言行可能是刑事訴訟的常態。我們在對委員會的報告中提出，DNA平反案件中廣泛出現了不完美的鑑識科學證詞，而這不過是冰山一角，真正的問題更加龐大，也更令人不安。作家約翰．葛里遜在得知我們的發現後評論道，大部分DNA平反案當初都是因鑑識證據而遭誤判，「其中大部分鑑識證據都不完美、不可靠或過於誇張，甚至有時是偽造的證據。」葛里遜表示，我們的司法系統「被不可靠，甚至可謂駭人聽聞的『科學』給淹沒了。」[13]

截至目前為止，美國有三百七十人在被定罪後因DNA鑑定翻案。而我對美國國家科學院報告的恐怖數據同樣適用於這龐大且人數與日俱增的受冤者群體。三百七十名受冤者當中，至少兩百五十人的案件與鑑識證據有關，其中甚至有一些對被告有利的鑑識檢驗結果，他們在原始訴訟中理應被判無罪。舉例來說，五十二名受冤者的案件中，在第一次訴訟那段時期就有鑑識證據直接排除了他們的嫌疑，然而在三十起案件中，這些DNA、指紋或其他證明其清白的證據卻未被揭露給辯方。另外，在更多冤錯案中，是檢察官提出的鑑識證據致使無辜人士受冤枉。最後一次更新數據時，我發現前述兩百五十起牽扯到鑑識證據的冤錯案當中，一百一十四起案件在原始訴訟中是因檢方對於鑑識科學錯誤的呈現而定罪。另外二十起案件中，檢方提出了含糊的證詞，我們無法從證詞連結到他們所下的結論，而在三十起案件中，我們查出了鑑識過程中重大的錯誤。綜上所述，我們研究的受冤者當中遠超過半數當初因鑑識科學的缺陷而被冤枉，後來才因DNA鑑定而被無罪釋放。[14]

◈對科學的抗拒

鑑識科學大部分的領域——尤其是DNA鑑定以外那些最需要被驗證的鑑識方法——都不曾受頂尖科學家檢視，只有兩次例外：美國國家科學院發表過兩份重要的報告，分別研究了人聲比對與子彈鉛比對證據的可靠性。美國刑事法庭自一九一一年開始接受指紋證據，至於字跡與槍彈比對則有百年以上的歷史[15]，咬痕與子彈鉛比對等其他鑑識技術則較新（在國家科學院報告揭露此方法的缺陷之後，聯邦調查局就不再使用子彈鉛比對法了）。DNA證據平反冤案的狀況愈來愈普遍，其實人們也或多或少注意到了鑑識科學的種種問題，國會投注了數億美元加快檢驗仍排隊待驗的DNA樣本、製作DNA資料庫，並且擴增鑑識實驗室檢驗DNA的技術與設備，其他鑑識方法則沒那麼受重視了，執法單位甚至試圖阻礙科學家研究DNA以外的鑑識方法。[16]其實在二〇〇二年，國家科學院本打算進行對非DNA鑑識方法的研究，當時《科學》期刊總編輯在一篇引人深思的社論中提出了疑問：「鑑識」「科學」會不會是前後矛盾的兩個詞？他寫道，司法部與國防部都堅持要在國家科學院發表研究結果之前「先行審定」。在科學研究誠實性受挑戰的情況下，國家科學院自然是感到了不安，最後拒絕在這些條件下進行對鑑識科學的研究。[17]

二〇〇五年，國會終於撥款供國家科學院進行大規模研究，科學院委員會也在二〇〇六年秋季著手相關調查研究。委員會在數個月內舉辦了多次會議，開始邀請整個鑑識界投稿，廣納鑑識科學各領域的研究報告與論文。與會的科學家與律師接觸了他們未曾想過的問題，而在此之前，他們根本就不知道這些問題的存在，結果經過這一番研究，再也無法回到不知情的從前。在聽證會上，他們問一名指紋分析專家：在指紋模糊或只有部分指紋的情況下，分析師能得出多麼肯定的結論？專家則坦言，「目前還沒有這方面的研究。」[18]委員會一名成員是我的朋友，他告訴我，現場頓時鴉雀無聲，連一根針掉到地上的聲音都能聽見。

委員會還請了另一名鑑識專家前來說明顯微鏡毛髮分析方法。哈利・愛德華茲法官問這名專家：「假如你的女兒被指控犯下重罪，只因一根毛髮的顯微分析證據而遭到冤枉，你會做何感想？」專家表示自己會十分擔憂。愛德華茲法官聽了相當不安，專家「基本上承認了」在基於毛髮證據提起訴訟的情況下，被告可能會被冤枉。[19]

我和彼得・內費爾德與委員會的一段對話也揭露了鑑識科學的內情。我們和委員會分享了DNA平反受冤者尼爾・米勒（Neil Miller）的故事：在米勒的訴訟過程中，鑑識人員表示從性侵受害者身上採集到的樣本和米勒的血型相符，而「族群中約百分之四十五的人」和米勒一樣擁有O型血。分析師沒說的是，犯人的體液樣本可能會被受害者的體液掩蓋掉，他們當時無法從樣本分離出或定量男性的體液，所以都可能與證據相符。只要是合格的專家都看得出，如果沒觀察到異於受害者血型的體液樣本，那就完全不能得出關於犯人血型的結論。米勒因有問題的鑑識證詞而被定罪，但我們要知道，ABO血型檢驗並不是偽科學，而是以扎實的族群統計數據為根據而發展出的方法，實際上可靠性非常高。問題並不是出在鑑識方法，而是分析師為陪審團提供的統計數據令他們誤解。DNA平反冤案當中，有五十名受冤者是因為關於傳統血型鑑定的誤導性證詞而被定罪。

我們將這段經過讀給委員會聽之後，一間鑑識實驗室的主持人激動地提出了異議。他表示導致米勒被誤判有罪的證詞並沒有任何道德問題，如果證詞有任何問題，就該由辯護律師提出反對意見，鑑識人員並沒有提供正確統計數據的義務。從眾人的表情看來，有不少人對他的反應大吃一驚，怎麼會有實驗室主持人認為容易令人誤解的鑑識證詞沒有問題呢？我們的下一張投影片就更引人深思了。我們接著介紹下一起案件：還有一個名為瑪文・米薛爾（Marvin Mitchell）的人被冤枉後因DNA證據翻案，而在他原本的訴訟過程中，之前那名分析師再次出庭作證，這回則是在對檢方有利之時說明了血型鑑定的種種限制。在米薛爾的案件中，血型鑑定結果與受害者相符，而不符合被告的血型。那名曾在尼爾・米勒案提供證詞的分析師這次改口表示，樣本可能「太稀了……沒有驗到米薛爾先生的血型。」[20]由此可見，這名分析師是以協助檢方定罪為目的，選擇性提出了誤導性數據，而從結果看來，他參與的案件中有至少兩名被告其實無罪。

◈科學家堅決發聲

國家科學院委員會發表的研究報告，引起了鑑識科學界長達數月的熱議。報告發布當天剛好是美國鑑識科學學會的全國研討會第一天，那天鑑識人員的對話一直離不開：「報告寫了什麼？你讀過了嗎？」該報告標題為「提升美國鑑識科學：前進之路」（Strengthening Forensic Science in the United States: A Path Forward），發表於二〇〇九年二月十六日，許多鑑識人員讀完報告的反應是「驚訝、不信、厭惡、憤怒與漠不關心」。[21]不少人表示那篇報告「不公正」，象牙塔裡的學者根本就「不懂我們」。

委員會發表的報告和書一樣厚，長達三百頁，他們也一併提出了十三個主要的建議。委員會廣泛檢視了多種鑑識技術相關的研究，報告中最常被引用的部分總結道，刑事訴訟中使用的鑑識證據大多「未經任何有意義的科學驗證」。委員會描述了鑑識科學一些「重大問題」，包括不完美的鑑識科學所致的冤案，並表示許多種鑑識方法都不具可靠的科學方法或根據，還有待深入研究。[22]他們寫道，法官與法院「無法根除」鑑識科學的「病症」，這些都已經是根深蒂固的問題，而且目前為止法官也「完全沒起作用」。[23]這句話出自知名聯邦法官共同主持的委員會之口，顯得格外犀利。除了點出相關研究的大闕漏之外，委員會的任務還包括尋找解決方案，而面對這全國性的危機，他們提出了全國性的解決方案：國會必須創立國家鑑識科學研究所（National Institute of Forensic Science），發展出適當的一套標準，同時確保全國分析師以真正的科學方法完成鑑識工作。[24]

數以千計的媒體通路發布了關於此篇報告的報導，國家科學院網站列出了完整的報導清單，只要不停往下滑，你就會發現不僅是《紐約時報》、《自然》與《科學》期刊刊登了相關報導，就連《新星》（*Nova*）、《重返犯罪現場》（*NCIS*）與約翰·奧利佛（John Oliver）的《上週今夜秀》（*Last Week Tonight*）等電視節目也做了相關報導與討論。評論者將委員會的報告稱為「大轟動」與「關鍵分水嶺」。[25]國會舉辦了多場聽證會，循著國家科學院的提案提出了管制鑑識科學的法案——然而，沒有任何一條法案正式通過。美國最高法院很快便引用了科學院的報告，安東寧．斯卡利亞（Antonin Scalia）大法官表示鑑識科學有「嚴重的缺陷」且不對「人為操縱免疫」。[26]就連總統也採取了行動，建立了鑑識科學委員會。[27]然而，支持傳統鑑識科學的勢力也不容小覷，一名檢察官在參議院發表證詞時表示科學院的報告「是對於扎實調查技術的計畫性攻擊」。當時為參議員的傑夫．塞申斯（Jeff Sessions）也表示：「那些都是我們用了幾十年的科學原則，它們都是被證實有效的方法，我覺得我們不該暗示它們不可靠。」[28]

◈牙醫的回應

既然科學界發表了不容忽視的聲明，告訴眾人我們使用數十年的技術缺乏科學支持，我們的系統會如何反應呢？比對咬痕的牙醫們無意間代表系統做出了回應。在國家科學院報告中，委員會特別提到了咬痕比對技術，表示「目前不存在」用咬痕辨識個別人類的「證據」。委員會得到的結論是，我們必須做更多科學研究，才可得知咬痕比對是否可能「具有做為證據的價值」。[29]法醫牙科學者聽到了這些反對的聲音，做為回應，美國法醫牙科學委員會在二〇〇九年修改了會員規則，新規則寫道：「在開放族群的案件中，我們不支持絕對或『毫無疑問』的罪犯辨識結果等詞語被用作最終結論。」他們改變了用字遣詞。

◈白宮報告

數學家暨遺傳學家艾瑞克・蘭德是哈佛與麻省理工布羅德研究所（Broad Institute of Harvard and MIT）的創辦人，也是人類基因組計畫（Human Genome Project）的領袖人物，曾率領眾科學家繪製人類的DNA圖譜。蘭德與司法部高層見面時，聯邦檢察官表示他們需要一段「寬限期」，若科學家開始質疑各種鑑識方法，檢察官將會面臨「很多問題」。[30]問題是，這已經是國家科學院發表報告的六年後了，還是有許多鑑識技術未受驗證，除了部分鑑識專家的證詞與結論用詞之外，情況幾乎與先前無異。

二○一五年秋季，白宮在總統科技顧問委員會之中組織了另一支委員會，更深入檢視幾個重要的鑑識科學領域出現的問題，研究了DNA混合物分析、槍彈比對、指紋比對與咬痕比對等技術。該團體和國家科學院組織的委員會一樣，是由蘭德等著名科學家組成。「我們的結論是，身為科學家，批准寬限期並不在我們的職責範圍內。」蘭德回憶道。委員會直接發布了鏗鏘有力的報告，直言不諱地表示在真正的科學研究證實鑑識方法可靠之前，不科學的方法就不該再被使用，以及出現任何寬限或延期的狀況。

總統科技顧問委員會的科學家研讀了數千份評估鑑識方法可靠性的研究，發現只有少數幾篇是設計妥當的研究。設計妥當的研究必須包括對鑑識技術的實測，讓互不影響的研究者用大量樣本獨立做研究，並產生出其他人可複製的數據、將數據公諸於世。換言之，這些必須是貨真價實的科學研究。總統科技顧問委員會表示，指紋比對等技術被至少兩份真正的研究驗證過，卻少有人記錄這些方法的錯誤率，而即使是指紋辨識的錯誤率也比陪審團與律師想像中高。人們必須掌握完整的情報，了解刑案調查中發生鑑識錯誤的機率。

至於槍彈比對與咬痕比對等技術就不一樣了，它們未經任何適當的科學研究驗證。總統科技顧問委員會報告指出，「咬痕分析並不符合科學上基本有效性的標準，也遠遠不及這些標準。」此外，「現存的科學證據反而強烈地暗示鑑識分析師無法……在合理的精確度內，一致認同傷痕是否為人類咬痕。」[31]結論是，咬痕與槍彈比對等技術不該被用在法庭上。

聯邦調查局很快便做出了回應，對報告中「許多科學主張與結論」提出異議，並表示該報告沒有提及「多篇已發表」且設計良好的研究。[32]做為回應，總統科技顧問委員會請聯邦調查局與各界人士提交可能被遺漏的已發表研究，證實咬痕比對等鑑識方法的可靠性。司法部提出了結論：實際上，已經沒有該交由總統科技顧問委員會研讀的研究報告了。[33]

最大的抗議聲來自檢察官群體，報告被他們批評了一番。司法部表示他們會直接無視這份報告，繼續像以往那樣使用鑑識技術。當時的司法部長洛麗泰・林奇（Loretta Lynch）解釋道，司法部「有信心地認為，在受妥善使用的情況下，鑑識科學證據能幫助陪審團辨識出有罪者，替無罪者脫罪」。在鑑識科學相關的法學院活動上，司法部的鑑識科學發言人泰德・亨特（Ted

Hunt）表示，我們應該用有彈性且「完整」的測試來決定鑑識方法是否為有效的科學方法。蘭德回應道，總統科技顧問委員會不過是要求科學研究使用大量樣本、獨立研究監督機制，並產生可重複的數據，這並不是過於狹隘的定義，而是「我們所謂的科學」。[34]

全國地區檢察官協會（National District Attorneys Association）指控總統科技顧問委員會「普遍帶有偏見」，並指稱他們的報告「在科學上不負責任」。之所以這麼說並不是因為報告中的建議有任何缺陷，而是因為套用建議將對執法單位造成「破壞性的效果」。[35]指紋分析界最重要的組織表示，堅信指紋證據的可靠性。[36]二〇一六年，德州鑑識科學委員會（Texas Forensic Science Commission）宣布不再於德州使用咬痕證據，但除此之外沒有其他州份採取類似的行動。

這就像是《今日暫時停止》（*Groundhog Day*）的劇情。電影裡，比爾．莫瑞（Bill Murray）一再重複度過同一天，而司法系統與鑑識科學界也一再上演相同的故事。包括可靠性太低、不該被用在法庭上的一些方法在內，其他不完美的鑑識領域也出現了類似的狀況，明明技術不可靠，仍有法官准許專家在法庭上發表關於這些技術的證詞。國家科學院曾於一九七九年發表一篇批評語音比對方法的報告，在那之後聯邦調查局雖然停止使用該方法，州法院卻還是一如往常地接受這類證據，無辜的大衛．波普（David Shawn Pope）就是因語音比對證據被定罪，後來才因DNA證據而洗雪冤情。[37]

數十年來，聯邦調查局一直使用名為「子彈鉛比對分析」的方法，判斷子彈是否出自特定一盒彈藥。後來國家科學院終於檢視了相關研究，在二〇〇四年發表一篇報告，表示「用於犯罪的一顆子彈是來自特定一盒彈藥」是無法憑科學下定的結論。[38]過去有多起案件是基於錯誤的子彈比對技術而定罪，甚至有人因此被判處死刑。報告發表初期，聯邦調查局聲稱此技術仍然可用，然而在一年多後，他們終於停止使用該技術，原因是維護器材所需的費用太過昂貴。統計學家凱倫．卡法達（Karen Kafadar）與克利夫德．史比格曼（Clifford Spiegelman）博士檢視了聯邦調查局拒絕分享給國家科學院的資料庫，聯邦調查局聲稱資料庫能支持他們使用的子彈鉛比對方法，但兩位統計學家發現資料庫裡處處可見錯誤與不一致之處。[39]人們隱藏了有誤的數據，頑固地拒絕聽從科學建議，最後導向了嚴重的後果……這就是鑑識科學一再上演的老套劇情。

儘管如此，人們對批判性的科研報告仍抱持抗拒、否定與憤怒的態度。就如當時的司法部副部長羅德．羅森斯坦（Rod Rosenstein）於二〇一八年一次演講中所說，鑑識科學「受到了攻擊」，批評者想必是以為此領域該全都由統計數據與自動化程序組成，所以才懷有「錯誤的狹隘見解」。[40]然而，事實並非如此。我們不必用電腦取代專家，人類專家完全可以精確地判斷案情。我們只是需要貨真價實的證據，證明這些專家使用的都是可靠的鑑識方法。

◈優良的科學

對批評言論的頑抗態度，以及對科學研究的敵對意識，完全就是優良科學的對立面。就如《新英格蘭醫學雜誌》（*New England Journal of Medicine*）與其他尖端醫學期刊在對美國最高法院的簡報中所說，「優良的科學」這個概念相當簡單：它是「科學界的品管系統」，確保我們不受「無根據的」分析影響。在使用任何一項提案之前，都需「經過發表、重複與驗證三個嚴格的階段，才得以受人仰賴」。[41]這些尖端科學家一再告訴我們，除了DNA鑑定外，沒有任何一種鑑識技術受過足夠嚴格的檢驗，且就如下一章所述，人們先前根本不知道這些方法的錯誤率。簡言之，我們必須將優良的科學帶入鑑識科學界。

第二部
鑑識科學的危機
Flawed Forensics

3 錯誤的身分 False ID

在一九八九年的電影《回到未來II》（*Back to the Future 2*）所描繪的未來世界中，人們無論做什麼都會用到指紋。由米高・福克斯（Michael J. Fox）飾演的高中生馬蒂・麥佛萊穿越到對當時而言遙遠虛幻的二〇一五年，在那裡人們用指紋識別身分、開鎖與付款。在那個虛構的未來，強盜會剁下受害者的手指，藉以入侵受害者的住所與銀行帳戶。在我們的世界，犯罪者不是剁下他人手指，而是駭進電腦。我們之所以不用指紋控制一切，是因為指紋雖可有效用於生物識別，但終究不是完美的辨識方法。我們可以用指紋解鎖智慧型手機，Apple Pay與Android Pay都有指紋驗證功能。不過，蘋果公司的研究人員計算出iPhone指紋辨識系統的錯誤率為五萬分之一。[1]手機的感應器很小，只能捕捉到部分指紋。如果感應器髒污或者指尖有溼氣，使用者在掃描指紋時可能會發生錯誤。所以，許多人可能得嘗試兩三次才能夠成功解鎖。由於指紋掃描的錯誤率高，新推出的產品便陸續擴增了臉部辨識功能。

這些生物識別功能出錯的後果並不嚴重，頂多讓使用者有些煩躁罷了。然而，在刑事案件中，後果關乎一個人的生命與自由，我們卻不可能找出「吻合」的指紋。若定義「吻合」（match）為完美且明確的結論，表示某痕跡的確出自某特定物體，那麼這個詞就具有誤導性。今天，訓練有素的專業鑑識人員並不會使用「吻合」這種說法。在辛普森（O. J. Simpson）庭審中，法官禁止聯邦調查局鑑識人員在呈現毛髮證據時使用「吻合」一詞，其後，聯邦調查局高層也對局內毛髮和纖維鑑識人員下達指令，不再使用這個詞。[2]鑑識人員如今使用「識別」之類的措詞，並附帶詳細的定義與說明。

之所以不使用「吻合」一詞，是因為這種說法沒有表明指紋證據（或其他痕跡證據）必然存在的不確定性。鑑識人員會根據量測數值等客觀資訊做決定，但也會受「內在信念」或「個人確信的程度」等主觀判斷所影響。[3]只要是人做的決定都有可能出錯，而我們接下來也會發現，許多鑑識技術的錯誤率可能都高得出奇——如果你以為指紋證據至少能用以比對出近乎完美的相符結果，你一定會大吃一驚。本章將講述指紋鑑定的發展史，從宣稱此法完美無缺到逐漸發現指紋比對法的種種錯誤。我會介紹布蘭登．梅菲爾德案中錯誤的指紋比對，並說明指紋鑑定過程可能出現的差錯。最後我會告訴你，分析師在呈現證據時，每次都該清楚傳達證據的不確定因素，並用具科學研究根據的機率數值呈現證據。我們必須揭穿迷思，讓所有人明白：世界上沒有完美的鑑識識別這回事。

◈法羅謀殺案

早在數千年前，便有人將指紋用於身分辨識。古巴比倫幾面記錄陶器交易內容的泥板上就有指印痕跡。在秦朝時期的中國，也已經有人用手印輔助犯罪調查。一七八八年，德國醫生梅耶（J. C. A. Mayer）或許成為率先表示指紋都是「獨一無二」的人物，他卻也警告道：「雖然沒有兩個人擁有重複的皮膚紋路，仍有一些人的指紋相當相近。」[4]在英國殖民時期的印度，當局開始大規模用手印簽署契約，也憑藉手印確保契約確實履行。接著，指紋辨識方法進了蘇格蘭場（英國倫敦警務處總部所在地），成為警方偵查案件的工具之一。

一九〇五年，倫敦東南部一間商店店主湯瑪斯和安・法羅（Thomas and Ann Farrow）遭人持棍棒重擊致死，警方在店內被掏空的錢箱上，發現一枚油膩的指紋，這也成了英國首起用指紋證據將犯嫌定罪的案件。案發當天，一名牛奶商注意到有兩名年輕男子在法羅夫婦的店鋪附近鬼鬼祟祟，雖然他不認識那兩個人，不過當地居民表示，之前就看見艾伯特（Albert）與阿爾弗雷德・史塔頓（Alfred Stratton）兩兄弟在附近走動。蘇格蘭場甫在一九〇一年開始使用指紋辨識法辦案，負責這起謀殺案的督察查爾斯・柯林斯（Charles Collins）於是比較了犯罪現場與嫌疑人的指紋，發現有十一個特徵點相似。正如犯罪學家賽門・柯爾（Simon Cole）教授所述，這名督察在法庭上解釋，根據自己在蘇格蘭場工作的經驗，僅僅四個相似處便足以辨識犯人——他見過不同人的指紋出現三個相似處，但沒見過有四處相似的。[5]換作今日，我們會認為僅有四個特徵點相似的指紋證據太過薄弱，然而在當時陪審團判史塔頓兄弟有罪，兩人當天就被處以絞刑。[6]數年後的美國，湯瑪斯・詹寧斯（Thomas Jennings）被控謀殺，這起訴訟案的核心證據正是一枚指紋。警方的鑑識人員表示，留下指紋的人只可能是詹寧斯，而上訴法院的法官也認為這種鑑識方法「廣受使用」，所以是可接受的證據。詹寧斯同樣難逃被吊死的命運。[7]

當時，早已有作家開始在犯罪調查故事中描寫關於指紋比對的方法。馬克・吐溫（Mark Twain）筆下的傻瓜威爾遜（Pudd’nhead Wilson）在密蘇里州某座小鎮的謀殺案審判中表示：「每個人從出生到死亡身上都有一些特定不變的印記，可以用來辨識他的身分——且辨識結果毫無疑問。」[8]吐溫將指紋辨識寫入故事之中，是受到亞瑟・柯南・道爾（Arthur Conan Doyle）在《福爾摩斯冒險史》（*The Adventures of Sherlock Holmes*）中收錄的短篇故事所啟發。而在道爾早期的故事《四個神祕的簽名》（*The Sign of the Four*）中，夏洛克・福爾摩斯注意到一封信上的拇指印，不過他並未做指紋比對。[9]

其後，各國的警調人員利用指紋辨識偵辦了數以千計的案件，到了一九四〇年代，美國聯邦調查局甚至留存超過一億張紙本指紋卡。如今，世界各地的地方、州立與全國執法單位都建立起規模遠大於當年的指紋資料庫，指紋辨識方法也滲入大眾文化之中，人們普遍認為指紋比對是辨識一個人身分的首要鑑識方法，並且可以識別出「唯一」對象。尤其在基因鑑定剛推出的年代，還以「遺傳指紋分析法」稱之，由此可見指紋在當時的文化地位。指紋在人們心目中成為與個人息息相關的概念。歌手艾維斯・普里斯萊（Elvis Presley）曾說：「價值觀就像指紋，沒有任何人相同，但你的所作所為都會留下印記。」幽默作家大衛・賽德瑞斯（David Sedaris）則更為諷刺地表示：「我們所有人都為自己的獨特性驕傲不已、沾沾自喜，但是我恐怕得告訴你，說到底還是警察說得對：我們特別之處就只有指紋而已。」[10]

◈一枚指紋

指紋的確具有十分細膩的細節，但我們每次觸碰物品留下的痕跡都不太一樣。在美國工作有時必須先通過背景調查，他們一定會請你小心捺指紋，或許還會因為第一次留下的印痕不夠清晰而請你再捺印一次。犯罪者當然不會刻意留下清楚的指紋，更別說在乾淨的平面上左右滾動手指、留下保存完好的痕跡。犯罪現場的指紋往往肉眼不可辨，這樣的指紋稱為「潛伏紋」（latent print），除非使用粉末或其他顯影技術處理，否則無法看見。

雖然指紋證據已在大型刑案調查中使用百餘年，史上最知名的指紋影像卻是二〇〇四年由西班牙警方發現的一枚潛伏紋。二〇〇四年三月十一日，馬德里的通勤列車發生炸彈襲擊事件，警方在案發現場附近一輛棄置的廂型車車內找到裝有七枚爆裂物的袋子，並且採集到一枚潛伏紋。[11]如前言所述，美國聯邦調查局在比對指紋資料庫後，便認定奧勒岡州波特蘭市名為布蘭登．梅菲爾德的律師就是留下指紋的犯人。聯邦調查局不僅搜尋了過去曾遭逮捕者的指紋，範圍尚且涵蓋疑似恐怖分子，以及保存公務員與軍人指紋的資料庫。調查局分析師先是找到指紋相似的二十人，接著從最有可能是犯人的第一個嫌疑人檢查起，待分析到名單上第四個人時他認為指紋足夠相似，就沒再繼續分析下去了。他調來印有梅菲爾德十指指紋的卡片，用品質較高的指紋卡做進一步比對。

事實上，現在的數位化指紋資料庫並未標榜能準確辨識出指紋的來源，操作員在輸入你的指紋之後，程式會依照當初設計的參數搜尋出和你最像的名單。設計搜尋程式與演算法的公司通常不會公開背後的原理，甚至連使用程式的實驗室可能都不甚了解指紋搜尋程式的演算法。真正的指紋辨識和電視上演的不一樣，相似的指紋並不會瞬間出現在螢幕上，還是得由專家鉅細靡遺地檢視資料庫調出的每一枚相似指紋，而資料庫建議的指紋也可能沒有一枚與犯罪現場的採樣相近。

在犯罪影集中，可能會有一組專家將所有時間投注在一起案件上，剛剛好在一集節目播完時破案。然而，真正的鑑識實驗室裡可能有堆積如山的樣本等著專家去分析，他們還可能同時處理數百起案件。話雖如此，馬德里連環爆炸案過於重大，案件調查過程還真如電視上演的那樣，美國聯邦調查局亦指示三名分析師進行指紋比對。第一名分析師用梅菲爾德的十指指紋卡做比對時，更加確信自己的猜測正確無誤；別忘了，他將馬德里爆炸現場附近的指紋採樣輸入資料庫時，梅菲爾德的指紋相似程度只排第四，這通常表示他並非和採樣最相近的犯嫌。[12]儘管如此，分析師更詳細檢視梅菲爾德的指紋時，發現有十五個特徵點與採樣相似。接著，他的一名主管與一名擁有三十五年經驗的退休聯邦調查局分析師分別驗證了上述結論。在一般情況下，只會由一個人進行「驗證」作業，但由於馬德里連環爆炸案是備受關注的案件，聯邦調查局於是請兩個人驗證結果。指紋的左上區塊有一些差異，其中一名分析師因此「從一開始就感到心煩意亂」，不過最終三名分析師都認定那的確是梅菲爾德的指紋。[13]

完成指紋分析之後，聯邦調查局旋即展開「全場緊迫」行動，他們擔心梅菲爾德參與了「第二波」恐怖攻擊，便命人二十四小時監視。[14]調查局「百分之百確信」在馬德里採到的樣本就是他的指紋，三名分析師的看法一致。[15]但在進行分析時，三人除了來回比對梅菲爾德的指紋與爆炸現場附近採集到的潛伏紋，過程中甚至一度變更標記的相似處。其中一名分析師原本標記了潛伏紋的七處，後來在檢視梅菲爾德的指紋後，又更動了其中五處。[16]這是所謂的「逆推理」（reverse reasoning），即分析師在比對過程中改變了結論、找到了新的相似處。

梅菲爾德的辯護律師也請來指紋專家分析證據。辯方專家表示自己逐一比對梅菲爾德的指紋與爆炸現場附近採集到的指紋：

我從拇指開始，然後看了食指，接著是中指。沒有、沒有、沒有、沒有、沒有。哦，有了！我找到一個了。啊，這枚有幾個相似處，然後又找到幾個，又找到幾個了。等我找到十五個相似處時，我會說：「看來可以辨識出是他了。」[17]

聯邦調查局負責驗證的兩名分析師知道初始分析師認為指紋是梅菲爾德留下的，而辯方這位專家也知道調查局的分析結果，他甚至在法庭上向法官表示：「我比對了潛伏紋與布蘭登・梅菲爾德已登錄的指紋，得出結論：潛伏紋就是梅菲爾德先生左手食指的指紋。」就連辯方自己的指紋專家也認同聯邦調查局的結論。梅菲爾德日後回憶道：「他竟然同意另外三個分析師說的話。從那之後，我就覺得開往死刑的列車載著我離站了。」[18]

聯邦調查局的分析師用了「個化」(individualization)一詞，意思是世界上除了梅菲爾德以外沒有任何人有可能是指紋的主人。當時聯邦調查局表示，個化的結論受「生物獨特性與永久性之理論」以及「超過百年的實用經驗」支持。過去的專家認為每個人擁有獨一無二的指紋，甚至到今天還是有專家如此宣稱。他們會這麼說，是因為一百多年來指紋分析師一直聲稱其結論不可能出錯，指紋分析的錯誤率為「零」。他們言之鑿鑿地提出這些主張，表示每個人的指紋都獨一無二，這是眾所周知的事實，所以世界上除了梅菲爾德，不可能找到別的犯人。

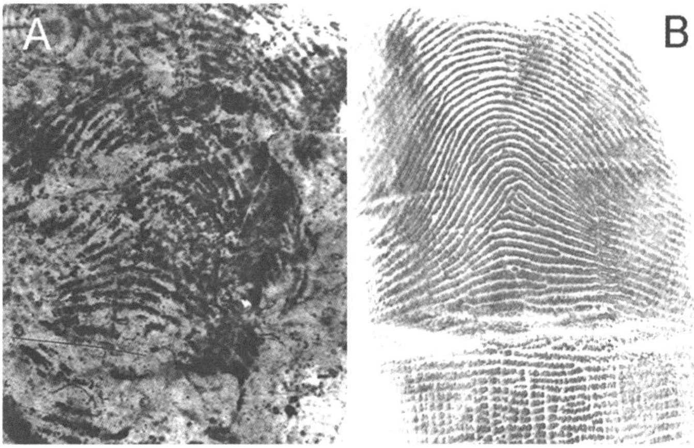

潛伏紋與布蘭登·梅菲爾德的指紋。聯邦監察長辦公室報告，https://oig.justice.gov/special/s0601/final.pdf。

第一次接受庭審時，梅菲爾德向法官表示：「庭上，那不是我的指紋啊。」法官否定了他的辯白。四名專家都百分之百認定那是他的指紋了，怎麼可能不是他的呢？法官將梅菲爾德視為恐攻的重要證人，命人拘捕他——問題是，那四名指紋分析師都說錯了。圖A是在馬德里採到的潛伏紋，圖B是梅菲爾德的指紋。

梅菲爾德的指紋確實和馬德里那枚指紋有一些相似之處，但兩者也有一些不同，專家在進行分析時並沒有考慮到這些差異。再者，請回想梅菲爾德成為恐攻案犯嫌的經過：他並非在犯罪現場附近就逮，也不是被目擊證人指名，而是指紋分析師從資料庫數千萬筆指紋資料中搜尋出來的。這類資料庫是為了找出有多處相似的指紋所設計，後續必須由專家人工比對資料庫搜尋出的指紋檔案，因此這份任務更具有挑戰性。在裝有爆裂物袋子上採集到的潛伏紋有些模糊，也遺漏了大量指紋資訊——試想，一枚完美的指紋約有一百多個特徵點，而聯邦調查局的三名專家光是找到十五個相似的細節就覺得很了不得，可見這枚潛伏紋是多麼的不清晰。

而美國聯邦調查局在協助調查的過程中，西班牙當局即向聯邦調查局表示他們的分析有誤——這是在梅菲爾德被捕的三週前便傳達給美方的訊息。美國聯邦調查局告訴西班牙警方，他們「完全確信」犯人就是梅菲爾德，結果在二〇〇四年四月十三日收到對方回應認為指紋與梅菲爾德「不符」時，調查局便派員於四月二十一日帶著放大照片前往馬德里，親自將調查結果呈現給西班牙警方，希望能改變西班牙當局的看法。

儘管梅菲爾德從沒去過西班牙，聯邦調查局仍嚴密監控並搜索他的住所，只發現他女兒中學時寫過一篇關於西班牙的報告，但梅菲爾德的穆斯林身分無疑加深了調查局對他的懷疑。二〇〇四年五月六日，聯邦調查局逮捕梅菲爾德，接著辦理這起恐怖攻擊案。到了五月十九日，西班牙警方通知聯邦調查局：他們已用潛伏紋鎖定一名阿爾及利亞恐怖分子。第二天，五月二十日，聯邦調查局同意釋放梅菲爾德，並於數日後撤回對他的指控。[19]最後，聯邦調查局不得不為其不當行為致歉。二〇〇六年，梅菲爾德對聯邦調查局的民事訴訟和解，調查局同意支付一百九十萬美元的和解金。此案可以想見將永遠改變美國與其他各國的鑑識科學，畢竟這些人是經驗豐富的聯邦調查局分析師，他們分析的是理應人人獨特的指紋。既然在如此廣受矚目的案件中指紋比對都可能發生嚴重錯誤，那麼，其他的鑑識分析是否也可能會出錯？

◈潛伏紋比對法

讀過簡單的描述之後，你可以很快地了解指紋分析師的工作內容，不過這份工作本身相當困難且頗為枯燥乏味，而且容易眼睛疲勞。分析師必須花好幾個鐘頭分類並檢視指紋，先從多名犯罪嫌疑人的十指指紋卡研究起，接著開始研究潛伏紋，也就是未知人士在犯罪現場留下且不容易發現的指紋。

指紋是在人出生前就形成的構造，凹凸紋路不僅覆蓋我們的指尖，還布滿我們手指與腳趾的內面，這些皮膚紋路稱之為「摩擦表面」(friction skin)。而手指或手掌觸碰物品時，汗液或油脂在皮膚表面所形成的一層薄膜會留下紋路，這樣的印記就是所謂的潛伏紋。潛伏紋的清晰度取決於物體表面，金屬或玻璃等表面可以印出清晰的指紋，在布料上則很難呈現。不過，玻璃等適合保留指紋的表面也相對容易被人抹去，只有未經擦拭的物品才能留住指紋。除此之外，物體表面的形狀可能會使指紋變形，一個人觸碰物品的方式也會影響指紋的清晰度與完整度。再者，雖然每個人的手指都有凹凸紋路，但不是每個人都能留下清晰的指紋。有些人的紋路較淺，較難留下指紋；疤痕與皮膚磨損也可能改變指紋，工作上經常使用雙手的人往往不會留下清晰的印痕。

在進行第一層分析時，指紋分析師會先將指紋整體的形狀分類。馬德里連環爆炸案的潛伏紋是所謂的「弧形紋」(arch)，顧名思義就是紋路呈現弧狀。另外兩種指紋形狀分別是圓形的「斗形紋」(whorl)與U形的「箕形紋」(loop)。

第二層分析重點則是稱作「特徵點」(feature或minutiae)的細節。這些分析工作相當主觀，也仰賴指紋分析師的經驗。分析師會檢視指紋，辨識出這些較小的細節，包括紋路結束的位置、眼形線(enclosure)或點形線([island]或稱島形線)的所在處，或是其他特徵點；這段檢視過程可能會花上數小時，尤其在指紋極不完整的情況下更是費時。許多常見的細節都有特殊名詞，例如，紋路形成X形時稱為「交叉點」(crossover)，形成V形時稱為「三角」(delta)，紋路結束處稱為「線端」(ridge ending)，而被另一圈紋路包圍的點狀紋路則稱為「點形線」。

第三層分析是針對更微小的特徵，好比紋路端點與皮膚毛孔的形狀。一般在潛伏指紋上很難看出這些細節。

一九九〇年代，指紋分析師將這個鑑定程序稱為「ACE－V」原則，即分析(analysis)、比對(comparison)、評估(evaluation)與驗證(verification)。換言之，分析師會仔細檢視指紋、進行比對、得到結論，然後請第二人確認比對結果。這其實不算是一套方法，倒像是一組非常籠統的步驟。除了方法籠統以外，分析師也不一定會使用哪些器材，一些鑑識實驗室的分析師到現在還是像花生先生一樣戴著單片眼鏡檢視指紋，也有實驗室會把照片放大後在電腦螢幕上做比對。

比對過程中，分析師會先觀察潛伏紋是否包含足量的資訊，判斷是否適合用於比對。警方在犯罪現場採集到的指紋大多都過於模糊，或者因為嚴重變形而派不上用場。在和休士頓鑑識科學中心數名分析師合力進行的一次研究中，就發現該實驗室收到的潛伏紋中超過半數（百分之五十六）都「沒有價值」，亦即不適合用於比對。[20]

如果指紋的品質夠高，分析師就會著手進行比對。不過，一處犯罪現場有可能採獲多枚潛伏紋，舉例來說，在休士頓的鑑識實驗室裡，雖然大部分案件都只有一個指紋樣本，指紋樣本的中間數卻是四枚，平均是八枚多，甚至還有一百五十枚潛伏紋這樣的異常值。假如案件已有犯罪嫌疑人，分析師便會拿潛伏紋與犯嫌的十指指紋卡做比對。[21]

在沒有犯罪嫌疑人的情況下，分析師會搜尋指紋資料庫，從中找出許多可能相似的指紋。接著，分析師必須仔細檢視名單上所有人的指紋。傳統上，是將潛伏紋與犯罪嫌疑人的指紋左右擺放在一起做比較，用放大鏡仔細檢視指紋，而今日更常見的做法是在電腦螢幕上比對。接下來，分析師會評估潛伏紋與已知指紋之間的相似度，得到三種看似無庸置疑的結論之一：指紋可能來源相同、來源不同，或者無法比對出決定性結果。合格的實驗室會將分析過程記錄下來，分析師可能會將自己用到的每一個特徵點標記起來，有時是用電腦程式做記錄。如果只是將指紋左右擺在一起做比對，有可能只會注意它們的相似之處，而忽略了兩者的差異。所以，現在有些實驗室要求分析師先在潛伏紋上做好標記，接著再標記比對用的犯嫌指紋。不過，還是有些實驗室不要求分析師做任何標記或記錄比對過程。

假如分析師認為採樣與比對用指紋可能是同一人留下的，就會將圖像交給另一名分析師確認分析結果，或者重新做一次比較分析。大部分的鑑識實驗室通常只有在初始分析師識別出犯嫌身分時，才會請第二名分析師進行驗證，而第二名分析師能看見初始分析師的所有紀錄及分析結果。少有實驗室不向第二人提供前一位分析的結論，而讓第二人進行完全獨立的分析。

◈未經測試的假設

從沒有人仔細測試過專家們數十年來仰賴的基本假設。首先，每個人的指紋真的都獨一無二嗎？你可能一直以為指紋具有獨特性，世界上找不到指紋相同的兩個人。我和同僚葛瑞格．米歇爾（Gregory Mitchell）在美國調查了兩組人的意見，在分別包括一千兩百多名成人的兩組人當中，有百分之九十五的人相信指紋獨一無二——比認為ＤＮＡ鑑定結果獨一無二的比例還要高。[22]大眾相信指紋和雪花一樣獨特，不過現在科學家已經發現雪花有三十五種基本形狀，且在類似環境下形成的雪花形狀會十分相似，甚至接近完全相同。[23]指紋分析師和社會大眾一樣，認定每個人指紋紋路都不同，而不僅僅是有些不同或大部分都不相同。而各領域鑑識專家對於咬痕、纖維、工具痕跡、鞋印及其他類型的證據都抱持同樣的假設。我們並不知道專家對於指紋的假設是否屬實，畢竟從未有人做過這方面的測試。不過，我們確實有充分理由懷疑，這些其他類型的印記就像雪花一樣，有時不同人或不同物體所留下的痕跡可能相當相似，至少在某些細節水準上。

其次，一個人的指紋和另一個人在犯罪現場留下的潛伏紋相似的情況，究竟有多常見？我們不知道一個來自犯罪現場模糊且不完整的潛伏紋，是否經常像別人的指紋，這可能取決於指紋的詳細程度。但總之我們現在知道，指紋辨識是有可能出錯的。

第三，我們的專家有多擅長比對指紋？我們必須知道專家的錯誤率；畢竟他們的判斷可能會將人送進監獄甚至處以死刑。美國司法部定下的標準是，指紋辨識是「分析師對於自身信念的陳述」。美國國家科學院的報告強調道，指紋分析師往往依賴「主觀評估」，判斷時缺乏適當的「統計模型」。我們並不知道指紋的特定特徵有多麼常見或罕見。因此，國家科學院的結論是，ACE－V原則「不夠明確，不足以稱作經過驗證的方法。」[24]

第四，我們可能以為資料庫等科技能捕捉到人為失誤。然而，在梅菲爾德案中，科技間接促成了錯誤的辨識結果。事實上，現代資料庫的設計目的是搜尋數百萬筆指紋紀錄，儘量找出最相似的候選名單，結果反而使指紋專家的工作變得更具挑戰性。幸好，這些是可以改善的問題。接下來，我將會介紹科學研究與科技如何應對這些挑戰，但前提是我們必須將更好的科學引進鑑識實驗室和法庭。

◈比對一切

在指紋品質夠高的情況下，上頭會留有十分詳細的資訊，不過除了指紋外，專家還會分析品質低得多的證據。我們的鞋子多半是大量生產的產品，除非鞋子非常特殊——例如辛普森案中的十二號布魯諾馬利（Bruno Magli）鞋印——你的鞋印可能和其他數十萬人相同。儘管如此，專家仍會出庭作證某個人的鞋子有「獨特」的磨損型式。專家也會比對工具痕跡，檢視彈殼是否由特定一把槍射出，或者鐵絲為特定一把鉗子剪斷的。纖維、人類毛髮甚或動物毛髮也在檢視的範圍內。

除此之外，專家還會分析讓人意想不到的物件。一九九〇年代，印第安那州一名男子在兩起謀殺案訴訟中都因垃圾袋比對結果被定罪。專家作證時表示，一卷垃圾袋的不規則之處可能會出現在多個垃圾袋上（從一個延伸到下一個），而用以包裹受害者的袋子與被告家中的袋子有「獨特」的相似處，顯示兩者「相連且是它的一部分」。[25]有的專家會比較遮蔽膠帶與布膠帶，有的會比較服裝布料，研究格紋襯衫上的線條或牛仔褲是否與照片或影片中的衣物相似。在一樁案件中，聯邦調查局一名「影像分析」專家聲稱，儘管那是一件大量生產的上衣，「別件上衣如此精確地與其相符的機率只有六千五百億分之一」，並補充說，「頂多差個幾十億分之一」。[26]這種樣式比對方法至今仍有人使用，但缺乏充分的數據支持，而使用這些方法的專家也說不出其結論究竟意謂著什麼。他們無法告訴你這些物件恰巧出現相似處的機率，也無法告訴你證物出自特定來源的機率，即使提供了某個數值，那些所謂的「頂多差個幾十億分之一」也都是編造出來的。這些專家就是在物件之間尋找相符者，然後憑自己的想法主張證據來源相同。

◈槍枝彈藥

在所有痕跡比對技術當中，最常使用的可能是槍彈比對，甚至比指紋比對還要廣受使用。槍枝暴力是美國社會的一個重大問題，每年有超過一萬起涉及槍枝的凶殺案和近五十萬起槍枝犯罪事件，如搶劫和攻擊，槍彈比對的需求量因而非常的高。[27]檢驗人員的目標是將犯罪現場的證據（如彈殼或彈頭）與槍枝連結起來。這項檢驗背後的假設是，槍枝在製造過程中的切割、鑽孔與打磨處理會在槍管、後膛面與撞針上留下痕跡，而子彈擊發時，這些部件會接觸到彈藥。專家們認為，不同的槍枝會在彈藥上留下不同的工具痕跡，即使是同一生產線製造的槍枝。他們能藉此判斷彈藥是哪一把槍枝發射出來的。

距今一百多年前，便有槍枝專家在刑事審判中作證。[28]他們傳統上會提出關於痕跡「獨特性」的主張，就像那些關於指紋的主張一樣。專家會說，「不會有兩把槍枝在彈頭與彈殼上留下相同的顯微特徵，以致被誤判為同一槍枝所擊發。」[29]到了一九九〇年代晚期，專家們以槍彈及工具痕跡鑑識人員協會（Association of Firearms and Tool Mark Examines, AFTE）這個專業協會制定的「鑑識理論」為證詞的基本前提。協會指示從業人員使用「來源識別」（source identification）一詞來說明他們在檢查槍枝時識別出「充分的一致性」。[30]一般來說，槍彈鑑識人員會檢視槍枝在擊發的彈頭或彈殼上留下的印記。而槍彈及工具痕跡鑑識人員協會所謂的理論不過是循環論證罷了。也就是說，專家找到足以辨識出槍枝的充分證據時，就能夠辨識出發射子彈的槍枝。

近年來，科學界對這類證詞的效度與信度提出了質疑。美國國家科學院在二〇〇八年關於彈道成像分析的報告中做出結論，諸如「來源識別」之類的絕對的關聯性不受支持。[31]在二〇〇九年發表的報告中，國家科學院接續前一年的研究並指出，關於槍枝彈藥或工具痕跡的決定性結論並沒有得到研究支持，是以應該做出更謹慎的主張。報告指稱，「工具痕跡與槍彈分析的科學知識基礎相當有限。」[32]而槍彈及工具痕跡鑑識人員協會的鑑識理論「不夠充分，無法解釋專家是如何得到一定程度信心的結論」。多位法官也提出這樣的疑慮，該理論相當於「偽裝成客觀判斷，實則為不受約束的主觀想法」，且「本質上是籠統的」與「主觀的」，或者「若非同義反覆就是完全主觀」。[33]

然而，時至今日，槍彈鑑識人員仍會在法庭上使用像是「來源識別」等術語——儘管如此，正如我將在本書第五章所述，已有法官開始介入並要求更謹慎的措辭，例如，該表示彈藥「更有可能」擊發自被告的槍枝，或者某一把槍枝「無法被排除在外」。[34] 美國司法部在二〇一九年宣布了指導方針：專家應使用「來源識別」一詞，他們將其定義為「檢驗人員認為兩個工具痕跡出自同源的結論」。[35] 該指導方針聽起來和槍彈及工具痕跡鑑識人員協會的理論相似：只要檢驗人員認為他們辨識出來源，便能夠如此主張。

◈梅菲爾德錯案的後果

梅菲爾德案的指紋辨識錯誤，成了聯邦調查局與現代鑑識科學史上的關鍵事件。試想，在沒有科學家獨立檢驗證據的情況下，還有多少人被定罪？指紋分析師長期以來一直聲稱其錯誤率為零。聯邦調查局於一九六三年發表的一份名為《指紋科學》（*The Science of Fingerprints*）的報告以調查局局長胡佛（J. Edgar Hoover）的序言開頭，他大力讚揚指紋識別這門「科學」：「在所有鑑定方法中，唯有指紋識別絕對正確且可行。」[36]

檢視梅菲爾德指紋的三名聯邦調查局分析師分別得出了「百分之百肯定的辨識結果」。然而，專家們都錯了。在隨後的調查中，聯邦調查局確實做出了兩項改變。首先，在只有一枚潛伏紋的情況下，應進行盲測驗證（blind verification），意即由第二名專家重新獨立鑑定。這是相當重要的改變。不過，許多案件往往涉及不只一枚潛伏指紋。其次，聯邦調查局改變了將指紋圖像並排比對的方法，藉此排除循環推論的可能性。調查局分析師現在會個別檢查潛伏指紋與可疑指紋，而不是並排檢視。

指紋分析師使用的術語也因梅菲爾德案而有所改變。二〇一七年，司法部撰寫了指紋證詞的模範標準，其中規定檢驗人員不應斷言「百分之百的確定性」，或聲稱其錯誤率為零。檢驗人員不應吹噓處理過的案件數量，也不應使用「科學上合理的確定性」之類的術語。「個化」一詞亦然。這項舉措為業界許多人所接受，並視為「持續發展」改良指紋分析程序的一部分。[37]儘管如此，司法部發布的標準仍規定，檢驗人員應證明指紋為同一來源。同一來源的定義是，檢驗人員認為觀察到的特徵點具「充分的一致性」。指紋分析師可以提出「來源識別」的結論。[38]不過，司法部批准使用的術語「認定同一」聽起來仍與「個化」十分相似，或者與特定個人有獨特聯繫。檢驗人員還是會聲稱指紋「來自同一來源」。而以上這些不過是聯邦的標準。在州法院，指紋分析師仍舊會宣稱某一枚指紋肯定是來自被告。

指紋分析師用字遣詞的差異也許沒有多大意義——分析師所說的最重要的詞可能是「指紋」二字。一旦陪審團獲知專家檢視指紋並找到了它們之間的某種關係，便會受到一百多年來的文化影響，認定每個人的指紋都具有獨特性。一般人並不清楚指紋鑑識方法的假設及其主觀性。正如一名指紋分析師所說：「當我們說，『我對我的結論有百分之百的信心』時，可能意謂著我們已經仔細查看了證據，利用現有資料得出最佳的結論。除非我們確信我們的工作做得很好，否則我們不會發表這份結論。」指紋分析師海蒂・埃德里奇（Heidi Eldridge）問道：「但陪審團聽到了什麼？他們以為我們在說：『我是專家，我告訴你們的結論是事實，不可能有錯。』」[39]

◈機率

鑑識專家應基於數據資料的發生率數值，提出其鑑識結論。專家應該提供我們一個數字，而不是使用像「識別」這類的詞語，暗示證據確實出自某個來源。舉例來說，DNA鑑定的結論是使用統計學數據，以族群中的出現頻率的形式呈現。反對這種做法可能是受文化影響，也可能是考量到策略。在一項針對指紋分析師的調查研究中，賽門・柯爾、薇樂莉・金恩（Valerie King）與亨利・斯沃福（Henry Swofford）等三位學者發現，目前幾乎所有人都是篤定地呈現指紋分析結論，分析結果就只有識別與否兩種。一些分析師承認，他們偏好提供機率形式的結論，卻不太願意這麼做。超過三分之一的受訪者同意，用機率形式呈現結論「在科學上比較恰當」。其中一人評論道：「在結論中加上數值能為陪審團提供更多資訊。」近百分之八十的受訪者認為，陪審團可能不理解機率，或擔心辯護律師藉此主張合理懷疑。超過百分之四十的受訪者則承認，他們未受過機率方面的訓練，在發表相關證詞會有困難。幾乎半數的人擔心，與「識別」這等決定性結論相比，機率性的結論「太弱了」。[40]

我們並非不理性或容易上當受騙的人。如果得知專家可能出錯的真相，我們便會改變態度。現在是時候讓所有案件中的陪審團、律師與法官知道，所謂的專家並非萬無一失。所有證據都是機率性的，世上並沒有百分之百確定的事物。專家應該為我們提供事物的發生頻率，而其中一個面向就是下一章將討論的錯誤率。

「我會鼓吹指紋分析直到最後。」梅菲爾德案的監理調查人員表示。在發生指紋鑑識史上最受矚目的錯誤後，該名調查人員仍堅稱：「指紋是絕對可靠的。我依舊認為自己是世界上最優秀的分析師之一。」

4 錯誤率 Error Rates

二〇〇一年九月，肯尼・華特斯（Kenny Waters）在一次悲慘的事故中喪生，他從牆上摔落至水泥地面，頭部嚴重受創。就在六個月前，DNA鑑定結果讓他獲釋，此前他因自己未犯下的搶劫與謀殺罪已入獄十八年。他的妹妹貝蒂安・華特斯（Betty Anne Waters）為營救哥哥，決心取得法律學位。完成大學與法學院的學業之後，她向法院聲請保全證據，以進行驗證。「如果找不到DNA證據（那極難找到），那我們至少要找到指紋。」她回憶道，只是「我們要怎麼找呢？」在一部極為重要的電影《非常上訴》（*Conviction*）中，由希拉蕊・史旺（Hilary Swank）飾演的貝蒂安幸運地在法院找到了一箱仍可用於DNA鑑定的證據。不過，她沒找到犯罪現場的指紋紀錄。貝蒂安花了二十九年的時間，才終於解開遺失的指紋之謎。

一九八〇年五月二十一日上午，麻州艾爾鎮（Ayer）一名婦人遭人刺死，凶手還洗劫了她的家。她的兒媳發現屍體後，調查人員注意到廚房的水龍頭沒有關，屋內到處都是血跡，還找到了凶器——一把沾滿血的水果刀。面對警方詢問時，鄰居肯尼・華特斯表示，案發當天，他在當地餐館一直工作到早上八點半，並在九點去了趟法院。這起謀殺案經過兩年遲遲未能偵破，直到一名證人浮上檯面，他願意作證以換取酬勞。證人告訴警方，華特斯的前女友表示華特斯曾向她坦承自己犯了錯。她起初否認此事，不過在警方審問她並威脅要帶走她的孩子後，她選擇與警方合作。[1]一九八三年，陪審團判華特斯有罪，他被處以終身監禁，不得假釋。在審判中，一名鑑識分析師花了好半天強調血跡是O型，華特斯也是O型。犯罪現場還有許多不匹配的跡證；例如，水果刀上的血跡是B型，與受害者一致。然而，這名分析師直到最後才承認，約有百分之四十八的人是O型血。此外，現場還採集到既不屬於受害者，也不屬於華特斯的毛髮。

審判過程中，警方聲稱犯罪現場採集到的指紋樣本無法使用。[2]多年後，貝蒂安想知道，「那些指紋到底到哪去了？」七年來，她試圖追查那些指紋證據。在民權訴訟中，清白專案共同創辦人貝里代表貝蒂安，要求檢閱該案所有的紀錄。律師們收到了大陪審團的證詞。一名陪審員曾詢問是否有任何指紋證據，得到的回應是指紋太過模糊，鑑識分析師無法用來排除或找出犯罪嫌疑人。話雖如此，警方有幾份報告提到他們用指紋排除了另外三名犯嫌。這些報告並未提及任何跟肯尼有關的事情，但表明確實有潛伏指紋可與犯嫌的指紋進行比對。貝蒂安要的就是那些指紋證據。[3]

當貝里詢問參與華特斯案的一名警員時，貝蒂安等人終於知道發生了什麼事。該名警員正是負責處理犯罪現場指紋的人。在證詞紀錄中，貝里問他拿那些指紋做了什麼，他表示在做完比對後，便排除了肯尼的嫌疑。「我聽了差點從椅子上跌下來。」貝蒂安對我說道。而且在肯尼受審之前，他把指紋證據帶回家了。貝里問他指紋在哪，警員說他在退休搬到佛羅里達州之後，把東西收到他租來的倉庫裡。貝蒂安無論如何都要找到這份證據，「請把它們找出來。」她說道。隔天，該名警員回電表示：「噢，東西好像不在那兒。」他拒絕讓貝蒂安等人進他的倉儲空間。貝里與貝蒂安不願放棄，於是向法院聲請搜索票獲准，正大光明地搜索了一遍。貝蒂安回憶道，當時戶外氣溫高達華氏一百多度，該名警員坐在外頭堅稱他們不可能找到證據。他們將他的家具與私人物品搬出來後，在倉庫最深處找到一個牛皮紙資料夾，警方那份報告就放在資料夾裡。報告列出了他們當時比對的所有指紋，如受害者家人、警員與犯罪嫌疑人。貝蒂安還記得自己看報告時「雙手不停地顫抖」，她發現「哥哥的名字也在名單上，而且出現了兩次」。警方比對肯尼的指紋後排除其涉案嫌疑，後來進一步確認仍將他排除。

貝蒂安走出倉庫對那名退休警員說：「你為什麼沒把這個交給警方或辯方或者其他人？」他回道：「為什麼要給別人看？肯尼認罪了啊。」貝蒂安說：「他沒有認罪。」並補充一句：「他是無辜的。」她說完便轉身離開。

「我要看那些指紋。」知道實際情況後，貝里於法庭上提出要求。警方的報告顯示，他們在水龍頭與檯燈上找到了兩枚血指紋，並認為與凶手有關。在調查初期，警方排除了指紋為受害者和肯尼所有。貝里主張，這些指紋是關鍵證據，而警方當時隱瞞了關鍵證據。法官同意這一點，於是命政府當局交出證據。直到那時，相關單位才交出潛伏血指紋證據。正如貝蒂安所說：「他們知道他是清白的。他們從一開始就知道肯尼是無辜的。」不久之後，這椿民權訴訟以和解收場，麻州艾爾鎮賠償華特斯三百四十萬美元。[4]

這段故事告訴我們，鑑識錯誤不僅會隱藏多年後才被發現，而且將無辜之人送進監獄的錯誤還不只一種。除了布蘭登・梅菲爾德案錯誤的比對結果，我們還要擔心未能排除像肯尼・華特斯一樣的無辜嫌疑人，或者因證據「無法鑑別／無法認定吻合」（inconclusive）或「無價值」的錯誤證詞而被定罪。

事實上，基斯・哈瓦德被定罪的部分原因，同樣是基於證據「無法鑑判」，證詞無法用以判定或排除他有罪。雖然哈瓦德案的關鍵證據是由法醫牙科學家提供的咬痕證據，不過，鑑識實驗室也檢驗了性侵害物證蒐集組（rape kit）中的檢體。分析師作證時表示，無法從檢驗得出任何結果。直到三十年後，也就是二〇一五年，哈瓦德提出DNA鑑定的要求時，他的律師調閱該名分析師的工作紀錄，才發現當時的分析結果顯示檢體為O型分泌者所有。受害者是B型分泌者，哈瓦德先生是A型分泌者。這意謂著在審判時，性侵害物證應該能用來排除哈瓦德的嫌疑。當我看到在哈瓦德案作證的實驗室分析師名字時，我並不感到訝異。同一名實驗室分析師在維吉尼亞州的特洛伊・韋伯（Troy Webb）的案件中提供了虛假證詞，無辜的韋伯被定罪後提出DNA鑑定的要求，才得以平反。[5]在哈瓦德洗刷冤屈後，維吉尼亞州鑑識科學部門（Department of Forensic Science）宣布對該名分析師做過的血液檢測工作進行審查。[6]然而，該實驗室並沒有將過去數十年來的資料完整保存下來。我們可能永遠無法得知還有多少人因為錯誤的鑑識報告而被定罪。

在本章中，我將描述鑑識專家如何對陪審團、律師、法官與大眾隱瞞錯誤率。如同我在上一章提到的，專家不只聲稱能排除其他所有人、辨識出證據的來源，還聲稱自己絕對正確。不論是指紋、毛髮、咬痕，或其他鑑識型態的檢查人員，都聲稱自己能做到完美的比對。當我們考慮到鑑識人員可能犯下的各種類型的錯誤時，檢驗的錯誤率變得更令人擔憂：不僅可能錯誤地判斷一致性，還可能錯誤地排除一致性，以及錯誤地認定證據「無法鑑判」，也就是沒有比對價值。我們該關心的錯誤率不只一個，而這些是應該對法庭、對大眾公開的數值。

◈絕不出錯的專家

一如美國總統羅斯福的名言，「從不犯錯的人，想必是從沒做過任何事情的人。」但是，如果你旁聽過一場由專家呈現鑑識證據的審判，可能就聽過號稱從不出錯的人的言論。直到不久前，指紋鑑識人員還聲稱不會發生錯誤。而且，不僅僅是調查梅菲爾德案的聯邦調查局鑑識人員有這般自信。聯邦調查局的鑑定手冊指示：「在所有識別方法當中，唯有指紋辨識被證實是……萬無一失。」[7]並沒有任何研究支持這項說法。沒有人研究過潛伏指紋看起來相似或不同的機率，更何況指紋鑑定的錯誤並非從未發生過。儘管如此，鑑識人員仍會信心十足地作證表示，指紋比對的錯誤率為「零」。絕不可能出錯，「沒有出錯的可能性」。[8]在他們看來，只有粗心大意或不稱職的鑑識人員才可能出錯，那些是特例，是可被忽視的異常狀況。

當律師試圖挑戰指紋證據的有效性時，聯邦調查局極為堅決地宣稱此法錯誤率為零。一九九一年，拜倫．米切爾（Byron Mitchell）在費城聯邦法院受審，他因持械搶劫被定罪。在上訴法院推翻定罪後，他委託的新一批律師將焦點放在了指紋證據上。案發當天，兩名蒙面男子持霰彈槍偷了一輛裝甲車。在檢視駕駛座車門外側與排檔桿上兩枚潛伏指紋後，當局提出了一套論述：駕駛這輛車逃逸的人就是米切爾。在一九九八年案件再審前，米切爾的律師主張，法官不應允許在審判中提出指紋證據，因為指紋鑑識方法並不符合證據法則的嚴格定義。[9]對此，聯邦調查局回應道：「在遵守科學方法」的情況下，指紋比對的「錯誤率依然為零」。[10]

聯邦調查局告訴法官，他們進行了一項新研究。調查局將本案被告米切爾的指紋發送至三十四所機構做分析。事實上，其中九所（占百分之二十七）並未將潛伏指紋辨識為米切爾所有。調查局聯繫了這些機構，表示檢驗一定有錯，並要求他們「重做」一次。這一次，聯邦調查局告訴他們所有人集中檢視一張具有「標記特徵」的放大圖像。如法學教授保羅・賈內利（Paul Giannelli）後來所說，這是「受到操縱」的檢驗。[11]最後，法官還是允許採納為證據。

數十年來，鑑識界各領域的鑑識分析師一再宣稱自己有百分之百的信心。聯邦法官哈利・愛德華茲表示：「法院長期以來一直被誤導，因為聯邦調查局的專家告訴我和我的同僚，指紋比對的錯誤率基本上是零，而我們從未認知到這是完全不準確的。」[12]多年來，也因為鑑識專家拒絕參與相關研究，使得關於錯誤率的研究更難執行。畢竟這麼做，可能會破壞他們一貫正確的形象。當研究人員確實記錄到高錯誤率時，該領域的成員會選擇埋沒、否定或拒絕發表相關研究。外部律師與研究人員經過長久的奮鬥，才終於得以揭露關於錯誤率的關鍵資訊。

◈問題毛髮

到了一九九〇年代後期，有愈來愈多人開始質疑鑑識方法的可靠性。既然現在分析師有時可以用DNA鑑定來確認傳統上的視覺比對是否正確，聯邦調查局也開始重新審視毛髮比對的可信度。二〇〇二年，聯邦調查局重新審查了內部實驗室在一九九六到二〇〇〇年間做過顯微毛髮比對與DNA分析的案例。毛髮沒有細胞核DNA，但是有粒線體，此為細胞的能量中心。我們的粒線體DNA遺傳自母親，因此擁有相同母系血緣的人，粒線體DNA

特徵也相同。這類型的檢驗稱為粒線體DNA鑑定，可用來證明毛髮不可能來自某一個嫌疑人，也可以用來將嫌疑人圈入有血緣關係的一群人中。在聯邦調查局重新審查的八十起案件中，有九起（占百分之十一・二五），分析師認定毛髮可能來自嫌疑人，DNA鑑定結果卻恰恰相反。然而，聯邦調查局的回應並不是停止使用毛髮比對證據，也並未表示會確保專家在法庭上詳述錯誤率。他們只是建議在可能的情況下，同時進行毛髮比對與DNA鑑定。[13]

那麼，面對相同的狀況，加拿大是如何反應呢？一名法官帶頭執行了公開調查，發現毛髮比對證據的價值不足以「在刑事審判中被接受」。[14]自此，加拿大皇家騎警鑑識實驗室（Royal Canadian Mounted Police Forensic Laboratory Services）便不再使用毛髮比對分析。[15]

◈咬痕

在咬痕方面，專業協會美國法醫牙科學委員會進行了一項研究，以測試其成員。在一九九〇年代後期，委員會向牙醫提供了四個中等品質到高品質的咬痕證據，並要求他們與七組牙齒做比對，找出造成咬痕相對應的牙齒。這是所謂的「閉集合」（closed set）研究，意即四個咬痕都可連結到正確答案。當然，在真實案件中，牙醫不會知道嫌疑人的牙齒是否造成了任何咬痕證據。在該項研究中，受邀參與的六十名牙醫當中只有二十六人填答，而填答者幾乎半數答案是錯的。[16]二〇〇二年的一項研究顯示，咬痕比對的錯誤率將近百分之十六，約六分之一；二〇一〇年的研究結果也十分相似，錯誤率同樣是六分之一。[17]二〇〇七年的研究則顯示，咬痕比對的錯誤率可高達百分之十五。[18]縱然如此，這些令人憂心的數據都沒能削弱牙醫在法庭上提供的證詞的效力，他們在鑑識報告或證詞中也極少提及上述研究。

◈承認錯誤

專家們持續提出未經科學證實的主張，宣稱其錯誤率為零，而這樣的言論在二〇〇九年受到來自美國國家科學院報告的挑戰。多年來，全球領先的指紋鑑識機構國際鑑識協會（International Association of Identification, IAI）堅持指紋分析是完美無瑕的鑑識方法，在國家科學院發表報告後數日，他們終於決定稍微讓步。協會主席在一封公開信中指出：「建議成員在處理指紋比對的可靠性問題時，不要斷言百分之百無誤（零錯誤率）。」並補充道：「建議避免以絕對性的措詞陳述他們的結論。」[19]聯邦調查局也改口，鑑識團隊提供了一套新標準，建議使用「個化」一詞，並定義為「跡證出自不同來源的可能性極低，所以實際上不可能出自另一來源」。基本上，聯邦調查局這套標準的意思是，鑑識人員還是能主張指紋證據出自某個來源，而且幾乎不可能（不論這意謂著什麼）出錯。

美國國家科學院報告發表後不久，兩名聯邦調查局指紋專家來到我的教室進行示範。由當地一名聯邦法官主持非正式的模擬法庭，讓法學院學生有機會在模擬案件中質問聯邦調查局分析師。我的學生從未參與過訴訟案，不過儘管缺乏審訊經驗，他們仍表現得可圈可點。當他們詢問調查局鑑識人員是否對鑑識結果有信心時，對方表示有十足的信心。她承認錯誤有可能發生，但解釋說，只聽聞過梅菲爾德案的錯誤，並強調她個人從未犯錯。該名鑑識人員承認，倘若專家行事馬虎或缺乏訓練，理論上可能會出現錯誤，不過她堅稱指紋辨識不存在錯誤率。從未有人量測過指紋辨識的錯誤率。這名令人印象深刻的法官向我的學生道歉後，立即做出了採納證據的裁決。

◈火場證據

在縱火調查中，鑑識人員必須檢查犯罪現場，重建當時可能的狀況，判斷是否有人故意縱火。聯邦執法訓練中心（Federal Law Enforcement Training Center, FLETC）的講師以燒毀三間擺設相似的房間，測試火場鑑識人員能否研判起火點位於房間何處，結果發現錯誤率相當高。在燃燒三十秒的火場中，調查員有百分之八十四的機率選出正確的象限，但是在燃燒一百八十秒之後，他們選對象限的機率只有百分之二十五，相當於隨機選中的機率。[20]幾乎沒有人研究過如何根據燃燒痕跡辨識起火點。事實上，美國國家消防學院（National Fire Academy, NFA）在二〇〇七年改變了基礎訓練課程，在題為「迷思與謬誤」的段落推翻了分析燃燒痕跡的多種錯誤方法。[21]錯誤率或許最終改變了縱火案的調查文化。

◈血跡型態分析

血跡型態分析（blood pattern analysis, BPA）是指對於血跡的觀察分析，以試圖倒推出案發經過。美國最早用到血跡型態分析的案件之一，是一九五五年的俄亥俄州訴山繆・薛帕德（Samuel Sheppard）案，辯方專家聲稱能估算出謀殺案發生當時血滴落下的速度；[22]儘管血跡型態分析已用於法庭數十年之久，卻從未受過科學審查。美國國家科學院報告強調，鑒於血跡型態詮釋「偌大」的不確定性，專家在發表相關證詞時應極度謹慎。[23]近期一項研究顯示，在涉及不同血跡型態的四百一十六種情境當中，血跡型態鑑識人員約有百分之十三・一的辨識結果有誤，而在碰撞與槍擊造成噴濺的情況下，錯誤率甚至提升到百分之十五以上。我們需要在該領域做更多這類研究，以深入了解可能的錯誤率。[24]

◈為什麼沒有研究？

科學家為何直到近年才提出關於鑑識證據最基本的問題，像是「這些方法真的可靠嗎？」美國國家科學院於二〇〇九年發表的報告中委婉指出，「一些鑑識科學領域幾乎沒有經過嚴格的系統化研究，以驗證該領域的基本假設與技術。」然而，「並沒有無法執行這類研究的明確理由。」[25]關於咬痕比對、指紋證據、槍枝證據、毛髮比對、工具痕跡辨識，以及其他各類型鑑識證據的研究非常少，甚至根本就不存在。我們和法學教授保羅．賈內利產生了相同的疑問：「為什麼沒有研究？」[26]

一種解釋是，這些鑑識方法不像DNA鑑定，它們並不是由科學家進行嚴謹的研究後在實驗室裡發展出來的技術，而是在警局等地方開發的調查方法。在做這類印記比對時，一個人會基於自己受過的訓練或經驗檢視證據，並做出判斷。如果要研究這個人是否可靠，就必須先說服對方參與研究。但人們有什麼動機去參與可能顯示他們出錯頻率的研究？沒有人喜歡接受查驗。儘管如此，既然科學界開始重新審視鑑識科學的可靠性，已有研究者著手進行這類研究。聯邦政府投入愈來愈多經費做基礎研究，讓國家司法學院（National Institute of Justice, NIJ）與國家標準暨技術研究院（National Institute for Standards and Technology, NIST）等機構研究鑑識科學的可靠性。

◈錯誤率有多高？

有人問起各種鑑識技術的錯誤率時，得到的回答往往是極低的數值。心理學家傑伊．柯勒（Jay Koehler）發現，陪審員估計指紋比對的錯誤率只有五百五十萬分之一，咬痕比對與毛髮比對的錯誤率則是百萬分之一。[27]他們說的對嗎？在大多數情況下，我們不會知道分析師錯誤連結證據的頻率（得出偽陽性結果），或者他們有多常忽略真實存在的連結（得出偽陰性結果），也不會知道他們有多常將可用於比對並得出有效結果的證據當成無法鑑判的證據。以上三種錯誤都值得深加探討。

現在，研究者已經著手量測幾種鑑識領域的錯誤率，而研究結果令許多人震驚不已。總統科技顧問委員會（PCAST）於二〇一五年秋季發表的報告強調，專家必須告知陪審團錯誤率為何。那麼，科學家該用什麼方式研究錯誤率，才算是完成有效的研究呢？假如你想研究藥毒物檢驗等較客觀的方法，就可以分別測試流程中各個步驟，看看是否能得出準確的結果。但指紋辨識等主觀技術就沒有定義明確且客觀的步驟可測試了，因為鑑識人員包辦了整個流程：他們的頭腦就宛如「黑盒子」，憑藉自身經驗做出判斷。測試「黑盒子」鑑識人員的方法，就是將已知正確答案的證據交給他們分析。在理想情況下，參與者不會知道自己正在接受測試，而指紋、咬痕或槍枝證據等樣本應設定在符合現實情況的難度。

總統科技顧問委員會報告指出，在沒有錯誤率資訊的情況下，一個人即使聲稱證據與犯嫌「相符」，也「缺乏科學上的意義」。[28]既然不知道鑑識人員做出判斷的對錯機率，我們就無從得知他們的鑑定究竟具有多少參考價值。許多鑑識技術的錯誤率都是未知數，或者現有的相關研究都不夠嚴謹。撰寫總統科技顧問委員會報告的科學家表示，目前沒有針對咬痕與鞋印比對的錯誤率的有效研究，所以這兩種技術不算有效。至於槍枝比對方法，目前僅有的一場黑箱研究顯示，槍枝比對的錯誤率可能高達四十六分之一，且該研究未發表。總統科技顧問委員會報告的作者得到的結論是，經常用於刑事偵查的槍枝比對法不符合標準，不算是有效的鑑識方法。[29]

◈指紋錯誤率

指紋分析的錯誤率可能是最讓人震驚的，尤其數十年來，鑑識人員一再宣稱指紋分析法絕對可靠。然而，總統科技顧問委員會報告評述，研究人員如何對潛伏紋分析的準確度進行了兩項設計完善的研究；光這一點就令人深感不安。報告指出，僅兩項研究便足以容許一種技術做為證據於法庭呈現；而這兩項研究雖然不甚完美，不過都計算出顯著的錯誤率。它們分別是由聯邦調查局所支持進行的更大規模的研究，以及邁阿密－戴德郡（Miami-Dade County）警局的小型研究。在聯邦調查局的研究中，指紋辨識的偽陽性率為三百零六分之一（約百分之〇．三三），邁阿密－戴德研究中的偽陽性率則高達十八分之一（約百分之五．五六）。值得注意的是，參與調查局研究的人知道自己正在接受測試，也知道這是該領域的一項重要研究，想必是謹慎小心完成了分析，其中一些分析錯誤可能是筆誤。但在邁阿密那場研究中，即使排除了可能的筆誤，錯誤率仍可能高達七十三分之一（約百分之一．三七）。話雖如此，我們或許不該排除文書錯誤，畢竟在現實世界發生這些錯誤可能會導致嚴重的後果。我們不知道這些研究使用的指紋樣本是否與真實情況相似，也不知道它們的鑑識難度是否夠高，只知道每個指紋鑑識人員的技術與受過的訓練都不同，每個人的錯誤率也可能不同。

儘管不確定相關研究是否足以代表現況，研究結果仍敲響了警鐘。無論指紋辨識錯誤率是十八分之一，還是三百零六分之一，想必都會讓陪審團震驚不已。二〇一八年，在密蘇里州喬普林市（Joplin）一起案件中，公設辯護人向候選陪審員問起指紋證據相關的問題時，他們表示，「我相信指紋百分之百準確」，「指紋就是犯罪現場調查的一切」，以及「這是一種用以識別身分的符號……我們學到每個人的指紋都是獨一無二的。」當他們被問及是否願意聽取否定這些觀念的證據時，許多人表示他們做不到。一名陪審員說道：「我無法保證自己能拋開我們現在討論的這種信念，即指紋獨特的特性……我做不到。」[30]不過，我發現在陪審員聽取鑑識方法的錯誤率之後，他們較不會過於依賴證據。鑑識人員應該承認錯誤有可能發生，並且詳述我們目前所知的研究結果。遺憾的是，鑑識人員在法庭上的發言與理想情境大相逕庭。

◈偽陰性與無法鑑判

分析錯誤有許多種類型。大部分的報告與研究往往只關注偽陽性錯誤：錯誤地將證據與錯誤的來源連結起來。這樣的錯誤在刑事案件中十分嚴重，偽陽性錯誤可能導致錯誤定罪。梅菲爾德案的分析師即是做出偽陽性判斷。此外，也存在著偽陰性錯誤：錯誤地未能將確實來自某個來源的證據連結起來。偽陰性錯誤也非常值得注意，犯罪者可能因此逍遙法外。

偽陰性錯誤可能比偽陽性更為常見，卻少有人研究或分享這方面的錯誤率。聯邦調查局關於指紋辨識的報告顯示，偽陰性錯誤的發生率遠遠高於偽陽性。該篇研究寫道，參與研究的一百六十九名鑑識人員當中，有五人犯了偽陽性錯誤，但有「百分之八十五」的人至少做出一次偽陰性錯誤。在鑑識人員的「工作文化中，偽陽性錯誤被視為遠比偽陰性錯誤更為嚴重」。[31]假如現實中的鑑識實驗室和研究情況相似，頻繁地出現偽陰性錯誤，這可能意謂著在真實案件中，有無數犯罪者未被識別出來。而我們不知道這種情況有多常發生。

有時分析師在發現證據品質不足以做出判定之後，也會稱證據「無法鑑判」。如果無法用於分析，他們可能會一開始就將其稱為「無價值」的證據。只有在證據最初被認為適合用於比對之後，才能做出無法鑑判的判斷。在研究中，可以事先知道所有樣本都具有足夠的品質。埃姆斯國家實驗室（Ames National Laboratory）一項關於槍彈比對錯誤的研究發現，偽陽性錯誤率僅百分之一．〇一，但如果加上無法鑑判的錯誤，錯誤率則急劇增加至百分之三十四．七六。[32]聯邦調查局指紋研究的一個項目中，「大多數」鑑識人員認為指紋無法鑑判。這也造成了不容小覷的錯誤率。

試想一個孩子回家抱怨考試分數不佳，並堅持認為老師應該給他滿分。孩子解釋說，他完全沒有填答，所以答案不可能有錯。交白卷的學生當然該是零分，而不是一百分。然而，一些專家堅稱，在做鑑識研究時，不該將無法鑑判的錯誤納入計算。撰寫總統科技顧問委員會報告的科學家某種程度採納這種方法；他們沒有將無法鑑判的答案計入錯誤，而是完全排除了這些答案。我們可能會認為，無法鑑判的錯誤是最安全的選項，才不會將證據連結到錯誤的嫌疑人，但是它們實際上非常重要。畢竟，研究中的題目全都有正確答案，鑑識人員卻給了錯誤的回答。在真實案件中，那些參與研究時稱證據「無法鑑判」的人可能會犯下其他類型的錯誤，包括偽陽性錯誤，當專家不知道自己正在接受測試，套句艾提爾·卓爾（Itiel E. Dror）與格倫·蘭根伯格（Glenn Langenburg）的話，不會決定「不做決定」時——他們是不是會給出結果？[33]我們應該花更多時間精力，仔細研究無法鑑判的錯誤。

相較於「無法鑑判」的錯誤，分析師判斷證據「無價值」，並決定不進行比對的狀況更為常見。我和我的同事在檢查休士頓鑑識科學中心的指紋分析數據時，發現他們最常得出的結論是，指紋的品質不足以用於比對。[34]警方經常採集到品質不佳的指紋。然而，這麼多低品質的樣本可能會使鑑識人員錯過重要的資訊。斷定證據無價值可能是一個嚴重的錯誤。實際上，該證據可能指向罪行，或證明某個嫌疑人的清白。在提供錯誤率數據給陪審團時，專家也該提出證據被誤判為無價值或無法鑑判的機率。

◈可重複與可再現

嚴謹的科學不只關乎比對準確率，還必須有可重複性（repeatability）與可再現性（reproducibility）的特性。在可重複性方面，即使鑑識人員在某個案件中得出結論，我們也需要知道，假如同一名鑑識人員再做一次相同的分析，得到相同結論的機率會有多高？對於許多鑑識方法，我們不知道鑑識人員的研判結果一致性為何。聯邦調查局指紋研究的作者群後來做了進一步測試，間隔七個月後，將相同的指紋交給同樣七十九名鑑識人員，結果在大約百分之十的案件中，鑑識人員改變了他們標記的特徵點與特徵點數量。有些人得出了不同的結論；大多數人將答案改為「無法鑑判」。有些人抓出了第一次比對時的錯誤，但仍有百分之三十的偽陰性錯誤延續到了第二次分析。[35]至於可再現性，我們可以從調查局等研究了解到，不同的鑑識人員可能並且確實會得出不同的結論。所有鑑識學科都必須對可重複性與可再現性進行量測。

◈告知陪審團錯誤率

人們想知道鑑識證據究竟有多可靠。在對數千名有資格成為陪審員的成人進行研究時，我也一再地發現錯誤率真的很重要。我們需要告訴人們這些錯誤率。例如，法學教授暨心理學家葛瑞格．米歇爾和我為六百名模擬陪審員提供了十一份不同的指紋比對結果，並附上「個化」、「科學上合理的確定性」、「由同一人留下」與「被告就是來源」等說明，發現陪審員即使聽了不同的結論，最後的判決與投票結果並沒有差異。[36]由此可見，專家使用的言詞誇張與否並不會影響判決結果。我們接著進行第二項研究，請指紋鑑識人員承認錯誤存在的可能性：「近期的研究顯示，指紋鑑識人員在判定犯罪現場指紋的來源時，確實有可能出錯。」專家也承認：「被告可能不是搶劫現場採集到的指紋的來源。」在聽到專家坦承鑑識結果可能有誤之後，陪審員對證據的重視程度明顯降低。心理學家傑伊．柯勒做了類似的研究，陪審員在聽到鞋印比對證詞的錯誤率時，變得較不重視鞋印證據。[37]話雖如此，告訴陪審員錯誤率並不代表他們會拒絕裁決被告有罪。在我和心理學家瑞貝卡．格雷迪（Rebecca Grady）與威廉．克羅澤（William Crozier）合作的一項研究中，我們為數百名在網路招募的參與者提供了兩個指紋比對錯誤率上界（upper bound）：十八分之一與三百零六分之一。在法官揭露指紋比對錯誤率的情況下，這些模擬陪審員較不重視指紋證據。不過，大多數陪審員即使聽到更具體的錯誤率，最後仍會選擇定罪。另外，當證據是一種新穎的（未經測試的）數位語音比對技術時，聽到相同的錯誤率資訊並不會影響陪審員，也許是因為他們已對證據抱持疑慮了。[38]

◈辯方專家

參與研究的模擬陪審員會受指紋比對等證據的錯誤率影響，而在真實案件中，錯誤率也可能造就巨大的差異。二〇一六年，犯罪學家賽門．柯爾教授在加州的一場審判中作證，儘管他研究科學與技術，但並沒有稱自己是受過訓練的指紋鑑識人員。他反而就指紋證據所依據的方法和假設作證。在法庭上，柯爾描述自己剛開始研究指紋比對時，他驚訝地發現「沒有科學研究量測過指紋鑑識人員的判讀結果的準確度為何。」[39]從那之後，科學界逐漸了解到這些基本問題的重要性。柯爾向陪審團解釋道，他「長久以來一直在論證」指紋證據不可能用以得出確鑿的結論，他也著書探討指紋分析的歷史，在書中提及這個議題。而「官方報告、其他科學家和學者現在也都同意」必須量測鑑識方法的錯誤率。

柯爾告訴陪審團，「如果有人聲稱能……絕對確定某個人是一枚潛伏指紋的來源，這種說法在科學上其實是不成立的。」畢竟，「在任一種科學過程中，都有一定的機率你是對的，也有一定的機率你是錯的。」[40]他補充說：「你出錯的機率可能很低，但它必然存在，而你在發表結論的時候也應該承認這件事。」後來檢察官問他：「你對這起案件的指紋證據沒有意見，是嗎？」柯爾表示他沒有意見。[41]他的證詞是關於指紋分析的技術，而不是該案的分析結果可靠性。他也沒有檢視過該案的指紋證據。

審訊完畢後，陪審團經過商議，決定宣告被告無罪。

◈統計學與指紋分析

「為什麼過去三十年一直沒有改變？我們為什麼到現在還是沒有可用的工具？」亨利·

斯沃福問道。斯沃福是美國陸軍刑事調查實驗室指紋分析部門一位年輕、精通統計學的主管，他下定決心改良指紋分析技術，用更能夠量化的方式進行指紋比對。[42]他還願意嘗試沒有任何一間鑑識實驗室做過的事：用大數據取代舊時強調「吻合」的證詞。

如果用客觀方法做指紋比對，甚至用電腦進行分析，會有什麼結果呢？「這個問題不容易解決。」統計學家凱倫・卡法達（Karen Kafadar）說道。[43]二〇一八年二月，亞利桑那州華楚卡堡（Fort Huachuca）的軍事法庭審理了一樁訴訟案，在這場涉及指紋證據的案件中，發生了若干值得注意的事。鑑識人員表示，比對用的指紋具「相應的紋路細節」，並進一步指出，當指紋出自相同來源時，觀察到這麼多相應處的機率較高。這樣說並沒有什麼不尋常。接下來，指紋鑑識人員做了一件與眾不同的事：他沒有公布「識別」結果，而是提供陪審團一個數值，用數值來反映觀察到一定程度對應關係的機率。[44]換言之，沒有主張絕對的結果，而是以數值與等級的形式將指紋比對的強度呈現給陪審團。指紋比對是從一百多年前開始使用的鑑識方法，這位鑑識人員選擇用數值呈現比對結果，而非「識別」（identification）之類的字詞。這可說是難得的突破。他用的是斯沃福創建的分析軟體——斯沃福和卡法達等統計學家合作，發表了一篇經過同儕審查的驗證研究。斯沃福的目標是革新指紋分析技術，甚或在所有鑑識科學領域掀起一波改革。美國陸軍的鑑識實驗室沒有宣稱他們對比對結果抱持百分之百的信心，而是發表了新的規章，要求所有鑑識人員用軟體計算出機率數值。之前也有其他人提議用統計模型做指紋比對，但一直沒有實驗室實際採用這種方法，更不用說將這種方法納入標準流程。亞利桑那州那次軍事訴訟之所以特別，就是因為鑑識方法的革新。

斯沃福的軟體並不會執行指紋比對。第一步仍由鑑識人員在指紋上做出標記，推斷出相符的指紋，然後才讓程式計算這份結論的強度。此外，該程式不會提供指紋上任何特定特徵點組合可能有多長見或多罕見，而是仰賴資料庫中兩千枚已知相符與兩千枚已知不相符的指紋資料，利用資料庫裡這些資料的相對應程度進行運算。儘管如此，這已是指紋比對技術上的一大進步，而且這個程式也不是黑盒子：斯沃福將它放在網路上供人免費使用。斯沃福希望這個程式能鼓勵指紋資料庫軟體公司等廠商做進一步的改良。「我想強化我們科學的基礎。」他解釋道。[45]

◈陪審團與統計學

也許有人認為不該將更多數據引入鑑識科學，這對陪審員來說可能太過複雜，無法理解。大部分的人都不甚了解機率或統計學。不過，沒受過任何統計訓練的人也能擔任陪審員——陪審員本該是能代表社會全體的人。

我們現在向陪審員呈現DNA鑑定結果時用的就是機率，也有證據顯示陪審員可能會有所誤解。分析師會告訴陪審團，人口中可能有多少人隨機出現相同的遺傳標記組合。一些研究顯示，當陪審員被告知幾億或幾十億人當中可能有一人產生相同的DNA鑑定結果時，他們會露出茫然的眼神。聽到如此巨大的數字，人們會自動認定DNA證據來自被告。[46]這其實是十分嚴重的誤解，我們有時也會看到律師故意誤導陪審團。例如，在俄亥俄州一起訴訟案中，檢察官問道：「你是說，在樣本中發現的DNA來自其他人的機率……是七百萬分之一？」分析師回答：「是的，大約是七百萬分之一。」[47]威廉・湯普森（William Thompson）與愛德華・舒曼（Edward Schumann）教授將這種現象稱為「檢察官謬誤」（prosecutor's fallacy），因為檢察官往往會主張證據顯示被告就是來源。[48]DNA證據並不能顯示證據出自某個來源的機率，它只能顯示一組遺傳特徵在人群中有多麼常見或罕見。

至於指紋證據，我想知道陪審員能否理解使用斯沃福的軟體所得出的統計學上的結論。法學教授米歇爾、心理學家尼古拉斯・舒利奇（Nicholas Scurich）和我發現，人們有能力區分用該軟體呈現的證據強弱，在聽取證詞時也的確做了相應的判斷。統計學提供的並不是全有或全無的指紋比對結果，而是讓我們更詳盡地了解事情全貌。到目前為止，沒有其他實驗室採用過這種方法。我在二〇一八年春季組織了一場研討會，斯沃福在會上分享他的方法後，一所大型鑑識實驗室的律師起身問道：「你的意思是，即使得出極為一致的結果，你還是會給陪審團一個數字？」斯沃福回答說：是的，這正是重點。那名實驗室律師一臉費解地搖了搖頭，坐了下來。

◈法庭上的錯誤率

解決方法很簡單：既然許多鑑識技術的錯誤率未知且未經過測試，那麼法院就不該允許證據於法庭上呈現。如果已知某項技術的錯誤率，而且錯誤率很顯著，那也不該允許相關鑑識證據帶入法庭。如果知道某項技術的錯誤率，數值又不會太高，那就該讓專家在法庭上披露，讓我們更加理性地評估鑑識證據。

大部分鑑識人員在作證時仍然不會提供這類資訊。二〇一九年初，美國司法部表示，沒必要要求專家提供錯誤率數值。為什麼呢？前堪薩斯城檢察官、司法部鑑識科學政策資深顧問泰德·亨特解釋說，鑑識人員是根據技術和經驗「識別來源」。[49]鑑識人員根據的不是統計學，而是所受的訓練與能力。亨特聲稱「目前的科學共識」並不要求專家承認任何錯誤率。此外，鑑識過程中有許多步驟，每一步都可能出錯。某方面而言，亨特是對的。相關研究並沒有涵蓋到真實案件中所有可能的錯誤，畢竟鑑識人員的技能不同，證據品質不同，案件的難度也不同。錯誤率可能遠遠高於現有的幾項研究所示。在真實案件中，還可能發生哪些鑑識錯誤？我會在下一章介紹其他可能的錯誤，以及尋找錯誤率的數場行動。

5 誇大其詞 Overstatement

美國鑑識界最大的醜聞始於一場悲劇，那次事件就發生在華府的水門綜合大廈。在尼克森總統命人闖入民主黨全國委員會總部的行動失敗過後約九年，一九八一年六月二十二日，喬治城大學（Georgetown University）一名在水門大廈工作的二十一歲學生下班後就再也沒回家了。同事們組成搜索小組，後來在岩溪找到她的遺體，只見她頭部中了五槍，手提包落在附近、內容物沒被動過，警方同時找到性侵的證據。警方毫無其他線索——不過，他們在死者身上找到一根毛髮，那似乎不是受害者的。數個月過去，警方仍未破案，後來有人來電告密，用一個人的姓名換得了五十美元獎金：唐納．尤金．蓋茲（Donald Eugene Gates）。警方接著從「解案者」（Crime Solvers）帳戶撥了一千三百美元獎金給舉報者，請他說明事情經過。對方表示，他和蓋茲先前一起喝酒，喝到「有點亢奮」，蓋茲便對舉報者坦承說，自己幾天前犯了「很糟糕的罪」，他試圖搶劫一個「漂亮的白人女孩」，未想女孩一反抗，蓋茲竟性侵了她。最後「他意識到自己做了什麼，於是對她開槍」，「就這麼」將她留在公園裡。做為提供情報

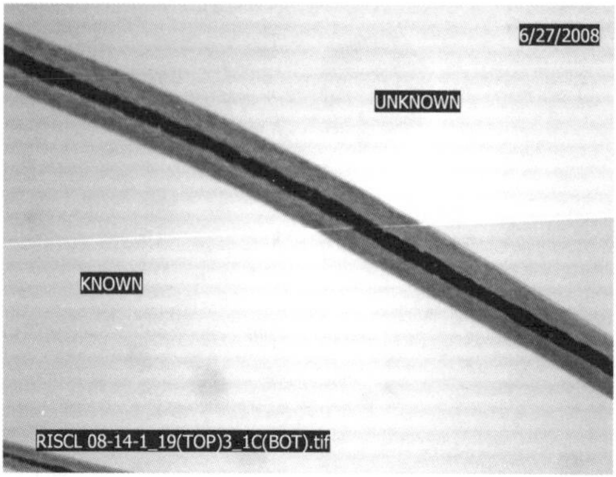

顯微鏡下的微毛髮樣本。

的回報，檢方撤銷了先前對舉報者的商店行竊和竊盜指控。[1]蓋茲傳喚未出庭的結果就是被捕，並在警方指控他的當下，被要求提供毛髮樣本。就這樣，蓋茲因舉報者證詞以及毛髮比對結果被判犯下謀殺罪。

這樁轟動一時的命案調查結束後二十五年，蓋茲仍堅稱，過去的鑑識結果全錯了、自己是被冤枉的，他需要法律上的協助。在華府公設辯護人服務處工作的珊德拉．萊維克收到蓋茲的案件。她當時已經不處理一般刑案。身為特殊訴訟部門（Special Litigation Division）四名成員的首席律師，她負責公設辯護人服務處的X檔案，亦即挑起系統性爭議的不尋常案件，如挑戰一般常規，或者與鑑識科學相關的技術問題。萊維克於是將注意力放在犯罪現場的一根毛髮樣本上（請見上圖）。

萊維克在短期之內習得的顯微毛髮比對法，將在全美掀起一陣風波，成為美國鑑識界的水門案。在本章，我將講述聯邦調查局鑑識實驗室裡號稱全球最優秀的鑑識人員是如何有十足的把握比對全國數千起案件中的毛髮。我會介紹顯微毛髮比對如何被應用，說明這些看似強而有力的主張，實際上有多缺乏科學佐證，甚至連當時的鑑識標準都過不了。而在多年的隱瞞之後，法庭證詞過於誇大的醜聞是如何被一群意志堅定的律師一而再、再而三地揭發。我會介紹鑑識結論中三大類誇大的主張：未受佐證的結論、關於統計學和機率的錯誤主張，以及專家對於自身經驗的不妥當聲明。在後續聯邦調查局審查中，這些律師最終證明，在調查局探員發表證詞的所有案件中，幾乎都出現了濫用法庭證詞的現象。數十年來一直無人注意到誇大與不科學的鑑識結論文化，而正是這樣的文化，對唐納·尤金·蓋茲等無辜人士帶來慘痛的代價。

◈全球最優秀

一名同樣是罪犯的舉報者提出關於「很糟糕的罪」的證詞，並不足以成為判犯嫌有罪的證據，所以在蓋茲的刑案訴訟中，檢方請來全國——甚至可能是全球——最卓越的鑑識實驗室一位科學家前來作證。聯邦調查局特別探員麥克·馬龍（Michael Malone）向陪審團表示，受害者身上找到的毛髮「極不可能」是蓋茲以外的人留下的。馬龍從一九七四年便在聯邦調查局鑑識實驗室的毛髮與纖維小組（Hair and Fibers Unit）工作。[2]調查局鑑識實驗室可是具有舉足輕重的影響力。聯邦調查局局長約翰·埃德加·胡佛於一九三二年設立鑑識實驗室，在草創初期，這不過是一間簡單的房間罷了。[3]之後，聯邦調查局技術鑑識實驗室（Technical Crime Laboratory）開始訓練探員分析潛伏指紋、筆跡以及彈道證據。分析師在查爾斯・林白（Charles Lindbergh）之子綁架案中的貢獻廣受報導，實驗室也因此聲名大噪。而後，聯邦調查局實驗室成了全美規模最大的鑑識實驗室，也成為美國的鑑識科學創新與培訓中心。位於維吉尼亞州匡堤科的聯邦調查局設施是全球最大、最知名的鑑識實驗室之一，全職探員多達約五百人，調查局也以設立鑑識界準則為傲。

照他本人的說法，即使在調查局實驗室眾多傑出人才之中，馬龍也算是佼佼者。他在二〇〇一年對記者描述自己分析毛髮證據的豐富經驗時提到：「我在實驗室工作這麼多年，只收過優秀與出色的評價。這聽起來像是在自吹自擂，不過我們真的是世界上最優秀的毛髮分析實驗室。」[4]馬龍擁有生物學學位，曾經在高中教授兩年自然科學，後來是做為實地調查員而非科學家加入聯邦調查局。在當了四年的調查員之後，他於一九七四年加入實驗室，擔任毛髮與纖維分析師。他的職稱「特別探員」指的是調查員，和科學家身分無關。[5]

◈顯微鏡下

小說中的偵探夏洛克・福爾摩斯是這樣說的：「我向來遵守一項原則：微小的東西絕對最為重要。」[6]聯邦調查局實驗室等鑑識實驗室之所以誕生，可能有一部分就是出於這些偵探小說的貢獻——調查局鑑識實驗室很早便開始用顯微鏡檢視毛髮等可能與犯人相關的微小證物。除非戴著餐飲業者的髮網或者禿頂，否則很難避免毛髮脫落。人和動物毛髮很容易沾黏在物品上，也可能黏到衣物或從衣物上轉移。犯人不僅可能在衣物或家具上留下毛髮，還可能在不知不覺中沾到受害者或寵物的毛髮。毛髮也十分有彈性。毛髮自充滿一束束角蛋白（一種防水的蛋白質）的皮膚細胞中生長出來，而角蛋白所形成的角質組成了我們的毛髮、指甲，並覆蓋在我們的皮膚表層。

毛髮比對就是字面上的意思。簡單來說，其過程大致如下：一名專家仔細檢視毛髮，然後在顯微鏡下進行比對。分析師會先用肉眼檢視從犯罪現場採集到的毛髮樣本，觀察其特徵，如顏色與毛幹構造——這根毛髮是直髮、波浪、弧形，還是捲曲？毛幹有多粗——這根毛髮是細髮、中等粗細，還是粗髮？我們可以憑肉眼看出毛髮是捲曲或直的，深色、偏紅色或淺色，長或短，或者經過染色或特殊的修剪。

接下來，將毛髮放上玻片，在顯微鏡下做進一步觀察。鑑識人員會試圖辨識出犯罪現場的毛髮樣本可能來自身體的哪個部位，然後請犯嫌提供對應部位的毛髮樣本。警方並不會給被逮捕人拒絕的機會。理想情況下，如果要比對的是頭髮，警方會從嫌疑人的頭皮取下五十根毛髮。如果是比對陰毛，那麼最好用拉扯或梳理的方式取下二十五根毛髮。之所以需要拔取如此多的毛髮樣本，是因為人體各部位的毛髮很不一樣。即使都是頭髮，也有很大程度的差異。而採集自犯罪現場的毛髮樣本可能沒這麼多，有時甚至只有一根毛髮可用於比對。

在顯微鏡下，鑑識人員會先找尋「主要特徵」。這些特徵包括髮色（如白髮、黑髮、金髮、棕髮、紅髮等），以及毛髮色素的分布情況；可能是條狀分布、聚集在某處或者斑駁分布。另外，鑑識人員也會觀察毛髮是否染過、漂過或燙過。毛髮中心的部分稱為髓質（medulla），可能是半透明或破碎狀，或者沿著毛幹呈連續狀。鑑識人員還會觀察毛髮的形狀（弧形、彎皺、捲曲、直的或波浪形）。

除了主要特徵，鑑識人員也會觀察次要特徵。次要特徵相關的專有名詞就稍微晦澀一些。鑑識人員會觀察毛幹最外層的「表皮鱗片邊緣」（cuticular margin）形狀，是否有裂痕、呈環狀、平滑或鋸齒狀。此外，還會觀察毛髮色素顆粒大小（粗、細或中等），以及毛髮末端特徵（剪過、磨損、分叉或尖細等），並測量毛幹直徑。鑑識人員可能會注意毛髮的橫切面，也就是毛幹直角切下後的截面形狀，並可能注意毛髮的「皮質紡錘絲」（cortical fusi），亦即毛幹細胞之間的小空間。鑑識人員並不會將焦點放在單一測量值上，也不一定要找到特定數量的特徵，而是觀察犯嫌與犯罪現場毛髮的整體特質，並且進行比較。

由於毛髮證據可能在案件中扮演重要角色，聯邦調查局做為鑑識標準的制定者，於一九八四年召集世界各地的頂尖科學家，討論毛髮分析方法，並撰寫關於毛髮證據的手冊。最重要的問題是：我們是否能夠分辨出毛髮來自特定個人？聯邦調查局召集的科學家做出結論，答案是否定的。顯微毛髮觀察並「不是正面證據」。[7]調查局於一九七〇年代晚期撰寫的調查指南同樣寫道：毛髮比對「不是身分識別的積極手段。」[8]我們不知道不同人的毛髮有多常出現相似的顯微特徵，無論是過去或現在都沒有判斷毛髮相似與否的標準，也沒有人能提出確切的說法。[9]毛髮比對結果可能可以排除嫌疑人、縮小嫌疑範圍，但若要用毛髮來判斷一個人是不是犯人，我們實在說不出族群內可能擁有相似毛髮的人數是多少——有著和毛髮樣本相似毛髮的人，可能有一百萬人、一千或一百人。也沒有相關的資料庫。聯邦調查局甚至承認，即使是最具備毛髮比對學識及經驗的鑑識人員也可能對於毛髮是否出自同一來源產生分歧。一九八五年，聯邦調查局召開的毛髮鑑識比對國際研討會（International Symposium on Forensic Hair Comparisons）訂下該領域的標準：鑑識人員可以說毛髮是「一致的」，不能提出更篤定的證詞。正如一名頂尖分析師所說的，毛髮證據是「可能的證據」。[10]一部重要的鑑識科學手冊也寫道：「毛髮是相當適合」用於排除犯嫌的「證據」。畢竟，「若毛髮證據是十二吋長的金色直髮，就可以排除毛髮樣本為兩吋長、黑色捲髮的人的可能性」。然而，如果要用毛髮證明有罪，「毛髮形式的證據實在粗糙。」[11]

◈證人席上的毛髮

做為證人出席唐納·尤金·蓋茲的訴訟時，特別探員馬龍顯得信心十足，他用就許多方面而言過於誇張的言詞呈現證據。首先，他介紹自己多年的工作經驗。他在八年內做過約一萬次毛髮分析，其中只有兩次沒能區分來自不同人的毛髮。馬龍的意思是，他個人的錯誤率極低。他接著說道，犯罪現場的毛髮樣本「極可能」源自蓋茲，這句話也沒有任何科學佐證。最後，他主張毛髮樣本與蓋茲的毛髮「在顯微鏡下難以區分」。[12]這段誇大其詞的證詞正好涵蓋了鑑識專家誤導陪審團的三種方式：錯誤的機率結論、錯誤的統計學，以及基於經驗提出的誤導性主張。

蓋茲案中的毛髮比對結果主張「在顯微鏡下毫無差異」。這種結論用語十分常見，也都毫無根據。實際上，珊德拉．萊維克查閱華府其他和毛髮相關的案件，很快便找到聯邦調查局探員誇大結論的一些案件。一九八〇年，山塔．特利普（Santae Tribble）被判犯下一起發生在華府的謀殺罪。探員作證時表示，犯罪現場的毛髮「所有顯微特徵都和山塔．特利普提供給我的頭髮樣本相符」。這裡的「相符」一詞帶有暗示意味，亦即毛髮確實源自特利普，不可能來自其他任何人。

在冤案中，專家們往往斷下絕對性的結論，使用「證物之同一性」、「個化」或「吻合」等詞語，這類誇飾言詞在多年後被聯邦調查局歸類為「第一型」錯誤：專家不恰當地聲稱證據可以和特定個人畫上等號，而排除其他所有人。[13]專家應該承認毛髮比對不能用於身分識別。

鑑識界諸多領域存在一種文化：如果證據夠完美，你就必須「下定論」。若有分析師表達出任何疑慮，更不用說承認毛髮證據無法鑑別出犯人，其他人便會有所不滿。一名鑑識分析師朋友告訴過我，管理者可能會對那些看起來猶豫不決的鑑識人員說：「你不是『專家』嗎？堅持立場，下個鑑定結論。」許多鑑識領域的指導文件都要求專家在出庭時斬釘截鐵地發表結論。在訓練過程中，分析師也被鼓勵要將重點放在自己的經驗及成就上，並大致說明自己使用的方法，最後簡單提出鑑定結論。多數時候，辯方律師都不會質疑專家或採取進一步行動，所以專家也沒有多說的必要。就像我的鑑識分析師朋友所說的那樣，馬龍等傳統的專家證詞可以簡化為：「我是貨真價實的專家。我遵循科學方法，辨識出犯人的身分。就這樣。」

◈錯誤的統計與機率

有些鑑識專家會憑空捏造統計數值，提出誇大的結論。在提姆西・德海姆（Timothy Durham）案中，塔爾薩（Tulsa）警務實驗室某個分析師作證道：德海姆的頭髮和犯罪現場的毛髮都帶有特殊的紅黃色調，這是「族群中約百分之五的人」才有的特徵。這完全是他捏造出的數字。當專家向陪審團呈現DNA鑑定結果時，得以使用有扎實根據的統計數據，因為DNA鑑定本就是以族群統計數據為基礎。毛髮或指紋比對等領域則沒有類似的數據及統計數值，而我讀過的好幾樁案件都有分析師杜撰出毫無根據的統計數值。彼得・內費爾德和我在研究DNA證據平反冤案的訴訟紀錄時，發現我們研讀的一百三十七場訴訟中，有六十五場和顯微毛髮比對分析相關。[14]有時候，專家為陪審團提供的機率不是數字，而是敘事句。專家可能會像蓋茲案那名探員一樣，主張證據「極不可能」源自其他人。在許多DNA平反冤案中，原始訴訟的分析師同樣提出了機率，主張證據「非常可能」出自同源，或者某個特徵「很罕見」。因為在科學的限制下，專家無法聲稱有十個、一百個或一百萬人可能具有相同特徵。後來，聯邦調查局將這類型的誇飾言詞稱為「第二型」錯誤。

◈經誇飾的經驗

在蓋茲案中，馬龍為陪審團提供了第三型誇飾錯誤，自誇自己八年多來做了一萬次毛髮分析。如果他誠實一些，也許會對陪審團承認自己以前在實驗室裡拿到的毛髮本就容易區分，因為他從一開始就知道它們來自不同人了。在性侵案中，分析師往往會預先知道毛髮是來自女性受害者與男性犯嫌。聯邦調查局後來將此類經驗相關的主張稱為「第三型」錯誤。如今，司法部已禁止專家在聯邦案件中以年資或辦理過的案件數來證明自己的專業技術。

然而，這類令人困擾的主張在當時很常見。以紐約中央公園慢跑者案（Exonerated Five）

這起知名案件為例：一九八九年，一名女性慢跑者在紐約中央公園遇襲，結果有五人被冤枉定罪。紐約市警局一名警探告訴陪審團，他「看了數以千計的標準樣本，還沒看過兩個完全吻合的。」[15]聯邦調查局探員也經常在作證時聲稱，自身豐富的經驗便足以顯示他們的分析結果有多麼可靠。在山塔・特利普案中，調查局的探員解釋道：他「只在非常罕見的情況下」，看過毛髮具相同顯微特徵的兩個人。在伊利諾州一樁案件中，一名調查局特別探員聲稱，他會拿證據樣本和自己的毛髮進行比對，而「在超過兩萬五千次毛髮分析中，我還沒找到和我的毛髮相符的頭髮或陰毛。」[16]在田納西州，一名特別探員在死刑案中作證，「未知毛髮來自不同人的機率只有四千五百或五千分之一。」[17]在印第安那州，一名調查局探員作證時表示，他分析了一千五百起案件，只有一次沒能成功區分不同人的毛髮。[18]該名探員又說：「的確可能有另一個人擁有和被告難以分辨的毛髮，不過這種狀況極為罕見。」[19]

在聽到如此誇大的證詞時，法官也沒有出面制止證人。法官理應排除完全不可靠的證詞，但正如我將在本書第八章描述的，法官一般不認為自己有義務挑戰專家證人提出的結論。法官的工作是判斷專家是否用了可靠的方法，而不是阻止專家在證人席上用誇大的言詞發表結論或提出不科學的主張。

◈不道德

一些專家的證詞不僅誇大、不科學，也該被貼上不道德的標籤。令人擔憂的是，並沒有適用於美國所有的執業鑑識分析師的單一道德守則。話雖如此，還是有美國鑑識人員委員會（American Board of Criminalistics, ABC）、美國鑑識科學學會等專業團體訂下道德守則，其中提及了我們這裡討論的問題證詞。基本上，這些道德守則是請分析師對證據進行獨立評估，並在法庭上提供真實和非誤導性的證詞。美國鑑識人員委員會的道德守則要求所有分析師「僅在證據證明的正當範圍內」發表意見，並且以「清晰、直接的方式」陳述證詞。美國鑑識科學學會的守則則是禁止成員「明顯誤述」「專家見解或結論的基礎數據或科學原則」，學會指導方針並補充道：「與律師不同，鑑識科學家不是對手。他們在法庭上宣誓陳述完整事實，就該盡全力謹守誓言。」[20]如果在那無數起冤案中，有人確保專家證人遵守上述守則，那該有多好。

◈蓋茲被定罪

在聽取專家浮誇的毛髮證據之後，陪審團對唐納・尤金・蓋茲做出有罪裁決，並以持械性侵、謀殺以及無證持有手槍等罪判處二十年至無期徒刑。蓋茲在一九八八年試圖聲請

DNA鑑定，只可惜相關技術在當時還太新，未能得出具決定性的結果。二十多年後，珊德拉．萊維克提交DNA鑑定的聲請，接著在法庭上奮鬥了兩年，和檢方爭論後續的程序。檢方一再強調，他們沒理由加速程序進行。「在我看來，我們沒辦法忽視事實，也就是他在法庭上之前，就因為這些證據被定罪了，」而這些證據包括「一根在顯微分析下毫無區別的陰毛。」[21]後來他們做了DNA鑑定，其結果在二〇〇九年還了蓋茲清白。二〇〇九年十二月十五日，坐了二十八年冤獄的蓋茲終於獲釋。出獄時，身上除了七十五美元和一張公車車票之外，他一無所有。之後，萊維克便提出了新的問題：毛髮證據究竟有多可靠？

◈吹哨人與監察長

一九九〇年代中期，聯邦調查局員工弗雷德里克．懷特荷斯（Frederic Whitehurst）扮演吹哨人的角色，控訴鑑識實驗室頻頻出錯以及誇大證詞等問題。「在收到聯邦調查局實驗室的分析師辦事草率的多份報告，並提出不可靠的鑑識證據用於法庭訴訟後」，相關調查在一九九五年於焉展開。[22]懷特荷斯表示，有同仁作了偽證，甚至偽造證據，其中包括世貿中心爆炸案和前總統喬治．布希（George H. W. Bush）刺殺案等重大案件都有鑑識方面的問題。後來，懷特荷斯寄了兩百多封信至司法部由麥克．布羅姆維奇主持的監察總長辦公室，布羅姆維奇因此展開調查。監察總長在一九九七年四月發表了一份長達五百一十七頁的報告，報告雖不認同懷特荷斯一些「經過誇飾」的主張，卻仍在案件中及實驗室鑑識方法之中找到「顯著的問題」。

與此同時，珊德拉．萊維克想查出因聯邦調查局有問題的毛髮證詞被判刑的人數。唐納．蓋茲因DNA鑑定而重獲自由時，政府對此回應，該次錯誤的毛髮分析不過是個例外，但萊維克在要求法官撤回對蓋茲的定罪之際，同時投下一顆震撼彈：蓋茲的冤案可能根本就不是例外。布羅姆維奇在一九九〇年代發表的報告寫道，包括馬龍在內，有七名聯邦調查局探員受到審查。[23]報告中指出，馬龍對調查法官賄賂事件的司法委員會作出「偽證」，例如聲稱自己做了某項鑑識檢驗，實際上他並沒有親自操作，而且那也是「他專長範圍之外」的鑑識檢驗。[24]著手調查馬龍關於毛髮的證詞之後，審查團隊發現，他參與的案件有百分之九十六都「有問題」，他的實驗筆記都「用鉛筆書寫且未標記日期」，他同時做出「無科學根據」的言論。儘管如此，馬龍卻依然以約聘的方式在聯邦調查局工作多年，即使到一九九九年退休後，仍參與調查局的工作。[25]

在這段期間，聯邦調查局鑑識實驗室是如何保證各種鑑識分析的品質呢？在一九九二年前，調查局實驗室「沒有正式的品保規畫」，探員反而多是在做中學。[26]到了一九九〇年代中期，調查局實驗室發起一波行動，希望能提升案件調查的鑑定與品質控管，而一九九七年的報告以及後續的一九九八年報告點出了種種系統性問題之後，調查局決定做一番改變。[27]另外，司法部設立一支專案小組，負責重新審查可能受這些問題影響的案件，該計畫持續了九年，於二〇〇四年終止。

二〇〇三年十二月，一名體制外科學家前往匡堤科參觀聯邦調查局實驗室，其中調閱蓋茲案相關資料，便是專案小組的任務之一。該名科學家花了四十五分鐘審閱此案件。七個半月後，專案小組的科學家才終於著手審查此案，而這已經是調查行動開始數年後的事了。[28]報告寫道：「（實驗報告）結果並未詳盡記錄於（實驗）筆記之中。」此外，「筆記並沒有標記日期，且是以鉛筆而非墨水書寫，其中使用了難以詮釋的縮寫」。[29]專案小組得到的直接結論是，鑑識分析過程並沒有被充分記錄下來，沒有證據證明鑑識人員的工作無誤。

蓋茲坐冤獄這麼多年來不曾得知此事，萊維克也是在接下蓋茲案數年後才發現這件事。更奇怪的是，司法部雖在二〇〇二年質疑「聯邦調查局」其他鑑識人員是否「和馬龍一樣行事草率」，然這個問題「在當時並未解決」。萊維克提出調查相關案件的請求時，聯邦檢察官卻主張這是單一問題，一樁案件中的探員可不能成為壞了整鍋粥的老鼠屎。他們表示，「沒有執行如此『大規模』審查的法律或科學根據」，並進一步補充道，毛髮證據是「偽科學」的說法不過是「迷思」。[30]負責蓋茲案的華府高等法院法官弗雷德．烏加斯特（Fred Ugast）對此大感震驚。他提議，除了詳細調查馬龍經手的案件以外，還應該重新審查華府其他可能受影響的案件。

◈山塔・特利普

珊德拉・萊維克很快就發現，問題不只有一名聯邦調查局探員和一個無辜男子那麼簡單。在山塔・特利普與克爾克・歐當（Kirk Odom）的案件中，不同的調查局探員所陳述的證詞，也和馬龍同樣誇大。鑽石車隊（Diamond Cab）一名計程車司機有天輪班結束後，於凌晨三點回家，結果在自家門前被頭套絲襪的男人搶劫後射殺，當時人在家中的司機太太目睹了整個謀殺過程。警方用警犬搜遍了社區，在離司機住處一個街區的地點找到了絲襪，並在絲襪內採集到十三根毛髮。調查局分析師在檢視毛髮後斷定，其中一根屬於特利普。

在為期三日的審判中，特利普堅稱自己是清白的。當年十七歲的他說道，案發當晚自己和女友及兄弟參加了一場生日派對，凌晨三點時早已入睡。特利普被關了二十三年，在二〇〇三年獲得假釋，這二十多年來，他一直堅稱自己無罪。九年後，DNA鑑定證明了他的清白。另一名毛髮分析師——在聯邦調查局實驗室工作十五年，後來改到華府警局工作的資深專家——重新檢視毛髮物證，發現一根來自白人，其他幾根則包括頭髮與四肢的體毛。後來，一間私人實驗室做了DNA鑑定，發現從絲襪採集到的毛髮，其實來自另外三人——還有一隻狗。「這就是毛髮顯微分析的真相，」萊維克說道，「兩個在聯邦調查局受訓的分析師……連人類和犬隻的毛髮都分不清。」

◈克爾克．歐當

一九八一年春，克爾克．歐當的刑案訴訟中，出庭作證的是另一名探員。歐當遭指控闖入一名女子家中性侵她；他清楚記得自己案發當晚在做什麼：他和母親都待在家，等姊妹從醫院帶剛出生的嬰兒回來。陪審團卻不相信他的不在場證明。[31]當時年僅十九歲的歐當被判處二十到六十六年徒刑。

聯邦調查局探員告訴陪審團，案發現場採集到的毛髮和歐當的毛髮「在顯微鏡下極為相似」。這個探員執行過數千次毛髮證據比對，幾乎每一次都能區分不同的毛髮樣本。在歐當上訴時，官方則聲稱：聯邦調查局探員無法「在顯微鏡下區分兩三份已知樣本來源」的情況「極為罕見，過去十年來數以千計次分析之中，只發生過八次或十次。」

歐當一再寫信主張自己的清白。直到二〇一〇年服刑期滿，且找到空調維修工的工作，而此際，他仍是終身假釋的犯罪者身分，並希望洗刷冤屈。萊維克決定為他聲請DNA鑑定。她找到案發當時的受害者床單、浴袍以及毛髮證據，好在這些證物都保存了下來。而在二〇一二年，檢方與辯方分別委託兩間實驗室進行DNA鑑定，兩者最終斷定，毛髮證據不可能是歐當留下的。

◈黑暗之中

《華盛頓郵報》（*Washington Post*）記者史賓塞．許（Spencer Hsu）曾收到數十箱、超過一萬頁的文件，這些是麥克．布羅姆維奇等審查員蒐集的資料。許發現，超過一半的案件中，檢察官都不會將毛髮證據的缺陷告知辯方。二〇〇二年，司法部曾致信給審理的案件中，曾出現有問題的毛髮證詞的檢察官，但唐納．蓋茲的律師根本未得知此事。司法部查閱了過去的死刑案，確認有六十四人的案件牽涉到有瑕疵的毛髮證詞，而專案小組竟未通知這些案件的負責單位，以致死刑依法執行。一九九七年的報告發表後，專案小組來不及審查班傑明．波爾（Benjamin Boyle）的案件，德州政府便處決了他。波爾案的毛髮證詞「無科學根據」、「過於誇大」，且是導致他被定罪的關鍵證據。[32]還有其他死囚遭處決或在獄中自然死亡。審查計畫八年來卻遲遲沒有行動，有些案件未受重新審查，而在受審查的案件中，檢方依舊甚少對辯方揭露任何錯誤或缺陷。

麥克．布羅姆維奇後來表示：「令我深感不安的是，司法部專案小組費盡心力找出聯邦調查局鑑識分析師的問題行為，卻沒能進一步通知所有相關案件的辯方。」司法部後來在審查專案小組這項計畫時，亦認為這之中存有「嚴重的缺失」。[33]

幸好公設辯護人服務處的律師沒有輕言放棄。「二〇一〇年十二月十八日就是蓋茲先生除罪一週年，本法庭不該讓那個日子白白過去而不採取行動。」珊德拉・萊維克於是提出請求，希望能完整審查所有牽涉到聯邦調查局毛髮比對的案件，至少要審查聯邦案件和重罪案件。在兩樁案件因DNA證據平反過後，美國聯邦檢察官和聯邦調查局不但同意審查在那些案件中分析師的工作流程，同時包括其他所有基於毛髮分析定罪的案件。與此同時，檢察官將岩溪謀殺案中導致蓋茲被定罪入獄的證據重新送驗，並在二〇一二年憑檢驗結果找出真正的犯人：在水門綜合大廈工作的工友，他已在數年前去世。政府另外同意為定罪後的救濟訴訟提供免費DNA鑑定服務，並免除任何程序上的阻礙。這些舉措成為未來應對大規模鑑識錯誤的重要範本。

◈誇飾證詞

聯邦調查局終於同意徹底審查毛髮證詞相關的所有舊案，這成了史上規模最大的審查行動之一。調查局也歡迎外界合作者參與計畫，其中包括清白專案與全國刑事辯護律師協會（National Association of Criminal Defense Lawyers）。二〇一五年三月，在分析過五百起案件後，聯邦調查局宣布，「至少百分之九十」的訴訟紀錄中存在錯誤主張。聯邦調查局注意到，至少三十五起案件的被告被判處死刑，而其中三十三起存在錯誤。當時已經有九名被告被處死，還有五人因其他因素死於獄中。聯邦調查局另外宣布，二十八名探員當中有二十六人的證詞或實驗報告帶有錯誤主張。

在聯邦調查局和司法部重新審查以往的案件過後，包括佛羅里達、麻薩諸塞、紐約、北卡羅來納、德克薩斯以及維吉尼亞等州都開始審查與毛髮分析相關的案件。其他州也應當跟進。除了有法庭證詞的案件之外，聯邦調查局也將審查範圍擴大至被告提出有罪答辯的案件。問題是，有些舊案的紀錄並不好找。以維吉尼亞州為例，鑑識科學部門不得不請他人協助尋找任何有毛髮證據證詞的舊案。之所以需要幫助，是因為維吉尼亞州鑑識科學實驗室沒辦法檢索舊案，那麼久以前的分析師工作紀錄根本沒有保存下來。我和同事爬梳了法律裁定及新聞報導，還聯絡了公設辯護人和辯護律師團體，只找到十二起毛髮證據相關訴訟案的紀錄，其中幾起案件的鑑識證詞有些問題。鑑識實驗室致信給過去處理那些案件的律師，告知對方我們的發現。但實際上一九八〇年代與一九九〇年代可能有數百起，甚至是數千起案件中出現類似的問題證詞。

最後，聯邦調查局共審查了兩千九百起案件。結論是其中百分之九十六的案件有不完美的毛髮相關證詞，三十五起死刑案中有三十三起的證詞有誤。調查局將此現象稱為誇飾證詞，但他們的說法仍然過於保守。調查局依舊強調道：「值得注意的是，顯微毛髮比對分析是有效的科學技術，聯邦調查局實驗室至今仍使用此法。」[34]毛髮比對仍為聯邦調查局實驗室和其他鑑識實驗室所運用，但願他們只是將毛髮比對當成DNA鑑定前的初步檢測。問題是，並不是每一起案件的證據都可以拿去做粒線體DNA鑑定。而且分析師也會對衣物或地毯的纖維進行類似的比對分析，這些纖維並非人類或動物毛髮，是沒辦法進行DNA鑑定的。

除了上述審查之外，聯邦調查局同時委託外界的風險管理公司幫忙分析出錯的根本原因。在他們的報告中可明顯看出，調查局的毛髮與纖維專家早就知道自己的證詞缺乏科學根據。風險管理公司發現，聯邦調查局實驗室的負責人並沒有負起責任處理錯誤證詞的問題。他們沒有將既存的毛髮證詞標準記錄下來，也沒有確保分析師受訓學習正確的作證方式或在出庭作證前做恰當的準備。公司找出調查局內部的備忘錄，備忘錄一方面警告分析師別使用「毫無區別」與「完全吻合」等詞語，另一方面卻在審查過沒有科學依據的證詞後表示，該證詞「沒有明顯的錯誤或不實陳述」。檢察官有時會鼓勵分析師發表不科學的證詞，或引導分析師使用不恰當的詞語，不過這份證詞審查結果顯示，絕大部分的問題證詞都是聯邦調查局分析師自己說出口的，只有約百分之十是檢察官用引導性問題鼓勵他們說的——舉例來說，檢察官也許會問分析師毛髮樣本是否「相符」或「並無二致」。由此可見，這主要是聯邦調查局內部的問題。分析師接獲的指令基本上就是在出庭作證時「盡量做出最佳判斷」，他們也深信自己屬於「全球頂尖」的毛髮分析團隊。[35]

面對上述問題，司法部在二〇一六年宣布執行一場「壓力測試」，藉以評估聯邦調查局鑑識實驗室的檢驗與分析是否可靠。考慮到毛髮證詞審查結果與以往證據「不一定適時地傳達給陪審團」的狀況，司法部會將這場測試的焦點放在科學證據在法庭上的呈現及傳達方式上。而這場壓力測試，時至今日仍是只聞樓梯響。

◈無準則的證詞

更令人憂心的是，聯邦調查局毛髮與纖維小組分析師的證詞十分典型，數十年來鑑識分析師的法庭證詞也未受任何準則制約。面對這些錯誤，司法部逐步推出一套作證規則，並在二〇一七年公告指紋證詞的標準。新規提及聯邦調查局審查毛髮案件時論及的三種誇飾證詞，並且否定了「百分之百確定」或零錯誤率的主張。而分析師也不該以吹捧經手的案件數量來凸顯自身分析的精確性，或使用「合理且有科學根據的確定性」等詞語。而「個化」一詞則不得使用。[36]儘管如此，「來源識別」一詞仍可使用。在那之後數年，司法部還發布了其他鑑識領域的標準範本，但僅否定最嚴重的幾種誇飾證詞，沒有改變基本的慣例。二〇一九年，聯邦調查局公布毛髮證詞案的後續調查結果：馬龍等人的誇飾證詞並非出於「惡意」，而是因為鑑識界缺乏法庭證詞的一套準則。在設立審查證詞的系統和新的一套準則後，聯邦調查局的審查行動正式結束。[37]

相較於其他分析師，統計學家對於法庭證詞的態度適當得多。美國統計協會（American Statistical Association, ASA）制定了鑑識證據的簡單準則，適用所有鑑識證據及證詞：所有主張和意見都應「準確地傳達鑑識結果的長處與限制」。此準則可為所有鑑識報告的指引。統計協會強調道，在發表和機率相關的任何主張時，「必須有取自相關族群的數據」。在缺乏相關數據的情況下，無論是使用數字或文字的統計主張都缺乏經驗佐證。鑑識分析師經常基於自身「對於證據可能性的主觀感覺」發表言論，而針對此，美國統計協會強烈建議，證據和樣本不得出自同源。無論是何種測量結果都存有一定程度的不確定性，無論是何種證據都有一定機率出自不同來源，分析師應該測量這之中的不確定性並將這份資訊公諸於世。專家發表的任何主張都應清楚闡述於「鑑識科學家的詳盡報告」之中，報告也「應詳述測量與相關推測的限制及不確定性」。在面對缺乏統計支持的鑑識方法時，統計協會建議，在報告中承認缺乏統計或經驗根據，並詳述過程中所進行的比對與所有後續步驟。[38]

這套標準可謂一股清流。無論是做指紋比對或毛髮比對，分析師都應承認，目前並沒有人研究出證據來自某個人的可能性。分析師應清楚表示，針對某個問題，在缺乏扎實科學研究的情況下，他們無從得知結論的確定性。接著，分析師應說明比對流程，以及相似的特徵。一旦得知比對方法的錯誤率，他們也應公布相關的錯誤率數值。

◈賠償

「我感覺好像欽定版聖經裡的上帝真的存在，祂回應了我的祈禱。」唐納・蓋茲走出華府聯邦法院的法庭時如此說道。他提起民權訴訟，希望獲得實質的賠償。民權訴訟案的陪審團認為，華府警局偽造蓋茲對舉報者認罪的供詞，導致他被判有罪，因此華府警局應負法律責任。[39]清白專案創辦人之一彼得·內費爾德做為律師團隊的一員代表蓋茲則主張，警方在先前的訴訟過程中，「宣誓作證時竟大膽撒謊」。在陪審團做出裁決後，市政府同意和蓋茲和解，賠償白坐二十七年冤獄的蓋茲一千六百六十五萬美元。[40]

華府政府共賠償三千九百萬美元給蓋茲、特利普以及歐當三人。根據華府高等法院法官約翰·莫特（John M. Mott）的意見書，特利普在「無正義之旅中經歷了監獄生活中所有的恐怖、屈辱與對於個人安全及隱私的威脅，且每一種威脅都因他年輕、無辜並被判終身監禁而加劇。」莫特法官接著說：「特利普先生所受的折磨不僅在憲法意義上剝奪了他的自由，還毀了他的人生，損害他的身心，且致使他在字面意義上瀕臨死亡。」[41]「萊維克女士簡直是天使。」特利普補充道。「還有，感謝上帝創造ＤＮＡ。」

6 資格 Qualifications

「我可能落伍了吧。我對自己失去信心，也覺得自己對不起工作伙伴。」華府都會鑑識實驗室一名槍彈鑑識人員如此說明道。這名鑑識人員沒能通過二〇一六年的能力試驗。這是許多實驗室每年都請分析師參與的例行測試，槍彈鑑識人員的測驗可能包括從犯嫌槍械試射的三枚彈殼，以及犯罪現場找到的四枚已發射彈殼。[1]其中犯罪現場採集到的彈殼可能有兩枚是犯嫌所持槍械發射的，另外兩枚則是另一把槍械發射而出。參與測驗的分析師必須檢視所有證據，寫下答案，並將分析結果報告給施測者。測驗沒有時間限制，也沒有監考人，分析師可以和同仁討論或分享分析結果，這類水平測驗通常不會太難。見槍彈鑑識人員沒能通過測驗，憂心忡忡的上級決定抽查他近期分析的案件，不久，他們便找出一起案件中的嚴重錯誤：該分析師誤將彈殼連結到某一把無關的槍械。實驗室負責人接著擴大審查範圍，重新檢視了他那年負責的一百二十起案件，又找到了第二個錯誤。分析師退出實驗室以示負責，他說：「我錯了，我不想害單位丟臉。」[2]問題是，該為這些錯誤負責的人不只有他，他為每一起案件所做的分析都經過同仁的檢查，所以犯錯的鑑識人員一共有三名。二〇一九年秋季，司法部要求該實驗室交出多年的槍彈分析資料，以進行更大範圍的審查。[3]假如實驗室對分析師施以較有挑戰性的能力試驗，或者常態性審查分析結果，是不是能抓出更多分析錯誤呢？我會在本章討論實施嚴格能力試驗的基本需求，有了較嚴格的測驗，我們才能真正了解鑑識分析師的實力。

◈「合格」的鑑識人員

「這是主觀的標準嗎？」北卡羅來納州一名法官問道，他懷疑，鑑識人員是如何判斷霰彈槍彈殼能否用於「識別」的。此案被告被控在致命的槍擊案中犯下謀殺罪，而鑑識人員認為，犯罪現場的彈殼與他的槍械相符，但被告對這番說詞提出了挑戰。於是，檢方請法官准許當地警局一名鑑識人員做為專家出庭作證。面對法官的提問，專家證人這麼回答：「是主觀沒錯。這是基於鑑識人員受過的訓練和經驗所訂下的標準。」[4]鑑識人員接著解釋道，她發現，犯罪現場數枚彈殼和被告槍械射出的彈殼「具充分的一致性」。她首先確認彈殼是否可能發射自點四五口徑槍械，接著在顯微鏡下觀察每一枚彈殼表面的「小刮痕」，只是她並未注記支持其論點的刮痕是哪些。她接著說，自己「有資格」基於「經驗、知識與訓練」，判斷工具痕跡的「一致程度」。法官又問她：「有相對應的百分比嗎？」鑑識人員辯解說，沒有。

法官在法庭上發言時用了著重引號，帶諷刺語氣強調該分析師是「『合格』的槍彈與工具痕跡鑑識人員」。這名鑑識人員有人類學學士學位，碩士班肄業，後來在當地警局當了三年的鑑定技術員，開始工作的第一年參加了一間營利公司的課程。那一年課程結束後，她參加聯合測試服務機構（Collaborative Testing Services）設計的能力試驗，通過考試後便被警方視為合格的鑑識人員。[5]那之後，她成了專業團體槍彈及工具痕跡鑑識人員協會（the Association of Firearm and Toolmark Examiners）的「臨時」會員，不過她受過的訓練不夠多，未達現場工作五年的條件，所以無法參加協會的考試並正式成為會員。法官另外提到，當地警局並沒有分析槍彈工具痕跡的標準流程或準則。

法官裁決，「此種科學的主觀性質、她欠缺的經驗，以及未知她使用的方法或程序之情況，令本法庭格外不安。」法官留意到，他們無從得知她是否確實地應用分析方法，且該鑑識人員並不符合專家的資格。於是，法官命法庭「排除」這名鑑識人員「所有關於本案彈殼分析結果之證詞。」[6]

◈何謂專業鑑定？

這些案件衍生出更大的問題：專業鑑定究竟是什麼？只有在一個人確實擅長鑑識分析的情況下，我們才能將他或她視為專家。專業鑑定是可以透過嚴格且客觀的考驗證明出來的。

但是，法官卻經常仰賴一個人過去出庭作證的經驗，或者過於重視證人的年資或經驗，甚至是沒什麼用處的文憑，因為在過去，許多鑑識領域都沒有適當的憑證或學程。我們可以改善現有的訓練、學程以及考照課程，但更重要的是，我們對專家的測試必須比以前更嚴格。美國專門篩檢疾病的醫檢實驗室受到全國性的測驗規範管控，其他國家也要求鑑識實驗室測驗分析師的能力。既然我們允許鑑識專家出庭提供證據，那就應該要求他們提出自己確實是專家的證明。

我們每天幾乎是事事仰賴專家，舉凡我們開的車、我們吃的食物、我們喝的水，無不依循科學專家設定的安全標準及評估準則。那麼，究竟是什麼樣的人才能稱之為專家呢？專家不該是客觀而言擅長完成特定任務的人嗎？然而，我們有時所仰賴的建議與決定，是基於他人自身的經驗及訓練，而非基於充分的科學標準。我們可能不知道這些所謂的專家是否真擅長他們的工作，結果不得不面對極為嚴重的後果。

我們以運輸安全管理局（Transportation Safety Administration, TSA）的機場篩檢員為例。當我們的行李放上輸送帶時，精密的儀器會顯示出彩色影像，實際上卻是工作人員連續盯著螢幕數小時，從影像的形狀評估行李中究竟是危險物品、兒童玩具或是電動牙刷。運輸安全管理局所僱用的人，不會只是口頭上自稱有經驗、能憑螢幕上的影像便查覺到武器的人，畢竟這風險太高。是故，運輸安全管理局還會執行盲測，在行李中放置真正的武器及爆炸物，用以測試篩檢員。不同於鑑識實驗室裡的槍彈和指紋分析師，機場篩檢員並不知道自己正受到測試。在運輸安全管理局一次測驗中，七十件危險物品中，篩檢員只找出六十七件，驚人的測驗結果出爐後，運輸安全管理局毅然決然重新安排全數的管理職員，並且設立新的一套機場安檢程序。[7]

那麼，我們在刑事法庭上使用的鑑識證據呢？專家聲稱，自己幾乎不會犯錯，並對陪審團描述了自己令人佩服的經驗，但多數時候，我們根本不知道他們究竟多有本事。聯邦調查局分析師經常在全國各地發表毛髮比對證詞，可是他們說到底不過是自詡為專家的人罷了。他們自稱世界最優秀，聲稱自己受過訓練、做過數以千計的檢驗分析，擁有豐富的經驗，陪審團聽了自然深感敬佩。芝加哥警局實驗室（Chicago Police Laboratory）的帕美拉・費許（Pamela Fish）同樣擁有傲人的經歷，在被聘任之前，不僅擁有生物學學士和碩士學位，於鑑識實驗室工作的同時還取得伊利諾理工學院（Illinois Institute of Technology）生物學博士學位，且被提拔為實驗室的生化小組組長。然而，當名為約翰・威利斯（John Willis）在入獄七年後因DNA鑑定結果而洗刷罪名，費許誤報血型證據的事跡公諸於世，後續一場審查結果也顯示，費許在九起案件中出錯，未提出證明被告清白的證據。直到她經手的另外三起案件因DNA翻案，州政府這才拒絕更新她的工作合約。[8]

一個人花費數千個小時在某領域進行研究、受訓與工作，當然會認為自己稱得上這一行的專家。只是如果從沒有人為此受過測試，任何人都可能會對現有的能力感到自滿。醫生會憑過去醫治數千名病患的經驗下決定，假使患者回診時病況惡化，醫生由此知道自己誤判。運動員的能力會在競賽中受到考驗，並從比賽結果得知無數個鐘頭的訓練是否為自己取得競爭優勢。然而，在鑑識這一方面，並不會有病患回到辦公室，法庭上的輸贏也可能和鑑識分析的品質無關。即使分析出錯了，也可能不會有人發現，因為當鑑識人員宣稱自己找到「相符」的結果，被告就算是無辜的，也往往會在沉重的壓力下提出認罪答辯。鑑識結果可能永遠都不會受其他人檢視。

另外，鑑識專家大肆吹噓自己多年的經驗及經手的案件數根本不足為奇，畢竟這些或許是他們唯一提得出的重要資格證明。傳統上，多數鑑識實驗室會僱用警員或大學剛畢業的新鮮人，這些人或許沒有什麼鑑識分析經驗。而如今，鑑識科學學位學程雖說比以前多得多了，不過傳統上鑑識人員仍是向前輩學習，並從做中學，因而缺乏任何科學背景。[9]

◈能力試驗

專業鑑定的科學定義和經驗或憑證資格無關，只有客觀證據能證明專家是否擅長自己領域內的工作。我們可以用能力試驗（proficiency testing）測試自稱專家的人是否可靠，看看他們究竟有沒有自己說的那麼優秀。國際科學組織將能力試驗定義為「以現存標準與跨實驗室比較來評量參與者表現。」[10]說來奇怪，我們在刑案訴訟中使用鑑識證據時，都直接接受所謂專家的專業鑑定，從未要求任何檢視。這就是為什麼不可靠的證詞會進而挑起更根本的一個問題，而且是與咬痕、指紋、毛髮等任何帶主觀成分的技術都相關的問題。如果專家是仰賴自身經驗得出結論，那我們怎麼知道任何帶有偏見的專家是否真有本事？

即使有個人對法官說，自己能說一口流利的英語和某種外語，法官也不可能直接請對方擔任法庭口譯員。法官會要求對方提出通過能力試驗的證明，證明自己當真熟悉英語及相關的外語，並精通法律用語。很多時候，法院會要求應徵者先通過筆試與口試，才得以擔任法庭口譯員一職。[11]檢驗醫學樣本的醫檢實驗室也受到嚴格的法規規範，不得違反《臨床實驗室改進修正案》（Clinical Laboratory Improvement Act, CLIA），臨床分析師都必須定期在近似現實情境的條件下接受能力試驗。[12]

監察總長辦公室會審查DNA實驗室，評估DNA檔案是否正確上傳至DNA聯合索引系統，其中一種方法就是隨機抽檢五十份或更多的DNA檔案進行審查。審查結果顯示，十八間實驗室當中有十一間違反聯邦規定，已上傳的DNA檔案錯誤率高達百分之八，其中一種錯誤是刑案受害者等禁止上傳的資料被上傳至資料庫。[13]我們也可以參考美國疾病管制與預防中心（Centers for Disease Control and Prevention）一九八〇年代執行的一場藥物檢驗盲測研究——結果顯示，藥物檢驗錯誤率可能是百分之十一到九十四，甚至是百分之十九到一百，出錯的機率高得驚人。[14]醫學相關實驗室必須接受諸如此類的測驗，反觀各鑑識領域的實驗室，卻從未以任何有意義的方式進行任何測驗。

一九七四年，聯邦政府提撥一筆經費給鑑識科學基金會（Forensic Sciences Foundation, FSF），供基金會對全國各地的鑑識實驗室執行二十一場能力試驗。測驗結果令人失望，顯示諸多鑑識領域存在「嚴重的問題」。後來有人提議為各個鑑識領域建立結合訓練、考證以及能力試驗的同儕審查系統，但在一九七九年，鑑識工作者卻投票否決了這項提案。鑑識科學基金會的計畫持續到一九九〇年代初期，直到基金會被併入聯合測試服務機構，加入了這家販售並執行能力試驗及評量的公司。聯合測試服務機構成為今日主要的能力試驗供應商，在八十多國有九百間實驗室使用該公司的測驗服務。

只要是符合標準的鑑識實驗室都必須每年執行能力試驗，不過一般都只願進行極為基本的測驗。在國家鑑識科學委員會（National Commission on Forensic Science）舉行的聽證會上，聯合測試服務機構的總裁解釋道，「他承受著將能力試驗難度降低的商業壓力。」[15]聯合測試服務機構倒是光明磊落地發布了受測者的評價，評價顯示測驗難度不高，只是受測者的看法不盡相同。一九九九年，聯合測試服務機構能力試驗的受測者評論包括：「相當簡單！」以及「這份測驗不適合評量能力，所有的比對題都太過簡單。」但也有另一名受測者表示：「很不錯，測試公平又逼真，和實際案件分析非常像。」二〇一五年，一名受測者評論道：「今年的測驗不如去年的好，有一些照片不夠清楚……」另一人寫道：「這份測驗似乎沒有我以前做過的幾份那麼難。」

上述能力試驗並非盲測，鑑識分析師很清楚自己正接受測試。測試期間分析師不會受監督，也沒有監考官，分析師想花多少時間完成測驗都可以，也可以和實驗室其他人分享分析結果或以小組為單位進行分析。至於在DNA鑑定方面，國家科學院建議執行盲測，有一篇頗具影響力的科學院報告說明道，「實驗室錯誤率應持續以盲測能力試驗方式估算」，不過在估算錯誤率時，「實際上並沒有人執行盲測能力試驗。」[16]另外，我們也能從合格率看出測驗是否具挑戰性，而儘管能力試驗難度不高，受測者答錯的頻率依然高得令人不安。桂葛瑞・米歇爾和我蒐集了聯合測試服務機構從一九九五年至二〇一六年間使用的三十九份指紋比對能力試驗結果，發現錯誤率變動幅度極高，偽陽性率從百分之一到百分之二十三不等。整體而言，指紋比對能力試驗的平均偽陽性率為百分之七，偽陰性率也是百分之七。[17]

在聯合測試服務機構於一九九五年施用的一份測驗中，百分之二十二的受測者犯下至少一次錯誤，結果潛伏指紋分析界的反應「從震驚到不信」都有，也有不少人深感「驚恐」。[18]有些人懷疑，是這次測驗結果導致聯合測試服務機構調降後續測驗的難度。然而，在隔年受測試的一百四十七間實驗室當中，有三十八間實驗室（百分之十九・八九）「在九枚潛伏指紋中，正確識別出不到六枚。」聯合測試服務機構建議這些實驗室「審查鑑識人員的經驗值並提供額外的訓練」，也建議他們考慮進行更多「內部能力試驗」。近年的測驗結果也顯示，鑑識分析的錯誤率仍居高不下。

我的同仁丹尼爾・莫瑞（Daniel Murrie）、莎榮・凱利（Sharon Kelley）以及布雷特・賈丁納（Brett Gardner）近期針對指紋分析能力試驗的受測者進行一份研究，他們在聯合測試服務機構於二〇一九年春季發給指紋鑑識人員的測驗中增加幾道題目。測驗內容包括十二枚潛伏指紋和四組分別屬於不同人的已知指紋，鑑識人員的目標是比對指紋並找出十二枚潛伏指紋的來源。研究者問受測者每年為多少樁案件出庭作證、完成測驗花了多少時間，以及每一枚指紋的分析難度。鑑識人員大多經驗豐富，從事指紋分析的平均資歷將近十二年。多數受測者也表示，自己參與過數百小時的潛伏指紋分析訓練。大多數人提到，他們每年作證的次數只有五次以下。幾乎所有人都說，他們是獨自完成能力試驗，不過有三分之二的人則說，他們在交卷前，會請另一名鑑識人員幫忙驗證結果。受測者完成能力試驗所需的時間平均是九個半小時。鑑識人員多半認為，測驗題目挑戰性不高，不過他們也提到，測驗題目和實際情境之間毫無差異。整體而言，受測者認為，測驗用的指紋品質相當高。有百分之六・六的鑑識人員（兩百人中有十三人）寫錯至少一題，其中大部分都是經驗較少或訓練較不足的鑑識人員。這些人同樣認為測驗題目很簡單，卻還是答錯了。[19]

我們必須將個別鑑識專家的錯誤率告知陪審團。桂葛瑞・米歇爾和我同時研究了陪審員對於個別專家的能力這方的資訊有何看法：我們給了參與實驗的數千人關於一場簡單犯罪事件的資料，案件關鍵是一份指紋比對結果的可靠性。接著，我們提供了指紋專家在上一次能力試驗中的成績，並且對參與者描述了這場虛構的嚴格測驗，測驗內容包括一百道個別的題目，滿分一百分。實驗結果不出所料，陪審員對於這份資訊的反應相當一致，即當專家在能力試驗中準確度較低，陪審員就不會那麼重視指紋證據。[20]

◈假造的文憑

設計且確實執行的能力試驗並不容易，不過驗證文憑也不簡單，而律師與法官有時會疏於這方面的查證。舉例而言，馬里蘭州警槍械小組的組長多年來一再謊報自己的經歷，聲稱自己有羅徹斯特理工學院（Rochester Institute of Technology）圖像科學學位或航空工程學位，或假稱自己擁有馬里蘭大學（University of Maryland）機械工程學位，每當律師問起相關問題，他便會提供假造的馬里蘭大學成績單。東窗事發後，他突然退休，然後自殺了。巴爾的摩的檢察官評論道：「無論關於他履歷的調查結果為何，我們相信他在那之後已建立充分的專業能力。」話雖如此，檢察官仍宣布審查他經手的舊案，而與此同時，多名辯方律師也展開了挑戰舊案結果的行動。[21]鑑識人員弗雷德・札因（Fred Zain）也是惡名昭彰的一例。一九七七年，札因在聯邦調查局的基本血清學課程中表現不佳，但這並沒有記錄在他的個人檔案裡，不久後，他就被提拔為西維吉尼亞州警鑑識實驗室血清部門的主管。西維吉尼亞州各間法院後來重審他經手的所有案件，同時審查了他整個部門的分析結果，最後共重新審查超過一百八十起案件，並且撤銷了九起訴訟的判決，其中有數名被告在DNA證據支持下重獲清白。[22]

我們看到一些線上鑑識證照學程遭到揭發而令人憂慮，也發現鑑識界一些專業協會只要求會員繳交年費，卻缺乏任何有意義的實質管理。一名研究生在一次研究性質的報導中——做為《前線》（*Frontline*）紀錄片的一部分——花了六百六十美元報考基本上是可參閱書本應試的鑑識考試，短短兩個小時內便收到考試結果，得知自己之後會收到鑑識顧問證照。這份證照或許能博得一些法官和陪審員的信賴，報考人員卻完全不需要任何專業技術。如同哈利．愛德華茲（Harry Edwards）法官所言，許多發放鑑識證照的機構根本沒有舉辦「嚴謹的測驗」，也沒有「真正的認證課程」，即使有人考試不及格，機構也不會撤銷他們的證照。可惜的是，目前並沒有任何科學組織被授權控管各領域的專業標準，系統性的定義真正的專家。[23]近年來，美國鑑識界最主要的專業團體——美國鑑識科學學會——審核並認可了一些檢定方案，總算邁出了正向的一步。[24]

有些鑑識工作完全缺乏正式資格認證。例如在大部分州份，負責判定死亡原因的郡級驗屍官是遴選出來的，而一些州份對於驗屍官的人選幾乎沒有規範。郡級驗屍官往往是經營殯儀館的禮儀師，還有一些是急救護理人員或護理師。國家科學院一份報告中寫道，「參選驗屍官的人一般必須是合法的選舉人、年齡介於十八到二十五歲，沒有重罪前科，並且完成時數不限長短的訓練課程。」至於在其他州份，法醫並不是選舉產生，必須具備一定資格且被指派為法醫。在美國一些地區，法醫必須是受過專業認證的法醫病理學家，但不必是醫生。畢竟願意擔任法醫的醫生並不好找。

鑑識人員可以一邊工作一邊取得證照文憑，且不間斷的進修也十分重要，否則他們可能跟不上持續改變、進步的科學及科技。鑑識科學教育計畫一般都未受認證，性質也可能是非正式的。除了專業領域的訓練之外，鑑識人員還必須接受法律體制、道德和品管等領域的訓練。然而，就如國家科學院的報告所述，無論是州政府或聯邦政府都長期「缺乏持續性的」資金來源，無法將經費投入鑑識科學的學士後教育或研究。[25]實驗室或許也想招募擁有科學方面的學位的鑑識科學家，不過少有學位學程提供應用方面的鑑識科學訓練。話雖如此，美國各地逐漸出現了鑑識領域相關的學位學程，且在聯邦政府提供更多經費、愈來愈多人對鑑識工作產生興趣的現實下，情況開始有所改善了。或許《CSI犯罪現場》與媒體對於鑑識科學的描繪產生了某種效果，近來有愈來愈多學生萌生踏入鑑識界的興趣。

有些證照與文憑或許真如其所宣稱的，只是我們很難判斷在法庭上是否有意義。舉例而言，牙醫必須受過多少訓練、通過哪些能力試驗，才能做為法醫牙科學家出庭作證？畢竟，一般牙醫學訓練可不會教人如何比對犯罪現場的咬痕。由法醫牙科學家創立的美國法醫牙科學委員會確實提供了相關證照，不過取得證照的資格基本上就是繳交會費，並參加委員會的年度活動。二〇一七年，也就是基斯．霍華德於年會上分享自己受冤經歷的那一年，美國法醫牙科學委員會表決通過，有證會員的續留資格認定將更寬鬆。除了參加年度研討會之外，會員必須每五年填寫一份線上測驗；測驗無時間限制、不限考試次數，可參閱書本應考，題目則只有二十五道選擇題。這份考試絕對稱不上嚴格的能力試驗，卻也和許多鑑識實驗室對鑑識人員的要求同樣寬鬆。[26]

◈國家品質管制法規

第二次世界大戰後，賓州一些醫學實驗室執行了一場實驗，目的是評估州內各間醫學實驗室的實驗結果是否一致，結果他們發現了數量驚人的錯誤。一旦醫學實驗室無法正確辨識出不同的疾病，其後果可是攸關人命。不久，一些醫學實驗室開始將樣本送至其他各實驗室進行驗證，藉以確認自己分析結果的準確度——我們可以將之視為一種能力試驗。[27]一九六七年，聯邦政府通過《臨床實驗室改進修正案》，以確保醫學實驗室的檢驗結果準確無誤。[28]後來，到了一九八〇年代，《華爾街日報》記者報導了癌症誤診和子宮頸抹片細胞生物實驗室標準鬆散的新聞。該報一系列相關報導贏得了普立茲獎，新聞標題包括「實驗室標準鬆散」、「醫生未謹慎檢驗子宮頸抹片」，以及「風險因子：膽固醇檢驗的不精確性」等。報導中提及「大量偽陰性結果」，實驗室沒能檢測出癌細胞，導致「罹患子宮頸癌的女性未能及時獲得治療，造成了不必要的痛苦，甚至是死亡。」[29]

面對醫檢實驗室檢驗失敗的問題，立法人員立即採取行動；與之相比，在發現鑑識實驗室出問題時，各單位卻顯得滿不在乎。美國國會在一九八八年通過了比以往嚴格的聯邦法律，將管制範圍擴大到幾乎所有醫檢實驗室，無論是公立或私營實驗室都必須依規定營運。該法要求能力試驗必須「在可行範圍內」反映「正常的工作環境」，使測驗更加逼真。該法另外准許機構「當場對前述個人執行已事先告知和未事先告知之能力試驗」，而立法人員總結道，「常規性的能力試驗是證實實驗室實力的關鍵」。該法仍有些尚待改進之處。舉例而言，其中並沒有規定實驗室執行盲測，不過也涵蓋了廣泛的品質管制法規。在細胞生物學領域——檢測異常細胞的癌症篩檢領域——測驗成績未達百分之九十的分析師都必須接受第二次測驗。倘若第二次也不合格，就必須接受精進訓練，他們經手的案子也都需重新審查。假如分析師第三次考試仍然不及格，那麼在未接受精進訓練和重考通過前，該分析師不得繼續工作。所有實驗室都必須允許聯邦機構隨機抽查並驗證檢體，聯邦機構若發現任一間實驗室不全面配合抽驗，就有權到現場進行監督與指導。

而我們也必須強制鑑識實驗室要有同樣嚴格的聯邦立法及品質管制。當然，近年來，愈來愈多實驗室逐漸取得認證，由專業科學團體定期評估實驗室是否符合科學標準。一些州政府更是要求鑑識實驗室取得認證。[30]認證是確保實驗室達到最低標準的有效措施，至少如此一來，我們就能知道實驗室採用的種種程序與管理系統是否達標。可惜認證並不能確保實驗室使用的實驗方法是有效的，也無法確保他們的分析工作可靠並前後一致，畢竟通常受審查的部分只包括程序及流程，而非實際案件。我們無法透過認證確保鑑識實驗室實施恰當的品管措施和標準，這是檢定也無法做到的。另外，在有相對應考照系統的情況下，個別鑑識人員可以在他們工作所需的各方面考取證照，也要有能力而且也應該考取和自身分析項目相關的證照，才能達到品質管制的標準。相關證照應由認證或專業組織提供，認證過程也要基於嚴格的標準，並且包括定期且嚴謹的能力試驗。反過來說，我們不該准許未考取獨立證照的專業人士僅憑個人經驗分析證據。話雖如此，現有的考照系統大多難度不夠，也無法確保鑑識人員準確地檢驗證據。

◈他國法規

有些國家缺乏資源，無法像美國這般設立大型鑑識實驗室，卻還是設立了相對更為嚴格的鑑識品管系統。在德國，一個名為GEDNAP的組織負責為所有DNA實驗室執行能力試驗，而這個由德國法醫學協會（German Society for Legal Medicine）成立的團體是獨立於鑑識實驗室的組織，主要由科研人員經營，測驗則是由明斯特大學（University of Münster）一所實驗室負責設計。該測驗計畫已經擴大實施，三十八個國家超過兩百二十間實驗室都使用GEDNAP的能力試驗，每年兩次的測驗成了鑑識品管的國際標準架構。對實驗室而言，該測驗並非盲測，參與者知道自己正接受測驗。不過，GEDNAP會在不知受測者姓名的情況下評分。

在英國，英國皇家認證委員會（United Kingdom Accreditation Service）要求各實驗室定義能力試驗的「程度與參與頻率」，且各間實驗室必須「能夠證明其測驗方針與方法為正當」，實驗室規畫的能力試驗也必須因應實驗室裡的任何改變而受到「定期重新檢視」。在加拿大安大略省，鑑識人員除了接受能力試驗之外，還需接受鑑識科學中心（Centre of Forensic Sciences, CFS）獨立設計、該中心品保小組管理的盲測能力試驗，由警方與火災調查機構提供用以測試實驗室分析師的模擬案件。由上述各國的範例可見，美國仍有很大的進步空間，我們也應設立能力相關的法規，確保鑑識實驗室與分析師的工作表現達到一定的標準。

◈改革

針對鑑識專家應受客觀測試的需要而進行討論，並不代表鑑識教育一無是處。身為研究所法學教授，我深信教育傳遞了所有必要技能，而鑑識界一個長久以來的問題是，許多鑑識人員只有執法背景，而不具扎實的科學背景。但現在，愈來愈多應徵鑑識工作的人擁有鑑識科學學位、高等學歷以及科學背景，也有愈來愈多人明白統計學在鑑識工作中的重要性，畢竟相關工作者必須了解機率和錯誤率背後的統計概念。我們已經有所進步，但進步得還不夠多。我們應該制定國家級法規的考照系統，其中包括常規性的能力試驗，並且在受測者出錯時撤銷證照並重新訓練。舉例而言，美國律師協會（American Bar Association）呼籲所有鑑識分析師接受「高難度筆試、能力試驗、持續培訓、重新考證流程、道德準則，以及有效的懲戒辦法。」[31]如我在本書第十一章所述，目前全美僅休士頓鑑識科學中心執行大規模的盲測能力試驗，不過近年情況已經有所改善，有愈來愈多實驗室跟進了。

如一名聯邦法官所說，當某個專家作證時表明，「他的能力試驗合格率是百分之百，而他所有的同儕同樣也都通過每一次的能力試驗，在這種自視甚高的心態下」，能力試驗「沒有意義」。[32]在允許某人做為專家出庭前，法官應要求他們接受確實的能力試驗，而且應該是難度夠高的盲測。這些要求絕非不切實際，也不會過於昂貴，可惜的是，目前在攸關人身自由和性命的重大刑案中，甚少有專家接受如此嚴格的測試。一個人若不能在嚴格測試中證明自己的分析工作足夠可靠，就不該被稱為專家。若要准許鑑識分析師出庭提供證據，我們就該要求他們先提出自己真是專家的客觀證據。

7 隱藏的偏誤 Hidden Bias

「啊，感覺就像回到法國一樣！」巴黎大維富餐廳（Le Grand Vefour）的雷蒙・奧利佛（Raymond Oliver）主廚做為評審品嚐白酒時評論道。人們對於飲食的評價往往會受擺盤、品牌、價位、周遭環境，當然還有身邊的人影響，不過奧利佛主廚參加的是酒品盲飲。在一九七六年巴黎審判（Judgement of Paris）盲飲活動中，美國加州的紅白酒和更為知名的法國酒展開對決，評審團包括該領域的頂尖專家；例如奧利佛主廚便被視為最優秀的法國主廚之一，也是傳統法國菜的佼佼者。然而，奧利佛主廚品嚐的白酒不是法國酒，也不是傳統的白酒，而是加州納帕谷產的夏多內，最後獲勝的紅白酒也都來自加州。一名評審甚至驚恐地想將自己的評分卡要回來，不想讓別人知道她給了加州的葡萄酒最高分。那次品酒會過後多年來，美國各地及世界各地優秀的紅白酒紛紛受到鼓舞而逐漸崛起。[1]

蒙著雙眼、手持天秤的正義女神象徵司法系統的公正，美國各地的法院建築與法庭上都看得到蒙眼正義女神雕像。明明每個人都有偏見，我們卻指望刑事法庭做到絕對的公正。但問題是，負責調查刑案與檢驗鑑識證據的人不可能達到如字面上所言的視若無睹：因為他們的工作，正是檢視並分析證據。既然鑑識專家絕非眼盲，卻還是必須自己下判斷，那他們絕對可能因自己看見、聽見的事物而產生成見，並犯下錯誤。多數鑑識專家都是為警方做事，他們傾向找到相符的證據，協助檢方判罪。這種現象其實不足為奇。諾貝爾經濟學獎得主丹尼爾．康納曼（Daniel Kahneman）與阿莫斯．特沃斯基（Amos Tversky）——最先著手研究人類日常行為捷徑的經濟學家——在一九七三年寫道，確認偏誤（confirmation bias）很可能在刑事司法系統中扮演重要角色。人們可能會受「犯嫌有罪」的信念影響，即使是受過大量訓練的專家也不例外。[2]

我們一般會要求科學家用類似巴黎審判的方式進行實驗，他們雖不至於蒙住雙眼，還是會盡量排除可能造成誤差的資訊。科學家在做研究時會加入控制組和安慰劑組，並使用其他各種方法盡量避免誤差，他們也會留下數據資料、公開給同儕，讓其他研究者試圖再現他們的實驗成果。

問題是，鑑識科學實驗極少做到盲測。鑑識人員知道哪些證據來自犯罪現場、哪些來自被告。傳統上，鑑識分析師會和警方討論案件中其他的證據，也會聽到各種關於被告的偏誤情報。我會在本章介紹鑑識科學的認知偏誤，以及一群主要專攻心理學的研究者是如何揭露鑑識科學的偏誤問題。原本在鑑識界幾乎沒有人聽過的認知偏誤，在短短十年間成了實驗室裡人盡皆知的常識，而帶來這項改變的一大功臣便是艾提爾·卓爾。我會介紹卓爾早期的實驗、鑑識實驗室裡的偏誤來源，以及不同類型的偏誤。認知偏誤之所以令人擔憂，是因為鑑識分析師通常隸屬於執法單位，用的是主觀標準，也不必記錄自己的檢驗過程。那麼，該如何解決偏誤問題呢？答案就是盲測：鑑識實驗室使用的實驗流程中，應先移除可能造成偏見的資訊。另外，我們也該改善實驗紀錄方式，盡量讓鑑識分析更為客觀。身而為人，我們每個人都存有偏見，但不是每個人都要將被告的性命和自由握在手裡。

◈倫敦審判

心理學家艾提爾·卓爾最先在鑑識科學界舉辦了類似巴黎審判的活動，藉此彰顯偏誤對鑑識比對的重大影響。卓爾平時在倫敦大學學院（University College London）做研究，他的合作伙伴大衛·查爾頓（David Charlton）深信指紋分析絕對正確。查爾頓是英國一間實驗室的負責人，也是指紋協會（Fingerprint Society）發行的《指紋世界》（*Fingerprint Whorld*）雜誌編輯。卓爾說服他協助對鑑識人員施測，看看他們是否可能受情報影響而產生偏見。[3]查爾頓認為，這樣的實驗不過是浪費時間，認知偏誤並不會影響指紋分析作業。儘管如此，卓爾仍堅持要他姑且一試。

在他們的研究中，五名經驗豐富的指紋鑑識人員會在日常工作中比對指紋。不過，這是一場實驗，而正如卓爾所說，「我所做的呢，套句我們英國人常說的話，其實有點微妙。」鑑識人員不知的是，卓爾和他的同事交給他們分析的，其實是他們五年前在真實案件中比對過的指紋；過去這五人分別指稱，這些指紋出自同源。其他專家已經另外比對過這些指紋，他們也認為指紋出自同源。但卓爾等人並沒有將這份情報告訴這五名鑑識人員，而是告訴他們，這兩枚指紋是馬德里爆炸案的證據，也就是聯邦調查局三名資深鑑識人員都辨識錯誤的指紋。指紋分析界無人不知梅菲爾德冤錯案。在接獲這份造成極大偏見的資訊後，五名鑑識人員當中，有四人得出了與五年前不同的結論，只有一人堅稱樣本出自同源。改變想法的四個人當中，三人表示指紋「絕對不相符」，第四人則表示證據「無法鑑別」。[4]

卓爾將五人當中有四人改變結論的實驗結果告訴查爾頓時，查爾頓大受打擊：「我簡直是搬石頭砸自己的腳。」卓爾倒是一點也不吃驚，畢竟人們無論有多專業，都可能受偏狹的資訊所影響。這些專家並不是硬要害無辜人士被定罪，他們不過是尋常的鑑識人員，一如往常地完成自己的工作罷了。如卓爾所說：「他們可是認真、勤奮、誠實又能幹的鑑識人員。」[5]而且，這並不是指紋分析才會出現的問題，許多研究者針對其他鑑識技術重複了類似的偏誤研究，一次次發現即使是經驗豐富又能幹的鑑識專家也可能受偏見影響。

上述結果並不代表指紋專家在收到有所偏誤的情報時，出錯率勢必高達百分之八十。重點是專家經常收到偏誤資訊，即使是不造成嚴重偏誤的情報也可能影響分析作業。儘管上一回大受打擊，大衛．查爾頓仍在二〇〇六年與卓爾合作，進行了第二場研究，這次也是檢視現役鑑識人員的工作。這回的實驗對象是六名潛伏指紋鑑識人員，研究者將他們過去分析過的指紋再拿給他們看，並提供了一般刑事偵查中會帶給鑑識專家的偏誤資訊，例如犯嫌已經認罪。這次實驗中，三分之二的鑑識人員改變了至少一份自身過去所做的結論。[6]

◈現實生活中的偏誤

「我叫彼得．斯陶特（Peter Stout），我有偏見。」這是休士頓鑑識科學中心負責人的口頭禪。人們經常將偏見和歧視聯想在一起，不過科學研究告訴我們，我們時時刻刻都在無意識地做出各種判斷，其中大部分都是無害且對我們有幫助。我們必然會根據自己的期待、經驗和觀點處理情報，由此，有助於我們找出有效的捷徑，但也可能會因此對錯誤視而不見。鑑識科學家必須承認所有人都有偏見，只要採用正確的措施就能盡量避免受偏見影響。僅僅是意識到偏見或憑意志力與之相抗並不夠，實驗室必須設立防止偏見影響檢驗結果的防火牆。

鑑識專家一般會收到各種有偏誤的資訊。舉例而言，我在二〇一九年帶學生參觀當地一所鑑識實驗室時，副主任一再告訴我們，他們的工作就是比對「壞人」的指紋。他的這種態度並不少見，畢竟這間實驗室的上級機關是地方檢察署：在場所有人都為檢方工作。大部分小型鑑識實驗室多隸屬於警察總長之下，基本上就是當地警長辦公室或警局的一部分。國家科學院提醒道，鑑識實驗室「缺乏獨立性」可能有損鑑識科學的客觀性。然而，美國也少有獨立的鑑識實驗室。

鑑識分析師經常接到警探或檢察官的電話。在蘇格蘭一樁廣受關注的刑案中，夏莉・麥基（Shirley McKie）的指紋被誤認為與犯罪現場的指紋同源。後來一份調查誤案的官方報告中描述，警方給了鑑識分析師指示，要求他們哪些證據要檢驗，哪些又不必檢驗，以及分析結果該如何呈現。一名分析師評論道，當你提交陰性結果時，警方會讓你覺得自己「不過是隻沒用的小白鼠」，還會告訴你：「不對，一定就是他。」[7] 警方也許會告訴分析師，初步檢驗證據符合嫌疑人。警方甚至可能對分析師說：犯嫌已經認罪，或者有目擊證人指認出犯嫌，分析師只需盡速檢查證據即可。負責驗證分析結果的同僚通常也不會進行盲檢。他們或許已經知道第一個分析師認為證據相符，自己只需確認結果。分析師可能會得知犯嫌的種族、前科以及案件中其他的證據，就連警方交給他們的鑑識檢驗申請書都含有偏誤資訊。例如，犯嫌的姓名或犯罪事件發生的社區都可能透露他或她的種族。

我們可能以為，只有用到視覺比對的主觀鑑識方法會受認知偏誤影響，但就連DNA鑑定也可能受主觀和帶有偏見的詮釋所影響。艾提爾・卓爾與格雷格・漢比基安（Greg Hampikian）曾研究背景資訊對於DNA鑑定結果的影響：他們交給一些分析師關於性侵案的資訊，表示該案起訴的關鍵便是DNA鑑定結果；另一些分析師則未收到這份資訊。[8] 如今，已有不少人在許多鑑識領域進行關於偏誤的研究。二〇一二年，一份針對縱火案調查員的研究發現，火場調查員接獲火災是否為意外的情報時，調查結論會受到影響。[9]卓爾等人的另一份研究則是針對研究人類遺骸的法醫人類學家，結果顯示，帶有偏誤的情報使他們連骨骸的性別和年齡等基本資訊都判斷錯誤。[10]

◈確認偏誤

人們會傾向尋找證據支持自己已知或認為屬實的事物，面對各種證據都一樣。舉例來說，心理學家索爾．卡辛（Saul Kassin）等人的一份研究顯示，在得知犯嫌認罪時，鑑識分析得出證據相符的結論可能性較高。[11]一種解決方法是要求專家無視與鑑識分析無關的額外情報，檢視指紋、工具痕跡或槍彈證據。我們以拉馮索．羅林斯（LaFonso Rollins）的案子為例：無辜的羅林斯在警方的煽動下認罪，在他被定罪的當時已有DNA鑑定方法可用，DNA證據本該證明他無罪才對。未想當鑑識分析師詢問上級能否進行DNA鑑定時，上級竟回覆，既然羅林斯認罪，就沒必要進行DNA鑑定了。羅林斯坐了十年冤獄，後來才因DNA鑑定結果獲釋。[12]

◈敵對偏誤（adversarial bias）

我們都會偏向有利於自身所處的團隊，因而產生偏誤。律師知道，專家可能受花錢委託他們的那一方影響，所以會四下尋找願意支持他們的專家。話雖如此，人們在得知鑑識專家可能有偏見時仍感到驚訝，畢竟鑑識分析師一般不是高價聘請的槍手，而是受薪的政府雇員。心理學家丹尼爾．莫瑞等人的一系列研究顯示，法醫心理學界有一種強烈的「治療者期望效應」（allegiance effect）。[13]研究者給了一百多位醫生層級的法醫心理學執業者四份不同的案件檔案，並請他們用標準的評分工具計算出風險分數。研究者告訴一些醫生，這份評鑑是「特別檢察小組」的委託，另一些醫生則以為，這是「公設辯護人服務處」的委託。醫生收到的四份案件檔案都一樣，都是真實案件，研究者也提供了法醫心理學家一般會使用的相關紀錄，包括警局和法院系統的資料，以及精神健康資料。得知委託人為檢方的醫生給了較高的風險評分，得知委託人為辯方的醫生則給了較低的風險評分。可見所有人都傾向提出對委託自己的那一方較有利的結論。

法學教授暨心理學家桂葛瑞．米歇爾和我執行了一場「專家戰爭」（battle of experts）實驗，想看看模擬訴訟中，若陪審團除了聽檢方的指紋專家作證之外，還聽到辯方專家的證詞，是不是會影響最終的判決。模擬陪審團看了檢方指紋專家的短片，他們認為專家說的話十分有信服力，多數陪審員都願意基於這段短片裁定被告有罪。然而，在看了辯方專家的影片之後，情況有所改變。光是聽到辯方專家再次說明指紋分析方法，陪審團的判罪率便受到實質影響。再者，在辯方專家得到不同結論（例如證據無法鑑別）的情況下，陪審團幾乎不太可能判被告有罪。由此可見，辯方專家完全減輕了檢方指紋證據造成的效果。我們擔心這是因為某一個飾演專家的演員比較有說服力（畢竟，他不久前在大學戲劇社的演出中，曾飾演夏洛克．福爾摩斯），於是請兩名演員交換角色。結果發現，無論是誰扮演檢方或辯方專家，都不影響陪審團的裁定結果。[14]但是，在真正的刑案中，並不會發生專家戰爭的狀況。法官往往會拒絕提撥經費讓貧困的被告自己委託專家來作證，而單方面的鑑識科學只會放大偏誤造成的影響，以致結果明顯造成不公平。

◈情境偏誤（context bias）

你會不會覺得狗和主人長得像，或者是愈看愈覺得一對情侶有夫妻臉？這可能是一種無意冒犯的偏誤造成的影響。人們在看見擺在一起的兩樣物品時，往往會找出兩者之間的相似處。這種循環論證可能就是導致梅菲爾德被冤枉的問題之一。[15]在蘇格蘭麥基案的錯誤被廣為報導之後，調查報告將此現象描述為「髮夾彎」（flip-flopping）。在比對指紋時，一個人可能會下意識地注意相似處，結果忽略了相異處。[16]這就是為什麼在鑑識科學中，應該先單純觀察犯罪現場的證據，詳盡記錄各個細節，再開始逐一檢視比對用的嫌疑人樣本，比對作業則是更之後的事。唯有如此，才能夠判斷嫌疑人提供的樣本是否也存在相同的細節。比對不該是來來回回或循環式的過程，而是線性過程，也就是現今逐漸有實驗室採用的「線性次序揭露」（Linear Sequential Unmasking, LSU）。[17]在梅菲爾德案中，聯邦調查局斷定，鑑識人員在檢視梅菲爾德的指紋和馬德里那枚指紋時改變了結論。於是，在梅菲爾德案過後，調查局便採行了線性次序揭露。[18]

科技也可能帶來新型態的偏誤。例如，演算法呈現潛在相似的指紋的方式，可能會使鑑識人員產生偏見。艾提爾・卓爾等人的研究顯示，當真正相符的指紋排在候選名單較後面時，鑑識人員選對人的可能性就會降低。他們會預期最相似的搜尋結果出現在名單最前面，或者在檢視各個人選時愈看愈疲勞，結果出錯的可能性因疲勞而提升。[19]

情境可能會以各種方式造成偏誤，影響鑑識分析師的結論。我的同仁布雷特・賈丁納、莎榮・凱利、丹尼爾・莫瑞和凱琳・布雷斯戴爾（Kellyn Blaisedell）曾研究美國一百四十八間鑑識實驗室用來提供警方證物的表單，他們發現，許多實驗室要求警方提供各種與指紋比對無關的情報。六間實驗室當中就有一間要求警方提供極可能造成偏誤的資訊。[20]很多實驗室詢問受害者與犯嫌的性別及種族，而指紋比對根本不需要這些資訊。還有一些實驗室要求警方描述犯嫌是否為「極端暴力的重罪犯」或「有脫逃風險」，或要求警方寫下：「你想用這份證據證明什麼？」而解決這個問題的辦法之一，便是限制鑑識人員接獲的多餘資訊。國家鑑識科學委員會在二〇一五年解釋道，「鑑識科學服務提供者在進行鑑識分析時，應完全仰賴與任務相關的資訊。」[21]另一種解決方法，是將角色區分清楚，將蒐集資訊與在實驗室裡分析數據的工作交由不同人完成。

◈偏誤與模稜兩可

在關於偏誤的研究中，「偏誤盲點」(bias blind spot）同樣值得注意。[22]人們通常不會意識到自身的偏誤。當丹尼爾・莫瑞等人詢問鑑識專家是否可能有偏見時，專家們紛紛表示，自己不可能有偏見。在醫院工作的醫生認為，私人執業精神科醫生可能有偏見；私人執業精神科醫生則指出，在醫院工作的醫生才有偏見。沒有人認為自己可能會有偏見。

一般而言，證據愈是主觀、愈是需要詮釋解讀，專家就愈容易受情境偏誤影響。[23]我們以血跡型態分析為例，血跡及噴濺型態都非常難詮釋。國家科學院的報告強調，「許多時候」會因為血跡重疊的複雜度而「很難或無法」進行詮釋。[24]此外，報告也指出，「血跡分析師的意見主觀因素多於科學因素。」近期一份研究發現，專家在約百分之十三・一的案件中出錯，且隨著血跡及噴濺型態的詮釋難度提升，專家對於情境資訊的依賴也會提升，並希望從中找到線索。在這些情況下，分析師更容易受偏誤影響，百分之二十三的人分析結果都有誤。[25]

另一個專家們時常意見相左的領域，是嬰兒因頭部創傷死亡的法醫學評估，一般稱為「嬰兒搖晃症候群」（shaken baby syndrome, SBS）。在一些研究中，研究者提供醫生一些案件檔案，請他們判斷嬰兒是否死於搖晃症候群。結果顯示，在受不同立場的人委託時，醫生所得出的結論南轅北轍。[26]最具代表性的案例也許是露易絲．伍德沃（Louise Woodward）訴訟案中的專家戰爭。在被稱為「保母案」的訴訟中，檢方專家小組認為，嬰兒搖晃症候群是造成死亡的原因，而辯方專家則作證，嬰兒在數週前便發生顱骨骨折，「輕微震動」就可能造成致命的傷害。伍德沃最後被判有罪，但刑責減至非自願過失殺人和有期徒刑。[27]近年也有新的研究質疑用來判斷嬰兒因劇烈搖晃致死的醫學根據不如其他醫療案例判斷扎實，導致一些定罪案件被推翻。加拿大安大略省一場關於嬰兒搖晃症候群錯誤定罪的調查結果顯示，「過去確實很有可能出現錯誤。」[28]我們不知道有多少人被錯誤定罪，但光是美國就有數千起案件判被告有罪，世界各地也發生過更多類似的狀況。[29]上述研究與調查突顯出鑑識證據的一大憂慮：證據愈是模稜兩可，主觀判斷就愈有分量，偏誤導致錯誤結論的可能性也就愈高。

話雖如此，我們可以從關於鑑識科學的認知偏誤研究中，找到改進的方向。丹尼爾．莫瑞等人在實驗中使用簡短、客觀且架構嚴謹的風險評估量表時，結果較不受偏誤影響，而醫生使用開放式的評估量表則較容易受偏誤影響。那麼，減少認知偏誤問題的方法之一，便是為鑑識人員創造出能夠相對客觀執行的任務。

◈紀錄

傳統鑑識工作的另一個問題是，其他人不容易評估案件中特定分析的可靠性。照慣例，專家會直接表示自己得到了結論，而不會記錄他們在得出結論前採用的步驟。當一個人不必記錄自己的工作過程時，結果就比較容易受偏誤影響。這便是北卡羅來納州一樁指紋案件的爭議所在，並促使連我在內的一群學者共同撰寫案由。[30]在胡安．麥法爾案中，上訴法院的法官認為，當初不該接受指紋分析師的證詞，不接受的理由並非該領域的錯誤率高或那名分析師能力不足，而是該分析師對於麥法爾案的指紋分析可靠性不足。[31]麥法爾先前曾犯下持械搶劫罪。費耶特維爾（Fayetteville）警局的指紋鑑識人員提出證詞，表示在特定物證上——一輛汽車、兩個達美樂披薩盒以及一個達美樂雞翅盒——採到屬於麥法爾的指紋。鑑識人員告訴陪審團，達美樂雞翅盒上的指紋是「胡安．佛隆特．麥法爾（Juan Foronte McPhaul）右手中指的指紋」，達美樂披薩盒上的指紋也是。鑑識人員不僅使用強烈的措詞——沒有任何證明其言詞的條件，也不確認自己的錯誤率或可能的偏誤——甚至沒能說出自己是如何得出此結論的。該專家說不出她比對了指紋的哪些特徵點、遵循的程序為何（她甚至沒有描述已經相當籠統的ACE－V步驟），也說不出她花了多少時間做分析。辯方律師和法官一再提出關於比對方法的問題，但這名鑑識人員就是答不上來。她說不出在指紋上發現了哪些特徵點，也沒有比對過程的紀錄。法官堅持要求她解釋，鑑識人員則說，自己是「來回比對」直到滿意為止，並基於這個模糊不清且欠缺紀錄的過程判斷出「指紋屬於麥法爾先生」。最終，北卡羅來納州上訴法官認定，當初不應接受這份專家證詞，不過考慮到其他證明麥法爾有罪的證據，所以維持原判。這個案例說明了鑑識紀錄的重要性，因為有了分析紀錄，我們才有辦法得知專家究竟做了什麼分析。

◈驗證

除了警方和不屬於實驗室的其他人可能影響鑑識人員，鑑識人員也可能相互影響。畢竟，指紋比對等諸多鑑識方法都有驗證步驟，在做完分析之後，樣本會交由主管或同僚審查。而驗證者有機會改變分析結果。舉例來說，他們可以決定排除了嫌疑人的指紋應被視為無法鑑別。我曾收到一間鑑識實驗室某個匿名吹哨者的訊息，該分析師控訴道，實驗室主管的做法通常如下：將本該排除犯嫌嫌疑的證據改列為無法鑑別。

為了解鑑識實驗室日常工作的狀況，我們和維吉尼亞大學與休士頓鑑識科學中心的同仁蒐集了兩年的數據，檢視實驗室指紋分析小組逾兩千五百起案件、超過一萬兩千枚潛伏指紋的分析紀錄。[32]我們是在事後蒐集數據，實驗室工作人員在當時都不知道自己的工作紀錄將在日後受到檢核。我們發現，犯罪現場採到的潛伏指紋當中，有百分之五十六被列為無價值，因品質低劣而無法用於比對，因此沒有人繼續用這些指紋做分析。其餘有價值的指紋當中，分析師認為，百分之二十六的指紋和犯嫌相符，百分之十三的指紋能排除嫌疑。在百分之七的案件中，驗證者與初始分析師意見相左，而在八十二起案件中（百分之二），分析師與驗證者無法快速達成共識，於是透過「商議」討論了他們意見不一致的部分。在極少數案件中（兩年內僅八起案件），他們即使經過商議也無法解決問題，只好以解決不一致的程序來處理。那麼，經驗較豐富或者較為資深的指紋分析師是否較容易占上風呢？在檢視資料之後，我們並沒有找到類似的規律，分析師與驗證者意見最後被採納的次數相當。這也許是因為有些人即使職位較低或經驗較少，卻擅長說服他人，或者較堅持己見。無論如何，上述資料闡明了鑑識工作的人際合作性質，一樁案件可能會由多人進行分析，而即使是基本的結論也可能得不到共識。

改善問題的關鍵之一就是盲測驗證。驗證者不能只檢查分析師鑑識出來源的證物，畢竟無價值或無法鑑別的證據也該受檢查。如果沒有重新做一次分析，而只有簡單地讀過分析師的報告，驗證者會傾向認同前一名專家的結論。這就是為什麼布蘭登・梅菲爾德案明明有多名指紋專家檢視指紋，最後還是判斷錯誤。那次冤錯案發生後，聯邦調查局實施了「盲測驗證」系統。在新的驗證系統中，如果一樁案件只採到一枚潛伏指紋，第二名分析師就不會被告知前一個分析師的結論，而是會獨立做一次指紋分析。無論是何種鑑識方法都使用諸如此類的盲測驗證。

◈盲測研究

關於鑑識科學的研究已經夠少了，但這寥寥無幾的研究也同樣受偏誤問題影響。美國總統科技顧問委員會報告中提及的錯誤率研究當中，沒有任何一篇是盲測研究，就連聯邦調查局重要的指紋研究也不是盲測。我和參與研究的人士聊過，他們都清楚知道自己正接受測驗，也知道這是對於指紋鑑識領域十分重要的一場研究。知道自己正在受測試的人表現會與平時不同，此種現象稱為「霍桑效應」（Hawthorne effect）。如果做研究的團體有明顯目的，例如證實公司的新產品優於他牌產品，我們在閱讀研究結果時便會有所保留。而在鑑識界，做研究的單位往往是鑑識科學專業團體，或是聯邦調查局等鑑識實驗室。這就是為什麼艾提爾．卓爾的研究相較於其他相似的研究，會顯得如此特別：卓爾等人是在鑑識科學家不知情的情況下，檢視他們的工作表現。

◈盲測正義

如果要用神話人物象徵優秀科學的言行，蒙眼正義女神也許稱不上最適合，或許還有更貼切的象徵。希臘神話中恐怖的蛇髮三女妖戈爾貢，凡是看到她們的人都會化成石頭。戈爾貢有三個知名度較低的姊妹，即「灰女巫」葛萊埃。葛萊埃三姊妹共用一顆眼珠，神話英雄柏修斯搶了她們的眼睛，而葛萊埃為了拿回被奪走的眼睛，不得不告訴他，如何找到戈爾貢三女妖中最可怕的美杜莎。三人共用眼球這件事聽起來很噁心，卻詮釋出完美的科學方法，即輪流觀察並盲測。

鑑識實驗室並不是科學研究實驗室，過去也未曾試圖檢視這些問題。數十年來，比對咬痕、指紋、纖維以及工具痕跡的鑑識人員都假定自己只要有經驗與判斷能力就夠了。在國家科學院於二〇〇九年發表報告之後，法學教授麥克・萊辛格（Michael Risinger）高聲提出異議。他認為，報告也應討論鑑識工作中的選擇性盲測或完全遮蔽才對。報告只強調，我們應該進一步研究認知偏誤在鑑識科學中扮演的角色，卻沒有提出處理問題的建議。[33]沒有討論到限制或排除偏誤資訊的方法或盲測驗證。

艾提爾・卓爾進行過許多關於鑑識科學與認知偏誤的研究，也有其他諸多研究者再現他的研究結果，他們的研究使認知偏誤成為鑑識科學的主流議題之一。如今，有愈來愈多實驗室和政府單位終於注意到偏誤問題。在英國，政府透過鑑識科學監管機構（Forensic Science Regulator）提供詳盡的指導，建議鑑識實驗室使用化解偏誤的技術，並強調：「防範情境偏誤最有效的方法，」就是確保鑑識執業者「只得到與分析相關的案件資訊。」[34]在美國，國家標準暨技術研究院（National Institute of Standards and Technology, NIST）則提出報告，描述不合格的訓練和程序等系統性因素所造成的偏誤，而藉由移除偏見資訊等方法，鑑識專家的工作便能有所改善。[35]

二〇一八年，艾提爾．卓爾受邀在美國鑑識科學學會的年會上對學會成員發表基本政策演說，演講主題便是認知偏誤這門科學。卓爾強調國家標準暨技術研究院報告的主題之一，即人為誤差是無可避免的。對錯誤持開放態度的文化有其必要。鑑識分析師理應自在地提出疑慮並公開討論，而不是讓他們覺得，應該隱藏錯誤。[36]卓爾經常在世界各地頂尖的鑑識實驗室發表演說並授予訓練課程，但我們光是願意聆聽關於認知偏誤問題的言論還不夠，現在仍少有實驗室採取預防偏誤的措施。所有鑑識實驗室都應使用盲測等方法對抗偏誤，畢竟說到底，我們所有人都有偏見，也都受偏誤影響。

8 把關者 The Gatekeepers

請想像一名合格的鑑識人員將儀器固定在你身上，量測你的血壓、脈搏、呼吸速率與出汗程度，接著問你一些簡單的問題，然後才問到關鍵問題，諸如「你在工作時間使用過藥物嗎？」或「是你開槍的嗎？」這種提問方式，是威廉・莫爾頓・馬斯頓（William Moulton Marston）從一九一五年起逐漸發展而出的，而擁有哈佛法學與心理學學位的他也經常找機會出庭作證。[1]

若法官仔細檢視刑案中的鑑識證據，情況會有什麼改變呢？我們可能不會那麼擔心實驗室的分析不可靠，因為法官只會允許分析師呈現最可靠的證據。其實法官確實做到一定程度的把關，司法界多年以來便達成共識，認為馬斯頓的測謊儀一般不該用於法庭程序。和允許科學證據在法庭上呈現的標準有關的早期案件之一，即弗萊訴美國政府案（*Frye v. United States*）當中，著名的美國哥倫比亞特區上訴法院在一九二三年下達了判決：測謊儀等新的科學方法唯有在科學界「普遍被接受」之後，才得以做為證據在法庭上呈現。[2] 在弗萊訴美國政府案訴訟過程中，辯方律師提議，在陪審團面前使用測謊儀，用以證明被告說的是實話。但法官裁定，測謊儀是未被證實有效的新方法，缺乏「科學認可」。主張使用測謊儀的人士聲稱準確率為百分之九十，不過國家科學院在二〇〇三年發表的報告指出，在檢視過五十七份關於測謊儀的研究之後，並沒有找到證明其有效的證據。報告中寫道，儘管「數十年來，多人提出」對於其背後科學原理的「重要」批評，「美國政府並未認真發展」使用測謊儀等「任何技術」測謊的「科學基礎」。[3] 時至今日，美國政府仍無視科學界的批評，持續使用並仰賴測謊儀，甚至連國防相關情況也不例外。

儘管如此，美國幾乎所有法院都認為測謊儀證據不該用於法庭，除了一些特殊的情況，例如雙方都同意使用。那麼，法院為什麼對測謊儀存有如此疑慮，卻沒有懷疑咬痕比對等技術呢？其中一個理由是先例：法官往往受制於過去的裁決。另一個可能的理由是，法院對於測謊這個領域懷有特別的疑慮，因為牽涉到美國憲法第五條修正案關於自證其罪（自我歸罪）的權利，且似乎過度刺探一個人的內心。一些法官主張，測謊證據帶有絕對正確的光環，干涉到陪審團扮演的角色，而且不可靠。美國最高法院也裁定軍事法庭可以禁用測謊儀證據，大法官克拉倫斯・托馬斯（Clarence Thomas）表示，有研究顯示，測謊儀測驗結果「沒比擲硬幣的結果好上多少」。然而，關於可靠性的疑慮也延伸到其他鑑識領域。托馬斯大法官進一步補充道，測謊儀和「指紋、彈道或ＤＮＡ」不一樣，提供的是「證人是否在說實話」的判斷，但歸根結柢，做此判斷的應該是陪審團才對。[4]而另一個可能的解釋是：當辯方主張被告無辜，而法官可能有偏向檢方的傾向時，辯方經常要求使用測謊儀證據。

◈指紋髮夾彎

法官不願仔細檢視鑑識證據可靠性的案件中，最值得注意的也許是費城卡羅斯・伊凡・葉拉－普拉札（Carlos Ivan Llera-Plaza）的案件，他和另外兩人面臨死刑。葉拉－普拉札被控經營涉嫌謀殺四人的毒品幫派，他的律師試圖排除訴訟中聯邦調查局指紋鑑識人員提出的證詞。一百年來，所有法官都任憑專家出庭描述指紋相符的結論，不過，美國在不久前已修改聯邦法律。一般證人只准描述他們親眼看見或親耳聽見的事物，而專家證人所能做的，則是以身為專家的嚴謹立場，對陪審團發表關於證據的意見及結論。法官會扮演把關者角色，決定哪些人得以做為專家出庭作證。在弗萊訴訟案過後那段時期，唯有其鑑識方法在科學界「普遍被接受」時，一個人才得以做為專家出庭作證，這算是很寬鬆的標準了。即使在占星師的領域裡，也得所有人都認定其自身所為有所根據且可被接受才算數。

美國最高法院裁決道伯訴梅洛道製藥公司案判決當下的一九九三年，聯邦法律也有所修正。[5]（聯邦法官傑德・拉寇夫〔Jed Rakoff〕指出，「那個字究竟該念作『竇伯』（Dow-bert）還是『道伯』（Daw-bert）仍頗有爭議，畢竟道伯先生兩種念法都用過。」）[6]此案與Bendectin的專家證據有關：Bendectin是一種含抗組織胺和維生素B的藥物，主要用於減緩孕吐。專家聲稱，有證據顯示此藥會導致胎兒畸形。後來證實，那些研究的數據不實，但在此之前，製藥公司已經將有實際療效的藥物下架，還花費了數百萬美元打官司。道伯案的法官認為，專家出庭作證的條件不該只有弗萊案在一九二三年設立的標準——使用「普遍被接受」的方法——畢竟現在已經是一九九三年，法官對於科學在法庭上的定位也有了更進一步的了解。

一個人假如要以專家的身分站上證人席，就必須使用科學上有效且可靠的方法，「不能只奠基於主觀信念或無佐證的猜想。」[7]首先，專家使用的方法應包括可受檢核的結論；第二，此方法應在學術刊物中經得起同一領域的人進一步檢驗；第三，此方法應有已知的錯誤率；第四，該領域應有公認的標準；第五，此方法應在科學界被普遍接受。上述因素已將重點從一項技術是否長時間受到認可，轉移到該技術是否經得起嚴格的現代科學檢驗。

律師多以為，法官會以極為嚴格的新標準檢視鑑識科學，畢竟許多鑑識技術都缺乏扎實的研究基礎。清白專案創辦人之一貝里・薛克聽過道伯案的口頭辯論後評論道：「道伯案無疑是呼籲各地法庭對科學證據進行更為縝密且專業的分析。」[8]法學教授蘭道夫・喬納凱（Randolph Jonakait）更直截了當地表示，在道伯案以後，「鑑識科學有很大一部分令人堪憂。」[9]只見鑑識分析師倉促建立全新的鑑識科學紀錄，聯邦調查局則成立「科學工作組」（Scientific Working Groups, SWGs），讓鑑識分析師制定各自領域的一套標準。律師則迫不及待地等著看法官用道伯案的標準挑戰鑑識科學。

在早期一些案件中，法官確實站出來扮演把關者的角色。在一起關於字跡比對的案件中，聯邦法官裁定道：文件鑑識人員的日常工作缺乏科學研究佐證，並不符合道伯案的標準（話雖如此，法官後來還是准許那份證據在法庭上呈現，聲稱那是「技術性」證據而非科學證據，因此不必受制於科學標準）。[10]另一名法官提出，隆恩・威廉森（Ronald Williamson）案中的毛髮比對證據不可靠，且不符合道伯案「任一必要條件」，然而在上訴法庭卻出現大逆轉，上訴法官認為，當初雖不該採納毛髮證據，但此錯誤未達違憲程度。威廉森在被定罪後因DNA證據重獲清白；約翰・葛里遜的紀實著作《無辜之人：小鎮冤案紀實》描述的正是這樁案件。[11]與此同時，美國最高法院在一九九九年錦湖輪胎公司訴卡麥克案（*Kumho Tire Co., Ltd. v. Carmichael*）中裁決道，道伯法則（Daubert rule）適用所有專家證據，無論是技術性證據或科學證據。[12]二〇〇〇年，最高法院批准了更新版的聯邦證據法第七〇二條，用以規範專家證據，並確保專家符合使用可靠方法的要求，同時確實應用在工作中。過不久，各州也開始採行聯邦政府的規定了。

法案通過後，第一場大挑戰便是葉拉－普拉札案。該案由聯邦法官路易斯・波拉克（Louis Pollak）於費城法庭審理。波拉克絕非等閒之輩。他在成為法官之前，曾是著名民權律師，擔任過耶魯大學與賓夕法尼亞大學法學院院長。波拉克法官看過證據後，他的結論是：鑑識人員在比對潛伏指紋時，未有既定標準，過去沒有人用科學方法做過經同儕審查的指紋比對研究，此方法的錯誤率也「仍是未知數」。波拉克法官在二〇〇二年一月頒布的意見書震撼了鑑識界，他總結，道伯案要求法官先確保證據的有效性與可靠性再准許呈現法庭，而指紋證據「難以符合」道伯案的要求，聯邦調查局專家不得將指紋源自被告此番「意見」做為在法庭上的證詞。[13]法官強調道，「指紋辨識技術並未受到適當的科學方法檢驗。」另外，波拉克法官同時點出問題──指紋鑑識人員未接受嚴格的能力試驗；一般很難判斷他們究竟有多專業。「因此，」法官表示，「我不會允許專家證人……將特定潛伏指紋確實為某人指紋……的『意見』做為『評估』證詞而在法庭上呈現。」[14]

這份極具影響力的裁決下達過後兩個月，波拉克法官便回心轉意了。「簡而言之，我改變想法了。」法官說道。[15]這段期間究竟發生了什麼事？葉拉－普拉札案的檢方與聯邦調查局高聲提出反對。司法部也表示，若指紋證據的使用受影響，「檢方的效力……將大受打擊」。波拉克法官同意舉辦聽證會，於是在二〇〇二年，聯邦調查局的指紋鑑識人員到他的法庭上提出主張，描述自己從一九九五年起，便在能力試驗中表現「極好」[16]，僅不到百分之一的試驗項目出現錯誤。[17]而就波拉克法官所知，英國已經認可指紋分析的可靠性，只要多加監督即可。然而，根據辯方一名曾受僱於蘇格蘭場、備受尊敬的分析專家的說法，若將聯邦調查局使用的試驗交給自己手下的專家作答，他們想必會「笑得直不起腰」。[18]波拉克法官進一步說道，自己仍對指紋鑑識人員的可靠性抱持疑問。不過，並沒有證據顯示指紋辨識出錯率「高得令人無法接受」。畢竟指紋證據已經在司法界使用將近一百年了，期間也還沒有人證明聯邦調查局的辨識結果有誤。

在布蘭登．梅菲爾德案過後，聯邦調查局已經不能再主張他們的分析完全無誤，但時至今日，仍未見法官嚴正提出對指紋證據的質疑。一處又一處的聯邦法庭接受指紋證據，甚至在聯邦調查局的分析程序遭揭發不合格以後，依然未見改善。在道伯案與二〇〇〇年新版聯邦證據法第七〇二條通過後，十一處的上訴法庭下達了裁決，可惜多數法官完全未討論到那些法規對於可靠性的要求。僅少數法官委婉論及了錯誤率，提及無論錯誤率為何，比例想必是非常低。其他法官則說，既然錯誤率想必很低，承審法官根本沒有舉辦聽證會的必要，畢竟指紋證據從很久以前就被美國各地法庭「普遍接受」了。[19]更糟的是，一些法官還禁止辯方律師對指紋鑑識人員提問已知的指紋冤案，例如梅菲爾德案。[20]

◈沉默的法官

「一條法律除了從亨利六世時代便存在之外，沒有其他的存在理由，實在是令人反感至極的一件事。」大法官奧利弗．溫德爾．霍姆斯（Oliver Wendell Holmes）在一八九七年寫道。他又補充：「要是該法當初設立的基礎消失已久，而其持續存在，僅因我們盲目地模仿過去，那將更令人反感。」[21]霍姆斯大法官希望能為法學上的思考注入更多的現實與科學，他若是看到鑑識科學在「盲目地仿效過去」（即法官所謂的先例影響）中所扮演的角色，想必會非常反感。過去案例所帶來的重擔——防止法官將鑑識技術不夠可靠的新證據納入考量——完全解釋了何以法官沒有站出來要求所有人在法庭上呈現的科學證據務必精確。新的科學報告質疑鑑識方法時，法官未採取行動；法律被修改時，法官仍未採取行動，尤其是在美國最高法院的道伯案判決後。在道伯案等訴訟中，法官無疑限縮了原告對大型企業提告時使用的證據，卻還是不願意限制檢方在刑事案件中使用的證據。就如清白專案共同創辦人彼得・內費爾德所說，道伯案在刑事案件中幾乎「無關緊要」。[22]我們再進一步檢視美國各州的法庭，就能看出情況是多麼可悲了。

◈州法官

現代的道伯法則有時也被描述為可靠性法則，如今包括佛州在內，有愈來愈多州遵行相關規定。然而，在二〇一五年十一月，佛州一處刑事法庭仍承認咬痕證據。負責審理案件的法官曾任檢察官與公設辯護人，他簡單陳述了專家的資格並說明其方法論後，便斷定咬痕證詞是遵照可靠的原則得出的。二〇一五年，咬痕證據的不可靠性已是眾所周知，有大量咬痕相關案件因ＤＮＡ證據而被平反。不過根據該法庭的說法，當時「有限的研究」（包括一篇顯示咬痕分析錯誤率高達百分之六十三的研究）都不適用。法官表示，咬痕證據「是一門以比對為基礎的科學……即使缺乏研究或資料庫，也不代表『不可靠』」。話雖如此，法官還是對咬痕證詞加以限制，專家證人只能主張「無法排除被告是咬人者的可能性」。法官強調道，「佛州各處法庭從一九八四年起，便逐漸接受咬痕辨識或分析，此法也在其他轄區普遍受相關科學界接受。」[23]如賽門．柯爾教授所說，這是典型的「祖父條款」論證——祖父條款源於南北戰爭後的美國南方，在種族差別待遇的法規下，只有其（白人）祖父有投票權的人才得以投票。[24]過去算得上完美證據的，現在也依然會是完美證據：而這便是先例。

我們來看看法官對於毛髮比對證據的看法。聯邦法官傑德．拉寇夫舉了肯塔基州兩起案件為例。他指出，肯塔基州政府採用道伯判準（Daubert standard）後，一名承審法官在一九九九年便表示，既然已採納毛髮比對證據，聽證會或討論甚至已沒有必要。此案上訴到肯塔基州最高法院，最高法院亦表示同意：「本州多年來一向採納毛髮顯微比對分析證據。」肯塔基州諸位法官承認，他們「未曾具體討論此毛髮分析方法的科學可靠性」，卻提出了驚人的論證結論：「我們必須假設毛髮分析」是充分的證據，「否則這項證據最初就不可能被採納。」[25]拉寇夫法官則總結道：「抱歉，我是真心愛肯塔基州，這是非常美麗的一州，但這完全是垃圾。」有些人或許認為，考慮到毛髮比對相關的數十起DNA平反案件、聯邦調查局審查以及美國國家科學院的報告，肯塔基州的裁決是經不起時間考驗的。二〇一三年，肯塔基州一名辯護律師試圖基於道伯案對毛髮證據提出挑戰[26]，結果在這起梅斯基門訴州政府案（*Meskimen v. Commonwealth*）中，肯塔基州最高法院認為，任一法官甚至沒必要為此議題舉辦聽證會。為什麼呢？因為「肯塔基州從多年以來，都採納」這類證據。[27]

無論是在哪一個鑑識領域都能看見這種推託之詞。例如在指紋分析領域，各處法庭一再重複同樣的說法，堅稱採納指紋證據已經有一百年的歷史。波拉克法官強調道，指紋分析始終用於案件調查，「已經在這一百年期間得到實證。」[28]他這番話也許是在重複一名聯邦調查局探員在另一處法庭的主張：「這一百年的指紋應用就等同實證研究。」[29]在真實案件中，分析師無法確定自己的結論是對是錯，卻有一些法官相信，其他法官會透過某些方法「檢驗」證據。一名聯邦法官聲稱，指紋鑑識人員「以最高風險的賭注——自由，有時則是性命——在對抗制訴訟程序中受到檢驗。」[30]二〇〇三年，指紋證據在法庭受到挑戰時，一名聯邦調查局探員得意洋洋地宣稱：「我們在四十一次勝負中，取得四十一次的勝訴。」該探員補充道：「我覺得，我們能從中看出一些道理。」[31]我們確實看出一些道理。

在未採行道伯案判準且至今仍仰賴弗萊案「普遍接受」規則的州份，情況可能更加嚴重。賓州一名法官拒絕舉辦聽證會討論咬痕證據的可靠性，而且輕描淡寫地承認道：「咬痕證據的使用逐漸受到挑戰」，不過「在相關科學界仍普遍被接受」。想必，這正是法醫牙科學界自身的想法。[32]

◈採行聯邦規定

法官理應多加應用可靠性測試，實務上他們卻沒有這麼做。聯邦證據法第七〇二條說明道，若證詞屬「可靠的原則與方法之產物」，且這些原則與方法「可靠地應用在」案件的實情上，那專家就得以出庭作證。制定法規的顧問委員會則表示：法官必須「排除不可靠的專家證詞」。少有刑事案件上訴到上訴法庭，即使上訴了，法官也經常對科學議題避而不談，由於案件中其他證據證明了被告有罪，因此證據就算出錯也「無傷大雅」。縱使上訴法官直接點出專家證據的問題，他們也往往順意承審法官的判斷。美國最高法院曾強調，上訴法官若複審承審法官對於專家證據的決策後提出「濫用裁量權」結論，就意謂著承審法官的決策必然太過武斷或不合理，以致在上訴中被撤銷。[33]此外，至今仍有法官認為，證據理應假定為可靠，因為我們已採行數十年。

在美國許多州份，法官築起高牆，將整個專業領域技術和有意義的複審阻隔開來。依法官所言，既然特定專業技術已使用多年，其可靠性即可視為「司法認知」(judicial notice)，並認定其為既定事實。舉例而言，肯塔基州最高法院一份意見書寫道，基於「五十餘年來對於毛髮比對證據壓倒性的接受度」，法官會「將之視為科學上可靠的技術，以此為司法認知。」[34]

清白專案律師克里斯・法比坎特和我合力蒐集了所有州立上訴法庭與專家可靠性相關的

刑事裁決，發現有超過八百起案件提及了「可靠性」一詞，卻只有兩百二十九起案件實際論及證據的可靠性。法官們幾乎是認同案件中的鑑識證據是適當地受到認可；他們經常引用過去的裁決，主張某一類型的證據在法庭上已確立了使用先例。例如，亞利桑那州一處上訴法庭強調道：「我們的最高法院認可單純基於指紋或掌紋證據之專家證詞而下達的判決，因為該證據具有充分的可靠性。」[35]

即使舊案中做出裁決的法官對於可靠性的標準與現今不同，現在的法官仍會引用以往使用鑑識證據的舊案。除了標準不同之外，某些案件則是論及個別專家的資格，極少州法官引用如二〇〇九年國家科學院報告等科學文獻。在少數坦承有可靠性疑慮的案件中，也未見法官採取行動，而這些裁決都偏向單方面，且法官甚少下達對辯方有利的裁決，對檢方有利的裁決數量超過前者的兩倍。[36]法官往往受先前判例和高等法院的先例限制，但即使在不受限的情況下，他們也偏好遵循其他法官的判決，而非跳脫以往的新判決。簡而言之，聯邦證據法第七〇二條所謂的可靠性測試其實極少被用來判斷證據的可靠性。克里斯．法比坎特和我的結論是，可靠性測試在實務上不過如神話傳說般虛無縹緲。

◈法官的心理與動機

在我為統計學家、鑑識實驗室負責人以及法學教授所安排的一場研討會上，傑德．拉寇夫法官一開頭便如此說明我們面對的問題：「我應該開門見山地告訴各位，多數法官都對科學一竅不通。」他坦承道：「我以前主修英文，大部分的同事則主修歷史或政治科學。」他也回憶道：「我修過一門課，一般稱那門課『詩人的物理學』，我印象中詩詞的部分很棒。」實際上，法官通常缺乏科學學識（多數律師也是，我在大學時期也沒修過任何真正的科學課程），但這可不能當作藉口。拉寇夫法官指出，科學與技術議題必然會出現在現代法庭上，舉凡專利、有毒化學物質、量刑時使用的演算法等複雜主題的訴訟無不和科學相關。法官和律師同樣可在短時間之內成為複雜且專業的學科領域專家，而成為專家的一種方法便是請頂尖的專家前來為我們解說這些領域的專業知識。我們或許沒修過化學課，不過我們大可延請最優秀的化學家來一步一步說明他們使用的方法，並且在法庭上對眾人做出同樣的說明。況且，鑑識技術（如DNA鑑定等）確實有相當高的技術門檻，至於其他的，諸如指紋比對，套句拉寇夫法官的話，根本「算不上多複雜的科學」。[37]

那麼，為什麼多數法官寧可袖手旁觀呢？拉寇夫法官提出了一種解釋：「老實說」，這是因為許多法官「偏袒檢方」。大部分的法官都是檢察官出身，他們的偏袒甚至可能是無意識的。拉寇夫法官提到：「我曾經是聯邦檢察官，我很清楚，某些類型的證詞你聽著聽著也就習以為常了。」[38]如果你自己曾做為律師且多次仰賴槍彈或指紋專家的證詞，當上法官後自然也比較可能會接受其他人使用專家證詞。更何況，法官通常不會聽取雙方證詞——在鑑識實驗室工作的專家經常出庭作證，表現得胸有成足、自然又鎮定，卻只為檢方提供證詞。特別是在州法庭上，辯方大多沒錢委託專家，且因為在鑑識實驗室工作的所有人都隸屬於執法單位，辯方也沒什麼機會聘請在實驗室工作的專家。最後一個理由是，裁決先例會化為沉重的「負累」，將專家緊緊控制在法庭上，即使科學有了新的發現，甚至在道伯案後，法律條文亦有所增修，也是如此。

在一起案件中，馬里蘭州一名法官排除了指紋證據。該法官注意到，作證的聯邦調查局分析師聲稱指紋分析「無所謂的錯誤率」且「準確度達百分之百」。然而，該法官後來撤回了意見書，這並不是因為法官收回前言，而是州檢察官撤回了指控，後來由聯邦檢察官在聯邦法庭重新提起訴訟，被告面臨了比之前更嚴厲的刑罰——而且聯邦法官認可了檢方的證據。[39]這起案例成了對後人的警告：被告若想挑戰指紋證據，就可能得面對聯邦法的刑罰。

◈限制證詞

一些法官准許鑑識證據過關，但也對證據加以限制。在和槍械證據相關的一起訴訟中，聯邦法官南希．葛特納（Nancy Gertner）裁決道：「考量到一致性分析的主觀本質，槍械分析師必須透過訓練、經驗與／或能力試驗證明自己的資格，才得以提供專家證詞。」麻州鑑識實驗室的品保主管在二〇〇五年作證道，受測的兩百五十五人當中，未有答題不正確的情形，法官則指出：「這些結果可以解讀為……測驗過於基本。」話雖如此，該法官最終仍接受專家證據，但禁止證人主張他們百分之百確定其結果的一致性。[40]馬里蘭另一名法官也下達了類似的裁定[41]，華府也有多名法官禁止槍械專家以「科學上合理程度的確定性」來作證。[42]近期，華府一名法官更進一步裁定道，專家至多只能主張「無法排除」被告的槍械，而這是在法庭上有效的限制。我和尼古拉斯・舒利奇以及小威廉・克羅澤兩位心理學家在一場模擬陪審團研究中觀察了一千四百人的反應，發現無論槍械專家使用「科學上合理程度的確定性」、「可能性較高」或「來源辨識」的說法，都不會影響定罪票數。然而，當證詞只有「無法排除」被告的槍械這種說法時，定罪票數確實減少了。[43]也許只有在對證詞施加較嚴格的限制時，我們才會在法庭上看到效果。

◈證據開示

由於國家鑑識科學委員會逃避責任的行為，聯邦法官傑德・拉寇夫於是辭職，離開該委員會。委員會曾說，它不會討論證據開示的問題——證據開示意指在刑事訴訟中，所有文件及資訊皆為公開。雙方在訴訟開始前，互相以書面溝通的證據開示、或是文件及證據，這在關乎金錢賠償的民事訴訟中，可是相當龐大的資料。在民事案件中，專家必須提供詳盡的報告，內容包括他們使用的所有研究資料。同樣在訴訟開始前，雙方律師蒐集冗長的書面證詞期間，皆可向專家提問。蒐集證詞的過程可能令人疲憊不堪，而在蒐集程序結束後，雙方都會詳盡地了解專家的證詞內容，以及這些結論的根據。只是在刑事訴訟上，則完全不同。鑑識報告往往只有一兩頁，也沒有所謂書面證詞，分析師要是願意透過電話回答幾個基本問題，辯方就算走運了。一如聯邦法規的官方註記所述，「在未事先了解狀況並做足準備的情況下，很難在訴訟中檢視專家證詞。」[44]拉寇夫法官透過辭職一舉，強調了國家鑑識科學委員會檢視訴訟前鑑識證據開示這方面議題的必要，於是委員會重新討論了一番，拉寇夫法官後來也重回委員會。最終，委員會強烈建議，檢方要出示所有鑑識證據相關的文件。[45]

然而，少有檢察官在訴訟前交出鑑識證據相關資料，某方面也是因為他們自己可能也沒掌握這些文件。我近期對一百多名檢察官發表演說，問他們除了實驗室提交的兩頁報告之外，他們是否看過實驗筆記或紀錄等其他資料，檢察官紛紛表示，除了那兩頁的報告，未見其他資料。而依慣例，法官並未採取任何作為解決這個問題。如法學教授保羅·賈內利透過文件證實，多數法官咸認為，實驗室只須提交檢定形式的結果報告，並在報告中陳述鑑識結論即可，不必提交詳述分析過程的實驗筆記。[46]大部分法官也未要求檢方為辯方律師提供任何實驗筆記或紀錄。[47]在許多DNA平反案中，我們直到多年後才得知當年的鑑識報告已記錄了被告的清白。而這些被隱藏起來的鑑識紀錄可能永遠都不會被公諸於世。

上述問題和法規脫不了關係，許多州份對於刑事案件的證據開示要求非常低。在參觀鑑識實驗室時，工作人員曾自豪地告訴我和我的學生，他們是科學家，他們會與各方分享檢驗結果。而當我們問及，這是否意指他們會將實驗筆記分享給辯方，他們尷尬地承認：「好吧，只有在辯方取得法院裁定的時候才會。」聯邦法規也沒比州法好到哪裡去。南希．葛特納法官曾訂定一項訴訟程序規則，指示雙方律師驗明並提供刑事案件中關於鑑識證據的資料。[48]這類規則應成為常規，應該充分披露鑑識分析相關的所有資料，包括實驗室紀錄和實驗室報告，但其他法官並跟進。我們反而更常見識到法官積極阻擋律師對鑑識分析的潛在問題進行更深入的探究。就舉以下這件事為例，當南卡羅來納州多名上訴法官主張承審法官應命令檢察官呈交DNA專家的能力試驗結果時，州最高法院卻撤銷了此一命令。[49]面對系統性的不足，我們應藉由最實際的訴訟程序，要求檢方和辯方在鑑識證據方面提供完整的證據開示，而不僅僅是交出最終結論。[50]

對於證據開示的疑慮也凸顯出一個更普遍的問題，那就是辯方與檢方都沒能仔細檢視鑑識科學。律師往往缺乏科學訓練，而在刑事案件中，他們也經常缺乏資源。在涉及數百萬美元的民事案件中，可能會出現專家戰爭，因為雙方都會延請優秀的專家前來為陪審團解說技術問題。然而，在刑事案件中，很多時候都只有檢方提出鑑識證據。法官一般收到辯方另行委託鑑識專家的請求都會予以拒絕，檢察官也不會聽到其他專家的見解；他們勢必完全依賴當地的鑑識實驗室。體制外的個別專家才得以為法庭帶來強而有力的改變，法官應該常規性提供聘請個別專家的資源才是。

◈美國最高法院

道伯案過後超過二十五年，放眼望去，當初的裁決似乎對我們的刑事法庭影響不大。美國最高法院為什麼沒有介入呢？最高法院也清楚知道鑑識科學與DNA證據的重要性；首席大法官約翰·羅勃茲（John Roberts）曾寫道，DNA具有「顯著改善刑事司法系統與警調實務的潛力……能夠為被錯誤定罪者平反，並且識別出犯罪者。」[51]然而，美國憲法規定的刑事訴訟規則幾乎沒有提供妥當使用鑑識證據的指引。[52]

美國憲法第六條修正案的對質條款（Confrontation Clause）僅提供一種空洞的保護，保障被告在訴訟中與原告證人對質的權利。最高法院在一系列裁決中，要求給予被告質問鑑識實驗室分析師的權利——光是將鑑識報告呈現給陪審團還不夠——而在最高法院審理的一樁案件中，鑑識報告竟是一份只寫了藥檢結果的證明。安東寧·斯卡利亞大法官為梅林德茲—狄耶斯訴麻州案（*Melendez-Diaz v. Massachusetts*）寫了一份主要意見書，並在意見書中主張，當雙方有交互詰問實驗室分析師的機會時，可以達到可靠性這個重要的目標。斯卡利亞大法官強調道：「鑑識證據並沒有免於人為操縱的風險。」他又補充道：「鑑識分析師在回應執法人員的請求時，可能會承受壓力——或者有動機——而對證據做出對檢方有利的改動。」[53]斯卡利亞大法官引用國家科學院二〇〇九年的鑑識科學報告為證，也引用了我和彼得．內費爾德合寫的一篇文章，文章記述的是鑑識科學在後來以DNA鑑定平反的冤錯案中所扮演的角色。

最高法院的裁決對各種鑑識方法都造成了影響。以唐納．布爾康明（Donald Bullcoming）的案件為例，布爾康明因追撞一輛皮卡車被捕，被控酒駕。對他不利的主要證據是一份檢驗報告，報告中稱他的血液酒精濃度高於法定限制。檢方並未傳喚實際檢驗血液樣本的分析師；該分析師因某種未公開的理由被放無薪假。在露絲．貝德．金斯伯格（Ruth Bader Ginsburg）大法官的意見書中，最高法院裁定辯方必須有機會對負責檢驗樣本的分析師進行交叉詢問。不過，在第三項裁決中，即威廉斯訴伊利諾州案（*Williams v. Illinois*）中，法院認為，如果DNA分析師確實做了DNA鑑定，卻也告訴陪審團另一間實驗室做的第二次檢驗，其中就不存在憲法問題。[54]考量到上述幾次裁決，實驗室得以委任一名具作證經驗的分析師做為案件負責人，畢竟，每一起案件可能都是由多人做為技術人員與分析師合力處理的。[55]因此，這項憲法權利在實務上效果有限。除此之外，很少有案件走到審訊這一步，而且即使在審訊中，槍林彈雨般的交叉詢問也不見得能揭露鑑識科學的潛在缺陷。倘若辯方未有取得分析紀錄的管道，他們可能連該從哪些問題問起都不知道。[56]

◈反思法官做為把關者一事

法官可以做到更有力的干預，命令雙方完整地證據開示。在專家獲准出庭作證前，雙方便得以掌握所有的資訊。[57]在刑事案件中，法官可以更常指派個別專家，或至少允許辯方延請專家。當案件進入審判階段時，法官能夠確保專業能力和錯誤率等資訊得以向陪審團全面公開，並設下對於證詞的限制，禁止專家過度主張絕對正確且武斷的結論。法官也可以禁止雙方提出未知可靠性的鑑識證據，並且撤銷基於錯誤或過度誇大的證據所做出的判決。美國哥倫比亞特區聯邦巡迴上訴法院就做到了這點，法官撤銷判決並不是因為有新的鑑識結果，而是因為聯邦調查局坦承之前的毛髮證詞有誤。[58]

國家科學院鑑識科學委員會會長哈利．愛德華茲法官後來表示：「我，和許多同仁一樣，先前都認定各種鑑識領域是奠基於扎實的科學方法，不但有所根據，而且可靠。」[59]而在此之前，他花了許多時間請教科學家，認識了各個鑑識領域，還完成一份劃時代的報告。最後他對鑑識科學大大改觀。只是愛德華茲法官亦直言，他雖想說服同仁更仔細檢視鑑識證據，卻少有人理會。法官握有將正確的科學帶入法庭的所有工具。尤其是今日，我們對鑑識科學的錯誤率又多了一層了解，是法官承擔起更為有力的把關者的時候了。

第三部

不合格的實驗室

Failed Labs

9 不合格的品管

Failed Quality Control

「她很懂化學。」實驗室一名主管回憶道。鑑識分析師索妮雅·法拉克「做筆記和工作的態度向來一絲不苟」。該主管後來在審查她的筆記時說：「我很少找到她在業務上的疏失或錯誤。」[1]該實驗室的資深化學家也表示同意：她是「受人信賴的員工」，「工作表現很好」。[2]然而，二〇一三年一月，州警在盤整清單時，發現有四份古柯鹼與羥考酮（oxycodone）樣本不見了。警方搜查法拉克的辦公桌，找到遺失的樣本，並在搜查她的車子時找到實驗室的材料及毒品。於是，警方當晚便逮捕了法拉克。鑑識分析師常在檢驗管制藥品時將自己的工作稱為「用藥」，一般並不是指我們想像中那種「用藥」，不過在此案件中，法拉克是真的用了。這九年來，她持續對樣本動手腳、偷竊，並在實驗室使用藥物。她發現，使用甲基安非他命時會產生「積極的副作用」，自己因此「精神大振」。「我那時候感覺非常棒，」她後來說道，「覺得更有精神……它給了我所需要的活力。」[3]不久後，法拉克便開始使用其他藥物了。一名法官後來總結道，到了二〇一〇年，「法拉克在實驗室所有的工作都是在藥物的影響下進行。」[4]

妮可的狀況與法拉克不同，她已經多年沒有酗酒或用藥了，平時在麻州春田市附近一個為成癮者提供服務的團體工作。在養育四歲兒子且懷著女兒期間，她仍積極參與匿名戒酒會。然而，她寫道：「我在刑事司法系統中的過往，成了我和家人一道跨不出去的坎。」[5]妮可有非法持有毒品的前科，所以很難在醫藥界找到工作：「有好幾次，我在租屋時還必須公開自己的犯罪紀錄。」她要申請社區大學的學貸時，擔心申請不到自己需要的補助。「每每遇到類似情況，看著他人對這些前科的反應，我會不自覺感到羞愧，也覺得他們在批判我。」她之前多次遭控非法持有藥物，州政府卻一次也未告知她一件重要的事情：她的藥物檢驗結果可能因法拉克的行為而產生瑕疵。妮可當初若是知情，就絕不可能提出認罪答辯的。

妮可並不是特例。還有數以萬計的人和她一樣，因為這些墮落的鑑識分析師提供的證據而被定罪。美國史上刑案大量定罪被推翻的一次事件，就是起源於麻州藥檢實驗室嚴重的錯誤——而且出錯的不只有一間實驗室，而是兩間大型實驗室。警方花費多年才揭發實驗室的不端行為，可惜檢察官沒有積極公布事情經過或將紀錄分享給辯護律師，於是又過了多年法官才採取行動。舉例而言，妮可直到二〇一七年九月才得知檢驗報告造假一事。[6]而截至目前為止，法官已撤銷四萬起案件。不過，未來可能會撤銷更多案件。若法官仔細檢視其他實驗室員工經手的案件，或許案件數將達數萬起。

◈品管

撰寫本書期間，我曾在杜克大學附設醫院的急診室待上幾乎整整一天。有天，我在教職員會議中吃午餐，我低頭看著生物分解餐叉，這才發現，其中一根塑膠分叉不見了，看樣子是被我吞下肚了。從那之後，我就一直感覺喉嚨裡有種異物感。於是，我在急診室走廊上好幾個鐘頭等待結果（幸好塑膠叉被我吞到胃裡了）。醫院和鑑識實驗室一樣有堆積如山的檢驗工作要處理，不過這家醫院將工作排了先後緩急。我的狀況是很丟臉，但還好並不會造成生命危險，醫生確實應該先照顧更有急需的病患，讓我等個幾小時。過程中，每一個步驟都經過一再確認並記錄。負責檢視喉嚨掃描影像的醫生是獨立作業，和負責將內視鏡從我的鼻孔伸入喉嚨的醫生是不同人。醫生儲存了觀察影片，以免之後有確認診斷的必要。此外，他們也告訴我，萬一這兩個醫生有所疏失，而我回家後覺得愈來愈痛或發燒，我可以立刻打電話給醫生，回醫院再做一次檢查。

就如頂尖遺傳科學家埃里克·蘭德所指出的，我們去一趟醫院體驗到的品管機制，遠比司法系統將人送入監獄所用到的品管機制來得完善。蘭德表示：「至今，鑑識科學仍可說是毫無章法。此結果矛盾又可笑，醫檢實驗室為了做出鏈球菌咽喉炎的診斷，其所必須達到的標準，竟高於鑑識實驗室將被告送入死刑牢房的標準。」[7]這是蘭德在一九八九年於觀察後所做的評論。而在三十年後的今天，鑑識實驗室仍處於差不多失序的狀況。我會在本章討論鑑識領域中的品管醜聞，以及何以此問題不只是鑑識方法或個別的分析師不可靠，而是鑑識實驗室整個建置系統的問題。我將會一一說明，一系列實驗室醜聞都是品管問題所致。我們雖然看見鑑識實驗室隨聯邦政府提供的經費而成長，卻沒看到品管的品質有所提升。很多時候認證系統都不會測試實驗室的工作品質。而在發生麻州那種實驗室醜聞時，系統中也沒有重新審查數千起案件的流程。鑑識實驗室系統亟需品管規定，如同醫檢實驗室所遵循的。

◈實驗室醜聞

麻州實驗室那起大規模假造事件雖然達到了前所未見的規模，卻稱不上特例。我研讀過全國超過一百三十起鑑識實驗室醜聞的相關資料，這些事件都牽涉到多起案件的錯誤或審查。法學教授珊德拉．古拉．湯普森（Sandra Guerra Thompson）在她於二〇一五年出版的重要著作《穿著實驗衣的警察》（*Cops in Labcoats*）中，曾詳實記錄了鑑識界一長串的系統性錯誤。全國刑事辯護律師協會（National Association of Criminal Defense Lawyers, NACDL）也做過類似的紀錄。[8]鑑識醜聞一再發生，我還找到了數十起較近期發生的事件，幾乎不到一個月，我便又能在問題名單上新增實驗室。問題不只出在麻州這類小型實驗室，芝加哥、底特律、紐約市、奧克拉荷馬市以及舊金山等都市的大型實驗室也都出過紕漏，即使是聯邦調查局實驗室也有不良紀錄[9]。而底特律和休士頓等地的鑑識實驗室，甚至因此關閉。[10]在舊金山實驗室，曾是軍人的二十七歲鑑識分析師在工作時偷竊古柯鹼而遭逮捕，並導致實驗室的藥物分析小組全面停擺。檢察官索性不受理上千起案件，並擱置數以千計必須再審的案件。檢察官的「最高層級」早就知道她不是好證人了，他們形容她「作證時愈來愈『不可靠』」，只是該分析師仍未被開除。[11]

所有的鑑識領域皆無一倖免。在德州拉巴克市，一名法醫因假造驗屍報告而被起訴並定罪。西維吉尼亞州一間實驗室的負責人弗雷德・札因不僅在該州有謊報和假造數百起案件鑑識結果的嫌疑，他在管理實驗室時，還做為顧問參與過另外二十州的案件。因札因而被判有罪的無辜人士，最終由西維吉尼亞州賠償六百五十萬美元給他們。[12]審查結果顯示，出錯的項目可不只DNA鑑定、藥檢、槍彈分析、毛髮比對以及字跡比對等，還有其他方面。我們不能將這些事件視為少數的害群之馬，因為數量實在太多。目前已知的實驗室醜聞不過是冰山一角，而以正面的角度來看，至少揭露了問題所在。無論其中牽涉的是大規模的錯誤、造假或待檢項目多到根本沒執行，這些過失通常都是在不端行為持續多年後才終於東窗事發，那之前根本沒人察覺。在法拉克意外地被逮以前，實驗室負責人甚至未曾懷疑她在業務方面有任何過失。顯然，這其中的審查，也只是檢查她的書面作業，並沒有確實重新檢視證據。

一般而言，到底是誰負責檢視證據、挑出品管問題呢？多數實驗室都沒有人專職負責。除了簡單的年度複審以外，大部分實驗室都沒有常規性對於實際案件分析進行品管檢驗。少數幾間實驗室雖有，但通常也不會將品質問題公諸於世。這下，我們終於知道為什麼鑑識程序的每一個步驟都可能出錯，也確實發生過不少錯誤了。

◈鑑識實驗室生產線

美國最高法院的路易斯．布蘭迪斯大法官（Louis Brandeis）寫過一段名言，他認為，我們可以將各個州份視為法律與政策的實驗室：「聯邦體系一個不錯的面向是，一個勇敢的州份得以在公民的決定下成為實驗室，嘗試新穎的社會與經濟實驗，而不使國家其餘部分承擔風險。」[13]令人失望的是，州政府經營的實驗室卻沒能成為實驗的樂土。面對這些問題，一些實驗室——甚至是整個州份——發展出處理疏漏的新方法。

美國鑑識實驗室由來已久，其中之一，便是由聯邦調查局局長胡佛在一九三〇年代所設立，最初成立時，不過是單獨一間房間罷了。[14]在胡佛的年代，因為禁酒後幫派日益活躍，洛杉磯與芝加哥紛紛成立鑑識實驗室，另外幾座城市也相繼設立。這些實驗室透過警方運作，規模相當小，每年只處理數百樁案件，不像現代的鑑識實驗室每年處理數萬樁案件。[15]當時所謂的聯邦調查局專業鑑識實驗室開始訓練探員分析指紋、字跡與彈道，分析師在廣受矚目的查爾斯．林白之子綁架案中的表現令人印象深刻，因此為人所知。隨時間過去，聯邦調查局實驗室成了全國規模最大的鑑識實驗室，也成為美國鑑識界創新與訓練的中心。而許多警局亦紛紛成立所屬鑑識實驗室，且多是在聯邦調查局的協助下創立的。到了一九六〇年代，美國各州都有了自己的鑑識實驗室，可惜多數成立得太過倉促，無論是器材、人員配備以及標準都太過粗糙[16]，而隸屬於州警局的各分局都是由被派去做鑑識工作的警員負責管理。和過去相比，如今則有愈來愈多受過鑑識科學訓練的負責人。除了警方的鑑識實驗室、各地區的實驗室、業務範圍涵蓋全州的實驗室，亦可見私營的實驗室。

我們對於鑑識實驗室的工作內容了解得太少了，唯一的全球性數據是來自負責調查鑑識實驗室的聯邦司法統計局（Bureau of Justice Statistics）。然而，這些數據存在一些問題，其中的原因包括這些數據多是各實驗室自陳報告。不過，從司法統計局多年的數據可以看出，無論是實驗室規模或經費都在穩定成長。時至今日，美國已經有四百多間公費經營的鑑識實驗室。二〇〇二年，美國鑑識實驗室的全職員工一共有一萬一千人，到了二〇〇九年，人數成長至一萬三千人，而在二〇一四年，實驗室員工人數已多達一萬四千三百人。[17]經費增加自然伴隨人員擴編而來。而和毒品之間的戰爭，有了大量的藥檢需求，由此擴大了鑑識實驗室的業務範圍。近年來類鴉片藥物氾濫，對美國社會、刑事體系以及鑑識實驗室無不造成沉重的負擔，實驗室必須處理並檢驗新的類鴉片人工合成藥物，這些物質即使是微量也可能帶有強烈的藥性和毒性。新的合成藥物上的標籤，乍看或許看不出異常，正如一名醫生所提出的問題：「要是吩坦尼（一種強效的類鴉片止痛劑）每週或每月改變一次基本配方，結果會如何呢？」結果就是，用藥過量致死的案例迅速增加，實驗室也接到更多鑑識此類藥物的請託。「你才剛鑑識完一種，下一份就來了。」喬治亞州調查局一名分析師論道。「它們來得又快又猛。」[18]在上述情況下，藥物檢驗的周轉時間變慢、費用增加了，實驗室職員也不得不面對新的風險。司法統計局正在進行最新的一次調查，而我們若只看他們在二〇一四年公布的數據，並無法看出類鴉片藥物對實驗室造成的衝擊。

根據聯邦調查報告，鑑識實驗室的另一半業務，大致上是確認犯人並推估犯罪事件發生的經過。這項業務包括DNA鑑定。但儘管DNA鑑定具眾所周知的重要性，含生物特性的物質、可進行DNA鑑定的案件仍相對少數。此外，現代DNA鑑定仍需要較高的預算，畢竟檢驗設備所費不貲。警方在請鑑識實驗室分析物證和犯嫌是否有連結時，即使案件數多不勝數，卻通常不包含DNA鑑定，而是潛伏指紋、槍彈與工具痕跡等傳統的鑑識方法。而我們可以從二〇一六年聯邦政府與蘋果公司因智慧型手機解鎖問題而起的糾紛看出，數位鑑識科學也逐漸成為主流的分析方法。[19]

公費實驗室的預算亦逐年成長。二〇一四年，這些實驗室的預算共達十七億美元。[20]那麼，這些實驗室是如何收費的呢？在一些州份，所有刑案的被告都須繳交定額的鑑識費用，可能是五十或六十美元，而在實際進行鑑識檢驗的情況下，被告可能得繳交更高一筆費用，例如在我的家鄉北卡羅來納州費用是六百美元。這筆錢可能會直接給鑑識實驗室，或者直接上繳至州政府的一般營運預算之中，用以增加實驗室經費。[21]在DNA資料庫迅速成長的情況下，有助於推動鑑識實驗室的成長；雖然用DNA證據破案的刑案相對較少，仍有為數眾多的人被捕並被定罪，而這些人的DNA資料都會上傳至新的資料庫裡，而新的資料庫會需要更多的設備和人員維護，相關經費主要是來自聯邦補助金。國會與聯邦機構撥給鑑識實驗室數億美元補助，以協助處理待檢的積壓案件、購置新設備以及擴增DNA鑑定業務，並將更多資料輸入聯邦政府的DNA資料庫。在二〇〇四年的《大眾正義法》（Justice for All Act）一段被稱為「黛比·史密斯法案」（Debbie Smith Act）——黛比·史密斯來自維吉尼亞州，遭性侵後等了漫長的六年才終於拿到DNA鑑定結果——的條款中，國會提撥了五億美元經費以消化DNA鑑定的積壓案件。在消化積壓案件這方面，最知名的一項計畫是「保羅·科弗代爾鑑識科學改善補助計畫」（Paul Coverdell Forensic Science Improvement Grants Program），然而這筆聯邦政府的經費並未發揮作用，DNA鑑定的積壓案件不減反增。

◈積壓

凱瑟琳是洛杉磯一名單親媽媽，有天半夜，突然有陌生人闖進她家，並性侵她多次。警方帶她前往聖塔莫尼卡UCLA醫學中心（Santa Monica-UCLA Medical Center）的性侵治療中心，一名護理師仔細檢查了凱瑟琳的身體，尋找犯人可能留下的毛髮、碎屑、纖維、精液或唾液。他們拍下肢體傷痕，從她的指甲縫採集樣本，也蒐集了毛髮、尿液、唾液以及血液樣本。護理師將這些物證放入貼上標記的容器，再一併放進較大的信封袋或箱子，這就是所謂的「性侵害物證蒐集袋」。警探懷疑凱瑟琳遇到的是連續性侵犯，於是親自將蒐集袋送至州立實驗室，但實驗室表示，處理時間可能需要八個月。物證袋「被擱置了幾個月」後，終於展開鑑識作業，並找到了「直接的一致性」，直指DNA資料庫中的某個罪犯。在等待的數月期間，犯人又侵犯了另外兩人，其中一名受害者甚至是孩童。警方的待驗物證中包括至少一萬兩千六百份性侵害物證蒐集袋，大多數從未送至實驗室做DNA鑑定，而有些案件則已擱置十年以上，超過加州起訴性侵者的十年法規限制。二〇〇九年，在人權觀察（Human Rights Watch）發布一篇報告以及民眾抗議後，洛杉磯郡警和各警長終於著手處理積壓問題，並在稽查過程中發現聯邦政府雖撥款近五百萬美元經費消減積壓的案件，大部分的經費卻遲遲未被動用。22

我和法學院學生參觀當地一間鑑識實驗室時，實驗室副主任告訴我們：「做這一行的人一定要熱愛這份工作，不然就會變成酒鬼。」實驗室工作有時極為枯燥，分析師必須連續好幾個小時一直研究指紋的細節，或者藥物或DNA鑑定結果，並且記錄自己的發現、完成報告，同樣的工作不停重複。在如此重複的工作環境下，分析師可能會變得麻木，而且一心只在快速完成任務的壓力上。帶我們參觀當地實驗室的人以《我愛露西》（*I Love Lucy*）的某一集來形容源源不絕的案件。露西兒・鮑爾（Lucille Ball）在巧克力工廠工作了一整天，卻無法跟上生產線的速度。「我總感覺，我們是在打一場必敗的仗。」看著巧克力送來的速度愈來愈快，她們根本無法好好進行包裝作業，露西兒如此對朋友艾瑟爾說道。眼見雙手來不及將所有巧克力包裝好，她們只好將來不及包裝的巧克力往嘴裡、衣服以及帽子裡塞。鑑識實驗室的工作亦復如是。警方持續提交檢視新物證的請求，日復一日，以致實驗室工作量堆積如山。實驗室檢驗藥物所花費的時間愈久，無辜人士就可能在牢裡待得愈久，還得面對錯誤的指控。實驗室檢驗DNA所需的時間愈長，犯人就可能有更多機會持續犯案。某些實驗室的積壓案件甚至可能拖上好幾個月，而有些實驗室不僅待驗工作量堆積如山，甚至乾脆不檢驗證據，待事情一揭露，便淪為醜聞。[23]在一些案件中，證據本該證明被告無罪，分析師卻未檢驗樣本，導致無辜人士獲罪。在積壓的影響下，名為寇迪・戴維斯（Cody Davis）的男子受審時，搶劫犯用過的頭套一直沒做鑑識分析，結果在戴維斯被定罪四個月後，實驗室終於做了檢驗。DNA鑑定結果證明戴維斯無罪，他這才洗刷冤名，獲判無罪。[24]

當聯邦政府為了降低實驗室積壓案件而提供高額補助金時，可能會導致情況變得更加嚴重。這是關乎獎勵動機的本末倒置：消滅積壓案件的實驗室就沒有資格繼續領取補助金了。聯邦政府的數據顯示，隨著聯邦經費提升，積壓的問題不減反增。有了聯邦政府的經費後，各鑑識實驗室檢驗的DNA證據愈來愈多，並將資料輸入聯邦資料庫。不只是聯邦政府，一些州政府也通過新法案，規定從所有被捕和被定罪的人身上採集DNA樣本；與此同時，犯罪事件則是日益成長。除此之外，聯邦政府的經費主要是供DNA鑑定使用，但DNA鑑定不過是實驗室工作的一小部分而已，就如彼得·斯陶特所說，毒物學、管制藥物檢驗與指紋比對等領域才是現代鑑識實驗室的「重活」，反而未有補助。值得注意的是，鑑識實驗室不得將聯邦經費用於改善鑑識科學的研究，經費主要只能用在消減積壓案件、將更多人的資料上傳至政府資料庫，以及應用新科技和流程。[25]結果就是少有鑑識實驗室做任何研究。二〇一四年，僅百分之〇·五的實驗室有進行研究的資源。[26]實驗室的箴言是更新、更快、鑑識數量更多、所需成本更少，而非品質更好和更精確。

◈鑑識實驗室內部

如果你從沒參觀過鑑識實驗室，我建議你去看一看。犯罪小說家麥可·康納利（Michael Connelly）曾描述，自己第一次參觀洛杉磯地區的鑑識科學中心時，對破案過程便完全改觀了：「這就是案件真正成立、真正偵破的地方。」[27]鑑識實驗室的內部和《CSI犯罪現場》的畫面迥然不同。而儘管鑑識實驗室持續在成長，半數實驗室的員工人數仍少於二十四人，其中四分之一的實驗室甚至只有九人或更少。休士頓實驗室的內部和維吉尼亞州鑑識科學部門、美國軍方的實驗室和當地警局的小實驗室都不相同。為了避免污染，有些實驗室只會帶你在走廊上隔著窗戶參觀，你無法近看相關設備或觀察正在做分析工作的人。有些實驗室則會讓你近距離觀看他們繁忙的案件解決過程，甚至站在分析師後面，親眼目睹他們檢視彈殼與藥檢物件。

「那麼，妳在比對後得到結論了嗎？」檢察官問芝加哥警局一名鑑識人員。「是的。」檢察官接著問道：「妳的結論是什麼？」回答，她「鑑識」出相關性。[28]對此，伊利諾州芝加哥市的法官認為證據不足以判罪。法官得知案件唯一的證據是一枚指紋時感到「不安」，也無法理解鑑識人員為何只檢驗一份樣本，而不願檢視犯罪現場另外五枚指紋樣本。該鑑識人員似乎不具扎實的鑑識分析師資格。她擁有建築與設計系學士學位，後來是「憑著在教室裡受過的兩百四十個小時訓練與一年的……見習」而成為分析師。她並沒有任何證照。芝加哥警局實驗室「沒有認證、沒有審查系統、沒有品保、沒有錯誤檢查程序、沒有書面的專業鑑識過程紀錄」，也缺乏標準作業程序。美國最不受管制的實驗室往往是未受認證的地方警局實驗室，在這些實驗室裡，未受訓練的人員或巡警都可能被派去做鑑識工作。這類實驗室當中，規模最大的是芝加哥警局實驗室，不過類似的「分局」實驗室在全國各地多達數百間，而就如指紋分析師格倫．蘭根伯格所說：「芝加哥警局沒有依標準作業，我們無從得知他們究竟有多擅長這份工作。」[29]

◈藥物檢驗的大規模錯誤

導致麻州四萬多起案件被撤銷的實驗室醜聞始於二〇一二年，那年警方逮捕了另一名鑑識人員——不是法拉克，而是名為安妮．杜漢的化學家。杜漢從二〇〇四年起，便在麻州牙買加平原的州立鑑識實驗室工作。該實驗室規模雖是第二大，但麻州境內查獲的藥物多在此進行藥檢。杜漢最一開始被補，是因為她偽造同事的姓名縮寫。那之後她對州警坦承：「我出大事了。」她的其中一個同僚說：「杜漢一副是很想被逮到那樣。」然而，在她被捕前，有超過八年的時間，都沒有人發現她有問題，同事之間甚至稱她為「女超人」，她可是全實驗室檢驗量能最高的人，檢驗的案件量是第二名的兩倍以上。她解釋道：「我不是工作狂，只是天生喜歡盡量幫助別人而已。」她的檢驗量之所以是其他人的三倍，是因為她用了一種特別的技巧：乾脆不做檢驗。她已經「乾坐實驗室」多年了。沒錯，這種氛圍在鑑識界不算罕見，甚至衍生出「乾坐實驗室」一詞形容假裝做檢驗，實際上卻根本沒有進行任何分析作業。除了不做檢驗之外，杜漢也經常污染樣本，為符合她假造的報告而將不同的藥物混在一起。[30]甚至，她在作證時所言「檢驗為快克古柯鹼」的證物，事實上根本是腰果碎塊。

你也許會以為藥物檢驗是奠基於化學原理，所以不容易出錯。鑑識實驗室的化學家通常會使用遠比犯罪現場的檢驗精確得多的追蹤檢驗。他們多將樣本放入兩種儀器：氣相層析儀（gas chromatograph）與質譜儀（mass spectrometer），前者會將混合物分離成各別成分，後者則解析偵測到的物質。在使用儀器分析後，分析師會將結果與「參考標準」（reference standard）——管控物質的已知樣本——做比較。這套流程有部分已經自動化，也經過證實。美國國家科學院表示：「管制藥物的分析已是成熟的鑑識科學領域，也是有穩固科學基礎的領域」，「對於最完整的實作流程，全國已有普遍共識。」[31]

話雖如此，藥物檢驗就和其他專業一樣，仍有詮釋以及人為誤差的空間。而警方沒收扣押的藥物往往都不純。舉例而言，雖然古柯鹼的基本結構都一樣，實際販售的古柯鹼卻可能混有各種雜質。合成藥物可能混合了各種合法與非法物質，在做檢驗時，分析結果或許會不一致，分析師可能不會得到與實驗室標準純藥相同的結果。此時，就牽涉到分析師的判斷了。物質樣本與參考樣本如果有許多差異，分析師還能做出這是同一種藥物的判斷嗎？此外，取樣也可能造成很大的問題：雖然有時檢驗樣本就只有針筒或藥瓶裡的微量物質，有時警方也可能查獲數百或數千包藥物。光是檢驗一樁案件的樣本可能就得耗費數週時間。

與此同時，實驗室交給律師的報告可能不會提及實驗室的作業流程，也就很難判斷檢驗過程是否妥當。檢驗報告也許會這麼寫：「收到：物件一——密封的塑膠袋，內含二十五．六克褐綠色植物物質。」接著，報告會直接陳述結論：「結果：物件一中的褐綠色植物物質鑑定結果為大麻。」報告的內容非常簡短，主要也只講述結論。科學家在道德上有義務幫助其他人了解他們的結論，但鑑識報告往往過於簡短、難以理解。

一份關於鑑識報告可讀性的研究顯示，結論往往寫得太過難懂，僅適合受過科學教育的人解讀。[32]這就是為什麼分析師必須「在撰寫報告與作證時，使用清楚、直接的用詞，藉由詮釋、意見與結論清楚辨識數據，且在理解調查結果的重要性之際，有必要公開調查結果有其局限。」[33]若沒有詳細、易懂的證明文件，律師與法官可能無法判斷實驗室是否做了品管，也無從得知分析師的詮釋是否正確，甚至察覺不到分析師是否有公然的不端行為。

◆回應

杜漢乾坐實驗室的行為曝光後，麻州議員舉辦了聽證會，同時決議，這種鑑識實驗室大災難不得再發生。結果，災難重演了。眾人發現索妮雅・法拉克不僅在麻州阿姆赫斯特一間實驗室工作時偷竊藥物，工作期間幾乎隨時都處於用藥或酒醉狀態。她所在的實驗室位處一幢建築中，和麻州大學共用，負責檢驗麻州西部可能為非法藥物的物質。該實驗室未受認證，職員人數相當少。

那間實驗室果真稱得上災難，不僅沒有書面的檢驗程序，樣本還經常未密封。化學家在測試不同樣本之間，也沒有進行「空白試驗」（blank test）——將器材清洗乾淨。有時在進行了五次、十次或十多次檢驗後，才進行一次空白試驗。這意謂著前一次檢驗的殘餘物，可能污染後續檢驗的結果。除此之外，該實驗室用的藥物樣本並不是從藥廠買來的，而是依他們的標準製造而成。法拉克沒有接受「進修教育、能力試驗或實際監督」。實驗室負責人在聽證會上作證時表示，他未曾複審法拉克的分析結果。[34]實驗室裡其他職員都沒注意到異狀，也沒有人對法拉克問起證據不一致的情況。

到了二〇〇五年，法拉克「每天早上」都會偷竊用於比對的甲基安非他命標準樣本，並且「每天」吸食「數次」。[35]在接下來四年內，只有「幾天或一週是清醒的」。及至二〇〇九年，她用完了實驗室比對用的甲基安非他命標準樣本，於是轉而使用安非他命與芬他命。她表示，這些藥物讓她更有所警覺、專注力更高了。後來，她開始吸食警方查獲的藥物以及實驗室的古柯鹼標準樣本。

然而，這一切都只是事情的開端而已。從二〇一〇年起，法拉克向臨床醫生求診，醫生在看診筆記上寫道：「她承認自己偷了實驗室……的藥物。她在家中不時會因吸食毒品而精神恍惚數小時，也承認自己擔心同事對她的看法。」而且在「濫用興奮劑時，她曾經歷知覺障礙，包括偏執與幻聽。」儘管如此，實驗室還是沒有任何人發現她的異狀。法拉克在二〇一一年「開始吸食快克古柯鹼——實驗室的標準甲基安非他命、安非他命與K他命都被她消耗殆盡，而古柯鹼標準樣本也幾乎用完了——她「在上班時間」吸食快克古柯鹼以及警方送去化驗的LSD，以致影響那一天的「工作狀況」，她無法開車或做任何檢驗工作。然而，她卻也在同一天的實驗筆記本裡寫道，她草擬並簽署了多個藥物樣本的檢驗證明。[36]到了二〇一二年，法拉克不論「在實驗室、在家或開車時」，都會吸食快克，每天「十到十二次」，實驗室還是沒有人發現異狀。後來，她偷起其他化學家的樣本，主要是分析過或秤重前的樣本，而為了避免其他人注意到藥品重量不一致，她甚至更動了物證的秤重紀錄。

二〇一二年，警方沒收的快克數量沒有以往那麼多了，於是法拉克自行在實驗室生產古柯鹼。她在下班時間將被查獲的古柯鹼粉末溶於水中，加入小蘇打粉，再加熱、乾燥製成快克。[37]在古柯鹼的量足以「製作符合她時間成本的量」時，她這麼做過幾次。[38]二〇一三年一月，法拉克在一場刑事訴訟中出庭作證，午休時，她在自己的車內吸食「不少快克」、吃午餐，然後「變得很亢奮」。她作證時，沒有任何人懷疑她正處於毒品發作的狀態。即使到了最後，法拉克仍試著認真完成工作，因為這樣才能繼續滿足她的藥癮，而且「我也覺得每一次檢驗都不能出錯，才不會引起別人的注意。」[39]

二〇一三年一月，麻州檢察長對法拉克提起訴訟，指控她偷竊藥物與竄改證據。被告提出救濟請求並駁回起訴，檢方則反對這些請求。一名法官說道，基於他們手上的證據，法拉克偷竊並竄改古柯鹼藥檢證據的時間只有二〇一二年下半年那六個月而已。被告選擇上訴。二〇一三年十一月，杜漢提出認罪答辯，承認自己妨礙司法公正、作偽證且竄改過證據；她在二〇一六年四月獲得假釋。法拉克則在二〇一四年一月提出認罪答辯。直到後來，被告才慢慢發現檢察長其實握有數百頁的證據，證據顯示她們早在二〇一二年前便有不端行為。[40]而時至今日，這些爆發醜聞的實驗室內其他職員的分析紀錄仍未被審查，案件也沒有重啟。

看完這整樁事件，我們不禁想問：當實驗室的過失曝光時，實驗室該怎麼因應，我們有相關的規定嗎？麻州這兩間實驗室與審理案件的法庭似乎都是邊處理問題邊想辦法，而我們也發現，在醜聞曝光之際，就連國際組織訂下的標準也無濟於事。國際標準化組織（International Organization for Standardization, ISO）是全球標準設立組織的聯盟，訂定出各領域詳細的品管要求，實驗室品管也不例外。在有人提出控訴、發生錯誤或者分析工作不符合要求時，國際標準化組織會要求實驗室「視情況」「採取行動並改正」問題或「處理後果」。[41]這番說法並沒有清楚定義出實驗室應負的責任。但是，當無辜人士因實驗室的過失或「不符合要求」的分析工作而入獄，實驗室就應承擔道德義務，採取進一步的導正措施。實驗室應該通知所有可能受害的人，並且通知法院，接著審查並糾正所有可能的錯誤。

◈ 認證

實驗室非常需要標準規定與程序，如國家科學院的概述：「鑑識科學機構在聯邦與州轄區的工作範圍、監督範圍、人員配置、檢定與認證都大有不同。」[42]「認證」的意思是請專業的科學團體定期評估實驗室是否達科學標準。司法部組織的國家鑑識科學委員會強烈建議，所有鑑識科學服務的機構都要接受認證，如此一來，便能促使各實驗室遵守業內最完整的實作流程、促進標準化，並改善服務品質。[43]極少有實驗室在州法律的規定下被要求接受認證[44]，不過，近年確實有愈來愈多實驗室主動接受認證，也有愈來愈多實驗室獲得認證。在二〇一四年，全美四百零九間公費鑑識實驗室當中，十間有九間（百分之八十八）獲得了專業科學組織的認證。[45]

問題是，認證並不能取代品管，葛瑞格．泰勒（Greg Taylor）的案件就是最好的案例。泰勒沒有犯罪，卻因為實驗室分析師隱瞞了對他有利的血液鑑定結果，而在北卡羅來納州被判有罪，坐了十七年的冤獄。泰勒的訴訟中，一件關鍵證據便是鑑識分析師的證詞，該分析師曾檢視受害者遺體被發現的現場。巧的是，當時泰勒的卡車困在離現場五十碼的泥地裡，於是分析師對卡車進行血液推定試驗。分析師承認，那次試驗只是「初步檢驗」而已，目的是確認車上的污漬是不是人血。負責監督的分析師解釋道，這是「完全針對血液的檢驗，若是血液，便會有所反應」。在這次推定試驗中，卡車擋泥板、副駕駛側車輪和卡車底盤的污漬都呈陽性反應，但後續在實驗室裡完成的檢驗顯示，那些污漬並不是人類血液。然而，沒有人將後續檢驗的結果告訴辯方或陪審團。推定試驗常見失錯，將污漬誤判為血跡。鏽跡就常被誤判為血跡，而舊卡車的底盤會出現鏽跡根本不足為奇。[46]

北卡羅來納州州調查局（State Bureau of Investigation, SBI）實驗室早在多年前便取得了認證，分析師卻隱瞞了泰勒案和其他許多案件的證據。一些調查員在州檢察長的請託下稽查舊案，發現在十六年間，另外兩百三十起案件中，八名不同的分析師同樣隱蔽了類似的證據。實驗室向來的習慣是只揭露初步的「推定」血液檢驗結果，而非後續在實驗室裡相對準確的檢驗。負責泰勒案的其中一名分析師辯稱，自己的報告雖不完整但「在專業上真實無誤」，而且他都是照上級的指示撰寫報告。那麼，當時的認證機構ASCLD-LAB為什麼沒抓出這些深層問題呢？一個理由是，ASCLD-LAB的兩名主事者都曾是州調查局高層探員。另一個更根本的理由是，認證者主要是審查實驗室政策及程序的書面資料。雖然認證者每年會到場審查每一名分析師經手的五起案件，只是分析師往往會「精挑細選」要上交給認證者審查的案件。一名ASCLD-LAB審查員表示，「全國任何一間實驗室總能打點得很完美，讓一切看起來漂漂亮亮的。」[47]

今天，ASCL-LAB已併入較大的組織——美國質量學會認證機構認可委員會（ANSI-ASQ National Accreditation Board, ANAB）——並遵照國際標準化組織的標準行事。[48]國際標準化組織要求實驗室制定監督結果有效性的程序，並藉由能力試驗來比較不同實驗室的分析結果，但是標準寫得含糊，只要求實驗室「在可行且適當之際」做品管測試。該組織的規定寫道，若查出錯誤結果，就「應採取適當的行動。」[49]這些品管措施不夠明確，也完全沒有約束力。

◈大災難

麻州的法官這下子必須著手解決一場鑑識科學大災難。被告一得知鑑識實驗室檢驗查獲的各種物質為毒品之際，幾乎都會選擇提出認罪答辯。其中一些人可能是真的有罪，但也有些人可能是清白的。由於樣本都未受到嚴格檢驗，也沒有任何方法得以進一步確認。麻州最高層級的法院——最高司法委員會（Supreme Judicial Council）——在二〇一五年的判決出爐，基於杜漢的證詞而被判有罪者，檢方不得提出更進一步的指控，且每個被告皆得以重新協商認罪答辯。然而，法院沒有執行這「一體適用的救濟」（global remedy）。[50]後來情況有所改變。下級法庭一名法官要求確認到底有多少起案件受到影響，並得知多達兩萬起。於是，最高司法委員會在二〇一七年重新討論，再次提出一體適用的救濟：撤銷所有判決。一名法官提出異議，認為此決策「來得太遲，而且太過倉促」。[51]在法拉克案曝光後，最高司法院於二〇一八年判決道，州政府必須駁回法拉克經手的所有訴訟案，將所有法庭罰金及費用歸還給被告。而針對檢察官未立刻將法拉克這些有問題的分析結果完整告知辯方一事，最高司法院並沒有要求他們承認自己處置不當。

只是，也沒有人將責任歸咎於系統本身。麻州對於鑑識醜聞的因應措施，就是讓州警接管實驗室，並提撥更多預算給鑑識實驗室。除了擴編藥檢人員之外，還將儲存容器上鎖，加裝了監視器以及其他保全設施。「(實驗室)現在已經取得國內與國際認證，我們相信，我們有了最健全的系統與人員。」麻州檢察長如此說道。[52]採取這些措施後，我們真的能重拾對實驗室的信心了嗎?在杜漢一事曝光後，官方表示，這是一顆老鼠屎壞了一鍋粥的例外事件，同樣的事不會再發生。結果沒多久，法拉克醜聞便爆發開來。很少有州政府成立負責調查並舉報鑑識實驗室錯誤或疏漏的委員會[53]，而我將在第十一章提到，鑑識實驗室可以實施更嚴格的品管機制，如果能隨機抽選案件重新檢驗，分析師要假造證據就沒那麼容易了。

之前受鑑識災難影響的妮可表示，她戒酒的十二步驟中，其中之一就是找出曾被自己不當對待的人並向他們道歉。她希望，多年來一直拒絕將麻州鑑識災難的規模公諸於世的多名檢察官也要對所有受害者道歉。道歉只是個開端；一如妮可所言，「我要他們像我一樣，為這件事負責。」[54]

10 犯罪現場的污染 Crime Scene Contamination

喬．布萊恩（Joe Bryan）在一九八六與一九八九年的兩場審判中被判定在德州克利夫頓市謀殺其妻，處三十年徒刑。將布萊恩與命案連結起來的關鍵證據，是警方在他的後車廂找到的一把手電筒。一名幾乎未受訓練的警員做出結論：手電筒上有飛濺的血跡。他在出庭作證時，異常鉅細靡遺地描述槍手是如何以左手握著手電筒，角度朝下，距離受害者的身體大約一公尺，而血液「高速」向後噴濺。儘管該名警員表示自己的發現是基於「經驗、知識與訓練」，但實際上他從來沒有做過血跡分析，只在前年夏天上了四十小時的課程。血跡分析是相當具有挑戰性的工作，過去很少有人研究血跡的形成，美國國家科學院曾解釋，「在許多案例中」，血跡會因為重疊的複雜度而「很難或無法」解釋。[1] 德州鑑識科學委員會檢視過那樁案件之後，認為該鑑識分析「不可靠」且「無科學佐證」，其中一個原因是該案件有污染問題。[2]

受害者喬．布萊恩之妻米琪（Mickey）的遺體在一九八五年十月十五日約上午八點二十五分被發現，在發現後的十個半小時期間，進去過布萊恩家中住宅的至少有四名民眾、超過六名執法人員、一整支犯罪現場鑑識團隊，以及當地殯儀館不知多少名員工，他們都可能污染犯罪現場。遺體被發現那天下了雨，警員將雨水與泥濘踩進屋內，還有警員踩到臥室裡染血的地毯。第一批急救人員剛到場時，米琪．布萊恩的遺體是倒在床上的，但是血跡分析師抵達時，床單被褥已經被警員移走，一間私營殯儀館的員工也已將屍體運走。直到大約當晚七點，亦即第一名警員趕到現場的十個半小時過後，菜鳥警員才開始分析現場的血跡證據。

犯罪現場受到了污染，所以至今我們無法回答關於謀殺過程的一些關鍵問題，儘管如此，布萊恩在二〇一九年四月第七度聲請假釋，卻依然被拒。後來我和法學院學生送了一份辯論意見書到德州刑事上訴法庭，支持布萊恩的定罪後假釋聲請，並詳細指出證據的種種問題。但法官們沒給任何解釋便決定不受理申訴。[3]直到二〇二〇年三月，德州官方批准了布萊恩的假釋申請，他才得以出獄。

除了粗糙的犯罪現場蒐證作業以外，還有個問題是未能蒐集到證據。近期一份在四個都市轄區內所做的研究顯示，發生命案時，幾乎每次都會蒐集到一些物證，但若是襲擊事件，只有百分之三十的案件有蒐證，而竊盜案件則只有百分之二十有蒐證[4]，有許多犯罪事件在發生後完全沒有人蒐集物證。這問題極為緊迫——警方當然不可能在犯罪現場的每一個平面採樣或檢驗現場的所有物品，但發生重大案件後，關鍵證據往往都沒有被蒐集到，也就永遠沒有機會送檢。

我會在本章說明，犯罪現場採證做得不好可能會如何影響到證據的改變、污染，甚至完全漏失。我會描述在犯罪現場採集DNA的難處：微量的證據很可能受到污染。我也會說明現在警方（而非鑑識實驗室）愈來愈常使用未經測試的新「黑盒子」鑑識技術，使人更加擔心現場的鑑識採證不可信賴；無論是測試酒駕者用的呼氣酒測、現場藥檢，甚至現場DNA檢測，都有嚴重的可靠性問題。鑑識實驗室與科學家應該合理有效地指導執法人員何時採證、如何採證，但前往案發現場蒐證的警察小組往往缺乏適當的資源與培訓。警方通常也缺乏保存證據的資源，導致物證無法檢驗，事實上，若證據被偽造、更動或破壞，警方面對的法律後果也很小。鑑識分析的錯誤從犯罪現場就開始出現了。

◈證據的變化

關於粗糙的犯罪現場採證，最知名的一樁案件可能是辛普森案：在這起案件中，辯方鑑識專家指出，警方並未記錄或追蹤關鍵證據。辯方律師強尼．科克倫（Johnnie Cochran）稱洛杉磯警局實驗室為「污染的糞池」。一名警員將辛普森的血液樣本放在口袋裡，然後前往辛普森家，沒有將其做為證據登記入冊；在辛普森臥房裡找到的幾隻襪子直到兩個月後才做血液檢驗；一名技師在蒐證後並未妥善包裝物證，並在炎熱的夏日將物證置放於廂型車內。當證據處理得如此粗劣，就有可能使證據本身發生改變。面對這些問題，實驗室做出改革，包括派人管理犯罪現場，以及用條碼追蹤證據。[5]這些問題凸顯出證據從犯罪現場送至實驗室的過程中可能發生許多變化。

一種變化是污染，物證因與另一物接觸而變得不純或不適合檢驗。關於污染物證，有一樁知名案件是阿曼達・諾克斯（Amanda Knox）案。諾克斯是一名美國大學生，她當時在義大利佩魯賈市（Perugia）被控謀殺後定罪。義大利警方指控諾克斯及其男友謀殺，警員搜查了她男友的公寓後找到一把菜刀，鑑識專家聲稱他們在刀上找到了微量的受害者DNA，認為這把刀就是凶器。另外，他們還在受害者的胸罩釦上找到了她男友與另外兩名不知名男性的DNA。然而，警方在調查時的錄影顯示，他們並沒有戴帽子、沒有使用無菌手套、將一些物品掉到了地上，蒐集不同物證時也沒有換手套。特別是手套已被證實可輕易地將少量DNA移轉到另一件物品，受害者的胸罩釦在事發後數週一直都在她的公寓地板上，菜刀上的DNA量也非常少，兩者可能都已經被污染。因為上述理由及其他的作業瑕疵，包括實驗室污染的可能性、不可靠的檢驗方法，以及DNA檢驗結果的詮釋錯誤，上訴法官在二〇一五年推翻了對諾克斯的定罪判決。[6]

◈DNA與污染

二〇一七年五月，德州休士頓市發生了一起槍擊命案，當未值班的警員趕到打鬥現場所在的夜店停車場時，只見到一名揮著突擊步槍的男子。封鎖犯罪現場以便做鑑識檢驗原本是一件簡單的任務，但如今變得複雜許多，因為可能要做DNA檢測——還有可能污染DNA。分析師現在能檢驗極少量的DNA，他們將其稱為「微量」DNA證據，包括透過皮膚接觸時轉移的、小如幾顆細胞的樣本都能夠採檢。當要檢驗如此少量的證據時，即使只是稍微違反採證流程，也可能污染犯罪現場。《休士頓紀事報》（*Houston Chronicle*）在網站上貼了幾張槍擊案過後、凌晨時分警方在犯罪現場蒐證的簡報照。首先你會看見受過訓練的工作人員走在以紅黃兩色膠條隔起的犯罪現場中，他們穿戴防護鞋、手套與口罩，以免污染證據。[7]以黃色膠條隔起的是一般民眾不得進入的區塊，紅色膠條則標記出只有犯罪現場工作人員能進入的區域。你會看到沒穿戴防護衣物的警員站在紅區外，對著紅區內的技師說話。接著，你會看見稍早拍的幾張照片，數名穿著制服的警員穿過犯罪現場，兩名警員就站在突擊步槍旁交談，沒有穿戴任何防護衣物。我們常將DNA檢驗視為鑑識科學的黃金標準，但就是因為如此微量的證據——即使是少少幾顆細胞——都能分析，污染很容易發生。那把突擊步槍現在覆上了兩名警員的DNA，透過DNA檢驗有所發現的所有希望都可能隨之破滅。

現場被污染了。這張照片顯示，讓科學家督導犯罪現場作業至關重要，需要改變的不僅是實驗室的鑑識文化，也包括警察部門。

警局派去蒐證的犯罪現場調查小組和電視節目上的演出不同。鑑識實驗室負責人會抱怨犯罪現場送來的物證幾乎全部沒有妥善密封，還可能沒貼好標籤，甚至污染物證。實驗室面對的累積工作與時間壓力很真實，但是當警方提交了實際上無益於逮捕犯人的證據（因為證據沒有用、是重複的，或採證技術太差），這些工作壓力會被放得更大。實驗室裡的品管或許相當不充分，但犯罪現場的品管可能更糟糕。在現場負責採證的單位往往不是鑑識實驗室，而是警方部門，不同的角色有時也會混雜在一起。[8]

◈現場檢驗

她車裡的藥丸是維他命——佛州坦帕市（Tampa）一名女子在汽車沒油、警方抵達現場時如此說道。警員懷疑她持有毒品，並以化學試劑檢驗包做了現場檢測，結果顯示那些是管制藥品羥考酮。該名女子遭到逮捕，法官將保釋金額定為五千美元，但她的丈夫無力繳納。一名沒有前科、育有四個小孩的母親被控販賣毒品，在拘留所關了五個月，直到鑑識實驗室做了額外檢測，才發現那些藥丸確實是維他命。「我感覺整個人生都結束了，真的好可怕。我的孩子都快崩潰了。」[9]

在拘留所的那幾個月，她拒絕提出認罪答辯。我們之所以不知道基本藥物檢驗的出錯率有多頻繁，有個原因就是在美國刑法系統中，許多人會因為沉重壓力而提出認罪答辯。以現場藥檢為例：一九六〇年代，警方開始普遍使用便宜又簡單的試劑檢驗包。他們將少量物質放入袋子裡，袋內裝有一些化合物，它們會和特定物質反應後變色。這些兩美元就買得到的檢驗包會顯示內容物是否為管制物質，不過這些商業檢驗包的可靠性仍屬未知，研究發現，錯誤率可能高得驚人。新聞網站ProPublica在一張持續更新的清單裡列出了可能使試劑檢驗包測出偽陽性結果的物質，包括：「鼠尾草、巧克力豆餅乾、機油、綠薄荷、布朗博士（Dr. Bronner's）魔法肥皂、墨西哥玉米餅麵團、止臭劑、撞球巧克粉、廣藿香、麵粉、尤加利葉、薄荷糖、Jolly Rancher水果糖、Krispy Kreme甜甜圈糖霜，以及與空氣或茶葉的接觸。」[10]現場藥檢之後，應該再做一次更嚴謹的實驗室檢測，但就在同時，當事人可能會因持有毒品被捕，而他們往往會在沉重的壓力下選擇提出認罪答辯，尤其在被告有經濟困難、不得保釋，只能在拘留所等待出庭時，更是如此。

這就是休士頓的狀況：檢驗包導致數百起的錯誤定罪，而幾乎所有無辜的當事人都認罪。在德州哈里斯郡（Harris），檢察官的定罪完善小組（Conviction Integrity Unit）發現了四百五十六起案件的現場藥檢有誤，其中的兩百九十八起根本就沒有管制物質，其他案件則是檢出錯誤的藥品或錯誤的重量[11]，這些定罪後來全被推翻。德州鑑識科學委員會在二〇一六年表示，這些現場藥檢的可靠性實在太低，不該應用於刑事案件，後續也該在實驗室採取進一步檢測。二〇一七年，德州警界全面禁止使用現場試劑檢驗包——那代替品會是什麼？當時，警察局長表示警員們擁有「豐富的訓練和經驗，了解藥物的外表、包裝、顏色和外觀。」[12]看來，基於糟糕的判斷力與錯誤證據而導致被捕人民認罪的問題並不會消失。

◈魔法箱

如果現場檢驗包並不那麼可靠，而我們也心知肚明，卻仍有警察使用它們——那麼，警察在現場進行DNA檢測時會發生什麼事？現在有了被警方稱為「魔法箱」的快速DNA檢測儀，可以進行和鑑識實驗室裡大型儀器所做的同幾種分析，但它只有桌上型電腦大小。「我幾乎不用動腦就可以使用這臺儀器。」賓州賓沙林鎮（Bensalem）一名警探說道。警探告訴記者，自己只須將擦過駕駛人臉頰的刮棒樣本插入塑膠匣、把塑膠匣放入儀器，就能讀取分析結果。他在儀器生產商IntegenX公司受過數小時訓練，而那就是全部。不過，將單一樣本的分析結果和DNA資料庫做比對很簡單，鑑識實驗室裡的大型儀器一次就能檢驗上百份。[13]更複雜的事情是詮釋犯罪現場DNA樣本的分析結果，因為樣本可能混雜了多人的DNA。有些研究顯示，這些儀器可能會耗損或毀壞樣本，讓樣本無法使用，而且也會出錯。事實上，全美地區檢察官協會（the National District Attorneys Association）曾表示反對使用這些儀器，除非操作它們的是經驗豐富的DNA分析師。在美國某些警局，DNA快篩被用作初步檢驗，和現場檢驗包的用法類似，但接著它們會被送往鑑識實驗室做更嚴謹的檢測。然而，問題就在於DNA證據往往被檢驗儀器耗損了，實驗室無法再做精準的檢測。既然如此，便引出了和現場檢驗包的相同問題：在實驗室有機會分析出證據真正的意義之前，警方使用較不精確的技術得出便宜、迅速的結果，是否會導致被告在壓力下認罪？

這並不是假設性問題，警方因錯誤的DNA快篩結果而逮捕、拘留無罪者這種事情已經發生過了——流行歌手哈利．史泰爾斯（Harry Styles）因DNA快篩而被誤認為夏威夷尚未破案的連環殺人案犯嫌，他在拘留所待了十天後，警方才發現快篩有誤。俄亥俄州一位參議員在被懷疑酒駕的情況下做了DNA快篩，結果遭誤認為一連串兒童性侵案的犯嫌，被關入拘留所八天，直到他的律師揭發檢驗錯誤之事，參議員才重獲自由。[14]我們忍不住會納悶，DNA快篩錯誤有多常發生在沒沒無聞又沒錢請律師的一般民眾身上？

事實上，以這些魔法箱為工具的DNA快篩如今正用於美墨邊境的一項前導計畫。這種機器可以辨識出父母與兄弟姊妹關係，但無法鑑別出其他的親屬，因為它們當初的設計是要用在犯罪者資料庫。遺傳系譜學者會使用數十萬個基因片段做比對，但這種快速卻有副作用的DNA快篩並不一定能辨識出同父異母或同母異父的手足，或是阿姨或祖父母，只要辨識對象不是生父或生母，結果便可能有誤。[15]這類檢測的準確性太低，非常不適合用於移民相關的調查。

◈酒測

一名女子在紐澤西州開車時被警察攔下，酒測值顯示她的血液酒精濃度比法定標準高一度，後來她在春湖市法院（Spring Lake Municipal Court）提出了酒駕的認罪答辯。這是她第三度犯法，所以被判處入監服刑六個月。才入獄兩週，她的律師便發現當初用來檢測血液酒精濃度的儀器「Alcotest」並未校準。負責每半年校正一次儀器的警探自己也成了刑案被告，理由是跳過校正步驟而被控執行公務不當與竄改紀錄。女子試圖撤回認罪答辯，她的律師也提出集體訴訟，以便推翻所有像她這類的定罪判決——該名警探負責校正二十個郡的酒測儀。最終，法官舉辦了聽證會，結論是校正疏漏可能導致大量案件出錯；紐澤西州最高法院考慮到上述公務執行不當，在二〇一八年年底撤銷了兩萬多起案件的訴訟。[16]這些受判決影響的人們有的入獄，有的駕照被吊扣並處以罰鍰，全都是受污染的檢驗結果所致。鑑識證據遭到污染，但不是發生在實驗室，而是現場操作設備的警員造成的。

如今警員必須在犯罪現場執行可靠的血液酒精濃度檢測，這也許是現代鑑識科學領域最大的挑戰之一，直至目前為止，都沒有完善的解決方案。這類執法行為所牽涉的範圍太廣，美國每年有一萬多人因酒駕而死，將近一百五十萬人因酒駕被捕——被捕人數之龐大，幾乎每兩百名有照駕駛中就有一人因酒駕遭到逮捕。[17]每一州都有禁止酒駕的法規（縮寫為DUI或DWI），而除了猶他州對酒精濃度標準的限制較低之外，所有州份對於駕駛能力受損（impairment）的定義都是開車時血液酒精濃度達每公升〇・〇八公克。最初，駕駛能力受損的技術性定義是不存在的。

以前，在尚未發展出血液濃度檢測技術時，酒駕證據皆來自警員，警員會描述犯嫌的行為與外表，證據十分主觀。為了增添客觀成分，警方發展出現場的清醒測試，請當事人行走並轉身、用手指摸鼻子，或以單腳站立。這些測試聽起來相當基本，有些法官認為它們不算是科學測試，警員扮演的也不是專家的角色。有些法官表示，警員不該聲稱自己做了「測試」，或者使用「通過」、「未通過」或「分數」等詞語。[18]這類現場酒駕測試也受到檢驗，結果顯示它們的測試效果極差：在一次實驗中，警員對一群人使用現場測試，其中有將近半數受試者體內沒有酒精，卻被判定飲酒過量、不宜開車。[19]美國國家公路交通安全管理局（National Highway Traffic Safety Administration）將這些酒駕測試「標準化」，發現在十五種常用的路邊測試中，只有六種有辨別酒醉程度的效果。在俄亥俄州法院禁止警方使用不符標準的現場測試之後，立法單位卻通過一條新法，允許檢察官提出現場酒醉測試的結果，無論是否符合全國標準，該測試結果都可以帶上法庭。[20]

就如同鑑識科學的其他領域，解決方法是轉而採取更客觀的措施。許多州都設立新法，將標準奠基在血液酒精濃度的定義上。這成為一項新挑戰：要聲請到搜查令並在現場做血液檢驗，此事並不容易。北卡羅來納等州有移動式檢驗車——又稱BAT-mobile——車上會有一位負責發搜查令的法官，以及一位負責抽血的專業醫護人員。若不如此，警員就得花時間聲請搜查令、將嫌疑人帶到實驗室抽血，到時候，血液酒精濃度可能已經改變了。

為了早點蒐集駕駛能力受損的證據，在一九三〇年代，有些公司著手開發酒測器，最先發明的是量測呼吸中酒精含量的攜帶式「呼氣式酒精檢測儀」(breathalyzer)。但呼氣式檢測的結果從來就不能做定論，這種檢測有各種問題，理由也包括每個人呼氣時釋出的酒精量不同。呼吸方式可能會產生影響，舉例而言，一個人如果快速呼吸或過度換氣二十秒，呼氣時的酒精濃度會下降百分之十一，深呼吸數次後再呼氣，酒精濃度便可能下降百分之四，憋氣則可能使濃度上升百分之十二。另外，個人的體溫變化也可能對呼氣的酒精濃度造成很大的影響，口氣的溫度同樣會影響濃度。最後，還有一個對呼氣酒精濃度影響很大的因素，肺容量：女性與老年人的肺容量一般較小，他們的呼氣酒精濃度一般也較高。[21]儘管如此，人們還是認為呼氣式酒精檢測儀非常實用，警方在酒駕案件中廣泛採用這些儀器：就如紐約上訴法庭所說的，這些儀器被「普遍接受」。[22]酒駕訴訟確實經常奠基於呼氣檢測結果，但呼氣式酒精檢測儀就和其他機器一樣有可能出錯與故障，而且必須定期校正，量測值也有一定程度的不確定性。製造商往往不願意測試或公開自家產品的問題，不過最令人困擾的一點是，警方依然持續使用這些儀器，法官也允許在不公開錯誤率的情況下使用儀器測出的數據。

紐澤西州有二十人挑戰先前以州法為基準的酒駕判決——根據紐澤西州法，酒駕的定義是在血液裡的酒精濃度達百分之〇．〇八時操作機動車輛。[23]紐澤西州政府與生產Alcotest呼氣式酒精檢測儀的公司簽訂了獨占性契約；Alcotest使用紅外線評估呼氣時的酒精濃度，並用燃料電池測量暴露於不同酒精濃度下所產生的電流，但燃料電池會隨時間耗損，設計者雖然藉由演算程序做了相應的調整，但此法並不完善，於是法院規定機器每六個月必須重新校正一次。[24]生產商拒絕讓研究者測試Alcotest儀器，不過紐澤西州最高法院擔心儀器的可信度，便請一位退休法官進行審查。這位法官請該公司提供數臺儀器供多位辯護律師與檢察官檢視，Alcotest公司雖然提供了儀器，卻拒絕提供軟體的原始碼，聲稱他們和州政府簽訂的契約中將原始碼列為「商業機密」。該公司強力抵抗公開原始碼的要求，即使法官命其交出程式碼也拒絕配合，但最後，法官還是請了兩間獨立實驗室檢查原始碼是否有錯誤。辯護律師事務所在程式碼中找到了二十多處缺陷，建議「在軟體受審核前暫停使用」Alcotest檢測儀。[25]儘管如此，法官仍在裁定中表示Alcotest檢測儀「科學上是可靠的」。最終，紐澤西州最高法院同意使用Alcotest儀器，但也訂下一些條件，包括定期校正儀器，以確保檢測數值更為精確。故事並未就此結束，在二〇一八年，有兩萬起案件因警方沒能遵守校正規定而被推翻。

美國其他州也存在相同的問題，麻州多間法院在二〇一九年否決了八年期間三萬六千份的 Alcotest 檢測證據，這很可能是史上規模最大的鑑識證據排除事件。[26] 目前只有明尼蘇達州要求該公司提供呼氣式酒精檢測儀的原始碼。[27] 而同樣是在明尼蘇達州，法官們檢視了一千多頁原始碼，過程中，發現另一款常用機器 Intoxilyzer 的程式碼出現許多錯誤。[28] 事實上，酒測儀器的問題在全美各地都已經暴露出來，在佛州，新機型 Intoxilyzer 8000 軟體有一處故障，結果導致數百起案件撤銷。為了回應此事，佛州立法當局在二〇〇八年通過新法，禁止辯方取得關於機器的技術性資訊，至少不能向政府索取。該條法律草案措辭巧妙，其中表明辯方可以取得關於血液酒精濃度檢測的「完整資訊」，不過「完整資訊」的定義，基本上只包括檢測日期、時間與結果，具體上並不包含儀器生產商掌握的軟體或其他資訊。[29] 通過新法之後，問題並未止息，於是佛州地方法官命令生產商公開原始碼。該公司起初拒絕，法官判處逾十萬美元罰金。最後，公司同意在限制重重的條件下允許他人對程式碼進行「控制下的檢視」。[30]

酒駕是非常危險的一件事，也是美國最嚴重的公衛問題之一，酒駕的定罪判決可能會留下嚴重的犯罪紀錄，導致吊銷駕照、失業，還有個人聲譽嚴重受損。但我們卻允許各家公司在不揭露檢測運作原理或可靠性的情況下，將這些黑盒子作業的檢測儀器賣給警方，此事實在令人吃驚。更驚人的是，許多州政府未事先進行嚴謹的測試，也沒有檢視原始碼以確保功能穩定，便簽約購買這些儀器。使用可靠性未知的儀器調查刑案已然是違憲之舉，更別說還以黑箱數據將人民定罪。

◈保存證據

紐約警局在皇后區長島市管理的皮爾森倉庫（Pearson Place）和一般倉庫不同，它占地很廣，涵蓋幾個很大的都市街區，警員放進倉庫的東西包括查獲的偽造物品、裝滿遊民所有物的推車、大型毒品搶劫案的貨品等，只要是紐約市五個區查獲的物證，都可能被警官存放進這間巨大的倉庫。沒收的物品會被財物行政人員登記後存放入庫，好幾間房間裝滿大桶，裡面儲存性侵案的DNA證據。二〇〇三年的我還是個年輕律師，當時我造訪過皮爾森倉庫，因為要檢視史泰登島（State Island）某起案件的性侵害證物蒐集袋有無妥當彌封；該起案件的DNA檢驗證實被告性侵的男子並未犯下罪行，後來無罪開釋。在造訪倉庫當下，我並不知道旁邊的一個桶子裡裝著亞倫．紐頓（Alan Newton）案的證據。

紐頓從一九九四年就開始提出請求，希望自己這樁案件的證據能從倉庫調出來做DNA鑑定。但紐約警局的一位警佐對紐頓表示證據不在皮爾森倉庫，已經毀壞。紐頓不肯放棄，每兩年就提出一份新的聲請，每次提出請求，都被告知證據已經沒了。清白專案的律師群接下了紐頓的案件，後來，他們在二〇〇四年尋獲證據，發現它從頭到尾都在皮爾森倉庫的一個桶子裡。很顯然，這麼多年來警方從未認真找過證據。紐頓在二〇〇六年獲釋，並控告政府、要求賠償他的損失。陪審團在聯邦民權訴訟中判給他一千八百萬美元（不過在市政府多年的奮力上訴之下，賠償金額後來被降低）。[31]

◈隱藏鑑識證據

來看看在路易斯安那州紐奧良市的約翰・湯普森（John Thompson）一案，他被判犯下謀殺罪，但他並非凶手。在判決結束的十四年後，他重獲清白。不過在審判當下，檢方隱瞞了一份鑑識報告，裡面顯示受害者衣服上採集到的血液和湯普森的血型不符，除此之外，還有其他證明他清白的證據也沒被公開。事實上，紐奧良檢察官不僅沒公開鑑識報告，還在辯護律師前往警局、檢視贓證物庫時移除了相關證據，以至於辯方甚至不知道那份證據做過檢驗。美國憲法規定檢方應向辯方公開相關證據：根據一九六三年的布蘭迪訴馬里蘭州案（*Brady v. Maryland*）裁決，做為根本的公平與合法訴訟程序，警方與檢方應公開披露所有辯明無罪的物證。[32]而在這裡，紐奧良的檢察官違反了規定。最高法院大法官出現了意見分歧，以意見分歧人數相當接近的五比四裁定認為被告無法對檢察官提起訴訟與求償，因為這個議題太過「微妙」，因此應賦予檢察官賠償豁免權。大法官克拉倫斯・托馬斯寫道，儘管該地檢署在同時期也有類似的違規行為，但這類違規並不算是系統性問題。大法官托馬斯強調道，紐奧良地檢署的「資淺檢察官會受資深檢察官訓練，由上司督導他們，合力準備訴訟案」。湯普森是清白的，是檢察官隱瞞鑑識證據、侵犯憲法賦予湯普森的權利，湯普森坐了十四年冤獄，卻沒有得到賠償。

即使警方或鑑識分析師有明確的不當行為，美國最高法院可能也不會將其視為違憲。在一九八四年加州訴特朗貝塔案（*California v. Trombetta*）中，最高法院表示被告有責任證明警方銷毀的鑑識證據擁有能夠證實其清白的價值。問題是，既然證據已被銷毀，就難以知道它原本有什麼價值。[33]在賴瑞・楊布羅德（Larry Youngblood）一案，最高法院表示警方若未能完好保存證據、使證據得以受到鑑識檢驗，也不算是違反合法訴訟程序，除非帶有蒙蔽或誤導的意圖，才算違規。[34]但警方是否有這類蒙蔽或誤導意圖、是否有合理可用的舉措以及實質性的證據，被告根本就很難提出。事實上，被告楊布羅德的案件後來被平反了，他也是無辜受冤者。由於遺傳科技的進步，當初未被妥善保存的證據後來仍能夠以DNA來檢驗，而它證明了楊布羅德的清白，同時指出了另一人。[35]

有鑑於鑑識證據能左右被告有罪與否的判決，法官應該以更高的標準要求警方才對。搜查和扣押程序受到複雜的憲法規定所規範，警察在對犯嫌問話前必須先予以警告，日常工作還有其他許多林林總總的規定必須遵守。然而，在鑑識與科學證據方面，憲法還沒跟上犯罪現場分析師或實驗室分析師的工作內容。州政府與地方政府自行訂立了規則，要求警方小心採證、記錄並保存證據。用最高法院大法官小威廉・布倫南（William J. Brennan）的話來換句話說，就是：「既然警員必須懂憲法」，那為什麼犯罪現場分析師或鑑識科學家就不用懂憲法？[36]

假如負責蒐證的警員不受品管規定約束，那麼，法庭或鑑識實驗室做再多的改進也沒有用：如果一開始蒐集而來的證據是垃圾，最後的分析結果就仍然是垃圾。這樣的原則，在犯罪現場的蒐證作業是如此，在警局贓證物庫與倉庫的保存方法方面也是如此，而當警局嘗試使用新科技，像是現場檢驗包或魔法箱般的DNA鑑定儀器時，也同樣如此。從犯罪現場的蒐證開始，每一個階段都應該讓科學家參與其中。如果犯罪現場沒有穩定的科學與品質管控，我們就無法依賴實驗室分析的結果，無法信任法庭做出的判決。

第四部

鑑識科學改良運動

The Movement To Fix Forensics

11 實驗室的重生 The Rebirth of the Lab

「科學證據確實顯示這個男人罪證確鑿，應受嚴懲。」德州哈里斯郡的檢察官在結辯時對陪審團這麼說。此話不假。一九八七年二月，兩名男子在德州休士頓綁架並性侵一名十四歲少女。受害者起初指認了一對兄弟，以及一名叫做伊西卓・亞內茲（Isidro Yanez）的男子，不過，在警方實施幾項暗示性的排隊指認程序之後，受害者轉而指認喬治・羅德里奎（George Rodriguez）。在訴訟中，羅德里奎對陪審團表示自己是無辜的。他有完美的不在場證明；案發當天，他一直待在工廠工作。然而，檢方強調，從受害者身上採集到的樣本所做的血型檢驗顯示，犯案者就是羅德里奎，在犯罪現場找到的一根毛髮與他的毛髮相符，而證據也顯示另一名嫌疑人亞內茲「不可能是犯罪者」。羅德里奎遭到定罪，因加重綁架罪與強姦罪被判處六十年徒刑。十七年後，先前在犯罪現場採到的同一根毛髮被拿出來重新檢驗，但這次用的是DNA分析。[1]檢驗結果不僅還給羅德里奎清白，還一舉讓整間休士頓警局鑑識實驗室垮臺。市政府先是關閉了實驗室裡的一個單位，接著命令整間實驗室停工，遭質疑的案件多達數百樁。新聞標題稱休士頓實驗室為「全美最糟的鑑識實驗室」。2

◈休士頓的問題

在羅德里奎的審判中，分析師發現從受害者內褲採到的一根毛髮與羅德里奎的毛髮「相符」。這份證詞並不全是過分誇大，但時至今日，我們已更理解毛髮比對的結果有多不可靠。接下來，這名分析師描述了性侵害證物蒐集組中棉籤所採到的血型。血型檢驗是以合理可靠的研究與統計為基礎的簡單程序。不過，該分析師在作證時提出：污漬可能是羅德里奎留下的，而亞內茲則確定可以排除，因為亞內茲如果是犯人，「照推測，他的遺傳物質會留在性侵證據中」，但亞內茲的血型卻被略過，沒有檢驗。這完全是大錯特錯。實際上，血型檢驗結果與受害者血型相符，這並無法排除所有人的嫌疑，也無法將任何人納入嫌疑名單裡。這份檢驗結果沒有提供任何證據可以證明羅德里奎或其他人與這起事件有關。

羅德里奎之所以被判強姦罪，主要就是這些有缺陷的鑑識證據所導致的。後來他上訴失敗，在獄中熬了十八年。在這段期間，他那起案子的生物跡證大部分都被鑑識實驗室銷毀，因為美國很少有司法轄區規定鑑識證據必須保存。然而有一根毛髮證據奇蹟式地被保住了，而到二〇〇三年，科學家得以對毛髮進行粒線體ＤＮＡ檢驗。紐約市班傑明．卡多佐法學院（Benjamin N. Cardozo School of Law）的清白專案接手該案，取得ＤＮＡ檢驗，而當初被實驗室分析師指稱與羅德里奎「相符」的那根毛髮，現在證實了他的清白。

二〇〇二年，就在羅德里奎提出DNA檢驗的請求前，記者揭發了休士頓實驗室DNA小組的錯誤。一個名叫喬賽亞・蘇頓（Josiah Sutton）的男子因DNA檢驗結果被判犯下強姦與綁架罪，坐了四年半的牢。在分析了受害者汽車後座採到的精液樣本後，分析師聲稱，六十九萬四千人中只有一人和該樣本相符。但實際上，每十六個黑人男性就有一人的DNA分析結果與該樣本相符。蘇頓在獄中讀了關於DNA檢驗的資料，於是提出一份手寫聲請書請求法官進行檢驗。法官卻拒絕了他請求；當時，德州並沒有准許定罪後又進行DNA檢驗的法律。儘管如此，當地記者在調查該實驗室時，將蘇頓案的DNA檢驗報告寄給加州大學爾灣分校（University of California Irvine）的威廉・湯普森教授。湯普森發現報告有明顯錯誤；他的結論是：實驗室的統計資料有誤。在重新檢驗DNA證據後，結果顯示精液來自一名男性，而那個人並不是蘇頓，於是蘇頓被證明無罪。最初，實驗室DNA小組遭到關閉停工，好讓其他數百起案件重新審查與檢驗，然而，就如經常發生的那樣，問題顯然不是少數「害群之馬」分析師的個別錯誤，而是更深層的問題。與此同時，羅德里奎同樣因DNA檢驗洗刷了冤屈。負責在羅德里奎案中呈交血液與毛髮證據的分析師先前已晉升為整間實驗室血清與DNA小組的負責人，由於多年來實驗室的大量業務都由他監督，以至於羅德里奎案平反後，該實驗室的數萬份鑑識檢驗結果都受到了質疑。

◈審查

值得讚賞的是，在發生這些事件後，休士頓市政府並沒有姑息，而是命一整隊的律師與鑑識科學家團隊對那間鑑識實驗室進行全面審查，重新檢核三千五百多起案件。聯邦調查局毛髮審查負責人麥克．布羅姆維奇也成為這項行動的負責人，領著團隊檢視了數百份DNA證據與數千份血清證據。[3]證據儲藏室的屋頂已經漏水六年，導致多起案件的證據遭到污染，而實驗室DNA小組組長在接任此工作前沒有DNA相關的檢驗經驗。團隊還發現實驗室內部的其他問題，其中包括「乾坐實驗室」，也就是在未做任何檢驗的情況下假造結論。

審查團隊建議重啟數百起舊案，以及修改實驗室政策與監督模式，市府因而完全關閉整個鑑識實驗室。二〇〇三年，《紐約時報》的新聞標題提問道：休士頓這間實驗室是否為「全國最糟的鑑識實驗室」？或許更能說明問題的是它的副標：「休士頓的情況是典型實驗室的樣子嗎？」我也說過，因普遍缺乏品管與管制而被勒令關閉的鑑識實驗室可遠遠不只有休士頓這一間。我們能用什麼方式預防這類醜聞？

◈重生的實驗室

今天的休士頓鑑識實驗室已經與以往大不相同，它不再是最糟的，甚至還有可能是首屈一指的實驗室。當你搭電梯上樓，就會進到全新的世界——該實驗室於二〇一四年重啟，更名為休士頓鑑識科學中心（Houston Forensic Science Center, HFSC），現在由一批科學家管理運作，由深具遠見的彼得．斯陶特做為負責人，而裡面完全不見警察身影。

我第一次參觀休士頓實驗室是在二〇一八年，走進休士頓警察總部大廳、過了安檢之後，我走過警察博物館，看到他們展示的舊警車、直升機、特警裝備、制服、別滿警章的橫幅布幔，還有殉職警員的紀念牆。然而，到了二十六樓，鑑識實驗室是鑑識工作全然獨立於執法單位之外的模範（後來實驗室遷移到另一新址）。實驗室的分析師不再是「穿著實驗衣的警察」，這是法學教授珊德拉．古拉．湯普森描述鑑識界變化的精采著作中令人印象深刻的形容。[4]全世界沒有一間實驗室和休士頓鑑識實驗室相同。自從DNA鑑定問世後，美國便出現了私營的營利型實驗室，客戶會花錢送檢，其中包括親子鑑定的案件。儘管如此，美國大部分的鑑識實驗室仍由執法單位營運，此外，它們絕大多數只在執法單位的請託下檢驗證據。二〇一二年，休士頓實驗室重新命名，並依德州法律另外組成獨立的休士頓鑑識科學中心，該項法律曾用在為高速公路建設計畫設立公司。彼得．斯陶特的頭銜並不是實驗室負責人，而是該中心的總裁與執行長。斯陶特的老闆是由九名成員組成的董事會，他們代表了實驗室的多元組成，其中包括檢察官、警察、辯護律師、法學教授、科學家，以及一名冤案平反者安東尼．格雷弗斯（Anthony Graves），他因為一起未犯下的謀殺案被監禁了近二十年，其中一半時間是在死囚牢房裡度過。[5]

以鑑識實驗室而言，休士頓實驗室規模極為龐大，員工多達兩百人，每年要處理約三萬份鑑識委託，預算高達兩千七百萬美元。斯陶特成立了品管部門，部門的七名全職員工負責預防與檢測實驗室的內部錯誤。[6]斯陶特表示，大部分實驗室都有一位負責人，同時兼任品管經理以及「堵防泄密與守門人，還要負責其他所有工作」。他之所以成立品管部門，目標正是要測試實驗室的整體運作系統。我在前面提過能力試驗的好處，但很多時候，能力試驗只能測出分析師分析證據的程度有多好，而休士頓鑑識科學中心的目標則是測試程序中的所有階段，從證據送入實驗室的方式到結果報告如何產出，每個階段都不放過。

◈遮盲

社會學家亨利・蘭斯伯格（Henry Landsberger）在霍桑工廠——伊利諾州芝加哥市郊一間屬於西部電氣公司（Western Electric）的工廠——做過實驗，主要是研究工廠加強照明是否能提升員工的生產力。即使燈光只發生微小的變化，員工產能也會有實質提升，不過清潔工作站等其他小改變也會造成同樣的效果。蘭斯伯格懷疑這是因為員工知道自己被監看，可能也知道觀察他們的人想看到什麼結果。現在，我們用「霍桑效應」這個術語描述人們在被觀察時行為與平時不同的現象。

彼得．斯陶特正試圖藉由持續不斷地對整間鑑識實驗室進行實驗，來創造出大規模的霍桑效應。實驗室的案件管理部門負責接收執法部門送來的證據，在警察與實驗室分析師之間扮演防火牆的角色。這也幫助他們實行遮盲品管計畫，實驗室不時會請分析師檢驗假的案件。斯陶特的職業生涯始於軍隊，而且對已有數十年都使用盲測的國家實驗室認證計畫（National Laboratory Certification Program）頗為熟悉。一九八一年五月，美國海軍陸戰隊一架戰機墜毀在尼米茲號航母（USS Nimitz）甲板上，導致十四人死亡、四十二人受傷。海軍對此事件展開調查，進行美國第一次大規模遮盲能力試驗。海軍發現，死亡的十名甲板工作人員中有六名在過去一個月內用了非法藥物，於是開始對所有軍人做大規模篩檢，實驗室幾乎被一車車送來的尿液樣本給淹沒。藥檢計畫實施的第一年，超過一千次針對海軍航員的紀律處分因檢驗出錯而被推翻，海軍作戰部長決定制定一系列的品管機制，包括藥檢樣本的盲測。聯邦政府讓所有鑑識實驗室都採用這套程序，一九八八年，這套程序成為現在的全國實驗室認證計畫。[7]

鑑識實驗室也能做同樣的盲測，不過在斯陶特之前沒人試過。如果要使用盲測，「就必須有人堅定支持」，目標是每天測試實驗室整體系統，好比「龐大的霍桑效應實驗」。實驗室所有領域——毒理學、管制物質、數位證據、DNA、槍彈、工具痕跡與潛伏指紋——的分析師會知道，自己經手的任何案件都可能是測驗。[8] 隨著盲測的加強實施，我在二〇一八年十二月造訪了該實驗室進行盲測的品管部門。因為我參與了鑑識證據統計暨應用中心（Center for Statistics and Applications in Forensic Evidence, CSAFE）這個由聯邦政府提供經費的聯盟，和同僚支援這份優質的遮盲測試計畫是我的工作項目之一。當時，品管部門是在一間門上沒有標牌的隱蔽房間裡安排測試，我們換了三臺電梯才找到這個房間，同一條走廊上那些負責槍彈分析的員工多半不知道這裡是做什麼用的。這間房間其實是一個大型冷凍櫃，裡面裝了數百管藥物毒理學測試用的樣本。盲測最容易應用在藥檢或毒理學領域，每間實驗室都用同樣的灰蓋試管做檢驗。指紋比對的盲測就比較難操作，因為必須使用警方標準的指紋卡製作樣本，各種馬克杯、工具與其他物品放了好幾個層架，都是製作潛伏指紋用的。因為分析師若發現一連串案件的指紋都是留在同一種馬克杯上，就能輕鬆地看出這是盲測。房間牆上還貼了了解測驗內情的警員通訊資料——斯陶特解釋道，分析師發現案件是盲測時，通常是看出樣本的包裝與平時不同。當「字跡太工整、沒有拼字錯誤」時，分析師就會猜對方「不是警察」。因此，他們請專家練習倒著寫字或在身後寫字，結果最開始的一百份指紋盲測中，只被分析師猜出了一份。[9]整體而言，最初的九百零一份盲測中，分析師們只發現了五十一份。[10]

數位證據的遮盲測驗最難設計。數位證據在鑑識界的重要性逐年上升，現在世界上的數位手機已經比全球人口還多，只要是人去過的地方，手機都會留下數位足跡。一支智慧型手機可能存有一TB的資料，鑑識人員必須在不更動資料的情況下將它下載並進行分析。警方常使用名為「Cellebrite服務站」的系統，此系統能避開螢幕鎖與密碼鎖，提取裝置裡的資料，但如果使用不當，系統可能會遺失或改變資料。各家製造業者每天都推出數十種新型裝置，而每一臺都有新的規格與更新：這是一場數位鑑識專家必須設法跟上的軍備競賽。同樣地，分析影像證據時，不同裝置也需要不同的專門軟體與驅動程式。休士頓實驗室進行數位證據盲測的方法，是派員工到當鋪買舊平板或廉價的「拋棄式手機」，接著讓實驗室人員在隨機的時間點（包括深夜）傳簡訊給那個裝置，使用一些暗示他們正從事毒品交易的詞語。如此一來，他們就能測試數位證據分析師是否保存所有證據，並找出定罪用的關鍵證據。

斯陶特和實驗室職員打賭，只要分析師猜到案件其實是盲測，他就會送他們星巴克禮品卡。如果分析師猜錯了，就要給斯陶特一塊錢。我上次問起他的賭注時，斯陶特表示自己目前「贏了兩塊錢」。如今，休士頓實驗室有百分之五的案件是盲測。[11]斯陶特表示：「有個禿頭瘋子（他是指自己）一直說『我想針對這裡百分之五的工作量做測驗』。」為何將目標定為百分之五？「這樣測驗量才足夠，要多到大家都預期自己會被測試到，而非少到大家以為自己不會有機會受測。」目前沒有其他實驗室做過如此大規模的盲測，少數實驗室頂多一年做兩三次，例如多倫多鑑識實驗室在十年來每年都會做兩三次盲測，國防鑑識科學中心（Defense Forensic Science Center, DFSC）也是如此。一度為全美最糟的休士頓鑑識實驗室，現在正在向全世界展示他們頂尖的程度。

◈驗證

鑑識工作可以加上第二次品質確認的程序來保障：要求每一樁案件的品管都由另一位分析師確認，也就是這裡說的驗證。傳統上，驗證的內容只包含檢查同事的分析與結論，驗證者自己並不做獨立分析，不過，如果是遮盲驗證，就需要讓第二人對於第一位分析師是誰、案件細節有哪些，以及得到什麼分析結論都毫不知情的狀態下，自己做一次分析。在梅菲爾德冤錯案發生之後，聯邦調查局對於只有指紋證據的案件中建立了遮盲驗證的機制。休士頓實驗室也有固定百分比的案件會做遮盲驗證。目前這項計畫規模還不大；維吉尼亞州鑑識科學部門則會隨機挑選案件來進行遮盲驗證。這類驗證其實能夠做更多，而且並不困難。

假如分析師在遮盲能力試驗或驗證時犯了錯，會發生什麼事？犯錯的分析師是否會如杜克大學研討會上的一位指紋專家所說，就此「身敗名裂」？畢竟辯方在法庭上可以就測驗失敗一事對分析師提問。斯陶特的回應是，出錯難免，錯誤也會被公開，不過分析師並不會「身敗名裂」。在健康的組織裡，就會發生人為失誤，但組織會偵測到錯誤並進行補救。分析師在遮盲測驗中出錯以後，會不會身敗名裂或受眾人唾棄？——這個問題本身就可以被測試。我和心理學家傑夫．庫庫卡（Jeff Kukucka）與威廉．克羅澤（William Crozier）合作，在網上徵集了來自美國各地的一千四百名模擬陪審員，提供指紋分析師不同版本的證詞給他們，這些都是改寫自真實訴訟案例的證詞。我們發現，遮盲能力試驗在大部分時候都有所幫助，比起完全不提能力試驗的專家，當專家對陪審團提到遮盲測驗內容，並表示自己通過測驗時，投定罪票的陪審員人數會較多。當陪審團聽的是熟練度較低的專家證詞，投定罪票的人會較少。當專家熟練度較低，律師又在交叉詰問時對專家問起指紋分析方法的主觀性質，投定罪票的陪審員人數就更少。由此可見，陪審員確實在乎熟練度，但若遮盲測驗是常規性的，陪審員對專家便相當寬容。[12]

◈透明度

該怎麼判斷鑑識分析師做了什麼分析、做得是否正確？即使拿到實驗報告，你可能也不曉得專家是否有遵照檢驗程序。很多時候，你甚至不知道實驗室使用了哪些程序。休士頓實驗室將它所有的政策、驗證測試、標準流程、審查與複審方法都貼到網站上供大眾檢閱。大部分鑑識實驗室並不會這麼做，即使它們將實驗室政策公開，可能也不會說明鑑識分析師的實際工作內容。司法部在二〇一八年宣布以透明作業為「核心價值」，並表示所有聯邦鑑識實驗室如今即將開始把所有政策、程序、流程、品管系統文件與內部驗證研究放上網路。[13]我們希望之後會有更多實驗室跟進。

◈新世代鑑識實驗室

斯陶特常說，獨立的休士頓鑑識科學中心是在一場「赤手空拳的血戰」後，才重獲新生。所有實驗室其實都能像休士頓實驗室這樣運作。事實上，在品管與偵錯這方面的投資也能使工作變得更有效率，現在實驗室在追蹤業務與工作排序上都做得更好。雖然這些改變都有相應的代價，但想一想，未檢驗或檢驗不當的證據帶來的代價更大。一些研究顯示，最常見的鑑識錯誤是偽陰性結果，也就是有存在的相符結果，但沒被找出來。如果沒能將指紋連結到數百樁竊盜案，或是沒能將指紋連結到特定命案，可能會導致更多犯罪事件發生，對休士頓市民造成數百萬美元的損失。休士頓市每年發生三百起命案，即使只有其中一樁命案的鑑識證據沒能正確連結到犯罪者，都可能造成嚴重的傷害。再看看羅德里奎的冤錯案，他被奪走的多年人生再也還不回來，而在他的民權訴訟中，陪審團判給他五百萬美元賠償金，後來市政府以三百一十萬美元和解，德州政府再另外賠給他一百萬美元。這筆錢如果當初用來投資實驗室品管，可以用上好幾年。

實驗室在計算經營費用時，通常不會計入鑑識錯誤的成本，就如醫院一般。斯陶特問道：實驗室需要的精確度到底有多高？如果系統的出錯率是百分之一，這樣夠好嗎？在考慮到各方面風險的情況下，斯陶特的目標是將系統錯誤率降至萬分之一，以免發生代價高昂的犯罪事件或冤錯案。假如聯邦政府在核發經費前要求每間實驗室開發出錯誤率僅萬分之一的系統，力求揪出錯誤與預防錯誤，那會如何？鑑識科學和醫藥領域不一樣，它不是一個數兆美元的產業，而是三、四十億美元的產業。不過，我們迫切需要的品管機制並不昂貴。如果之前「全美最糟的實驗室」都能採用合理有效的品管機制，那其他實驗室必定也做得到。

12

大數據鑑識科學
Big Data Forensics

威利．亞倫．林區（Willie Allen Lynch）被控販售毒品並判處八年徒刑，目前仍在服刑中，主因則是一張模糊的手機照片。佛州傑克遜維爾（Jacksonville）的臥底警探向他買了五十美元的快克（古柯鹼），他們雖沒有在交易當下逮捕林區，不過其中一人確實用假裝講手機的方式拍下了他的照片（請見次頁圖）。臥底警探沒有其他線索，便將照片輸入臉部辨識程式，讓演算法搜尋駕照與警方掌握的其他照片資料庫，最後找到了林區。傑克遜維爾當地警察用的是聯邦調查局的數據，而其臉部辨識單位管理的內容恰如其名，就是人臉分析比對評估（Facial Analysis, Comparison, and Evaluation, FACE）服務，握有六億四千一百萬張照片（數量幾乎是美國人口的兩倍）。就在訴訟開始的八天前，林區的律師團隊得知他是被臉部辨識演算法指認出來的。實際上，演算法也指認出另外四人的照片，林區的照片評等只有「一顆星」。沒有人將一顆星的意思以及另外四人的長相告知林區的律師團隊，即使在審判中，法官也不允許辯方查詢鑑識數據庫或完整的搜尋結果。[1]

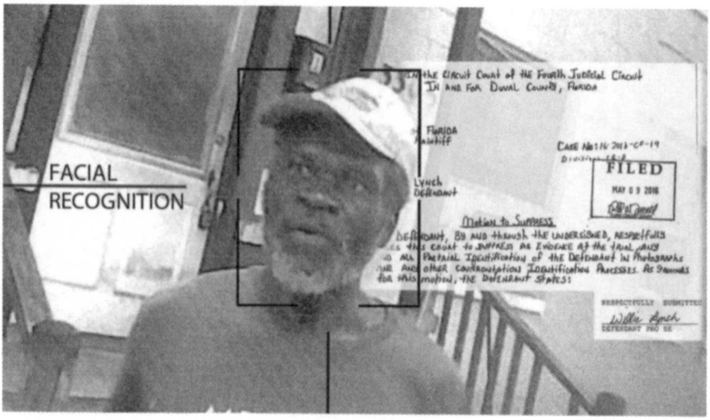

威利・林區的臉部辨識圖。圖片由班恩・康納克（Ben Conarck）與《佛羅里達時代聯合報》（*Florida Times-Union*）提供。

這就是為什麼林區會成為全美第一個要求法官在審判中禁用臉部辨識的人，他表示，就算不禁止臉部辨識，他至少也應該要能檢視資料庫中顯示的另外四人照片。警方使用的臉部辨識軟體從未經過測試，傑克遜維爾警局和其他許多地區的警局一樣，並未制定使用這類程式的政策，也未透露他們如何使用程式。除此之外，林區案有令人憂慮的具體理由：實驗室分析師將一張林區的照片拿給目睹了毒品交易的警探看，問他這是不是犯嫌。這種問法帶有強烈的暗示性，而且他們沒有使用多人照片製作合乎規定的列隊辨認。另外，分析師也將林區的犯罪紀錄告訴警探，其中就包括毒品交易前科。[2]

法官解釋，檢方不必將證據交給林區，因為「他無法證明資料庫搜出的其他照片與他相像」。但如果檢察官公開照片，林區自然能展示出其他人和自己的長相。這種悖論式的推理更顯出其中的不公平之處，因為這五張照片必定有某種程度的相似，畢竟，資料庫就是為了這個才把它們搜尋出來的。身為黑人的林區也辯解，資料庫在進行黑人的臉部辨識搜尋時可能更容易出錯，因為已有證據顯示大部分的臉部辨識資料庫都有這種傾向。在沒有辨識方法讓人信服的實質證據時，訴訟法官不應允許臉部辨識專家出庭作證。[3]二〇一九年，佛州最高法院拒絕審理此案，林區至今仍在獄中服刑。

為什麼我們在拍護照大頭照時不能微笑？抑或說，為什麼在有「禁止微笑」法規的州份，連拍駕照照片都不能微笑？理由和林區在該案中帶來的挑戰有關。監理所工作人員在替你拍照時會叫你別笑，這不是為了讓照片顯得更正經，而是因為就在此時此刻，聯邦探員可能正把你的駕照、護照或其他聯邦證件的照片使用在臉部辨識演算法中。一個人露出笑容時，五官之間的距離會發生變化，而這會影響臉部辨識演算法。這就是為什麼聯邦《真實身分法案》（REAL-ID act）制定了標準，要求人們用不帶笑容的照片當證件照。接下來，就是「Super-ID卡」了：有愈來愈多國際協議要求強化識別證，包括在國境檢查站用晶片或條碼讀取生物辨識資訊。

我的照片一定也在資料庫裡。我持有北卡羅來納州駕照，而我的州政府與聯邦調查局共享州內所有的駕照照片。《駕駛人隱私保護法》（Driver's Privacy Protection Act）有一個極少人知的例外，就是允許州政府將照片分享給聯邦調查局，因此除了聯邦資料庫本身擁有的龐大數據之外，他們還掌握了華府與二十一州居民的照片。[4]警方用這些照片做過數十萬次FACE搜尋，但是，當我們在拍駕照大頭照時，並沒有同意讓聯邦調查局或警方使用我們的臉部資訊。眾議院監督委員會（House Oversight Committee）會長以利亞・E・卡明斯（Elijah E. Cummings）表示，聯邦調查局是在「未經同意的情況下暗地裡」成立了這項計畫。[5]後來調查局在二〇一一年開始將這些照片用於刑案調查時，也沒有徵得任何人的同意。事實上，在開始使用這些個人資訊的五年中，他們甚至沒有執行法律規定的隱私審查來說明他們在做些什麼。[6]

這些臉部辨識搜尋可能會將無辜人士連結到犯罪事件。畢竟，各資料庫存有數億張面孔。二〇一九年，美國政府問責署（General Accountability Office）的一份報告顯示，審查人員發現聯邦調查局並沒有妥善審核用於這個龐大資料庫的臉部辨識演算法是否精確。更令人不安的是，聯邦調查局承認他們從未檢查過人們的照片被錯誤配對的頻率。這可是令人震驚的發言——聯邦調查局從未確認過臉部辨識的錯誤率，而且至今仍未對其進行測試。不過，他們另外發現了一件事：如果是一張已經存在資料庫裡的照片，臉部搜尋時有百分之八十六的機會搜出，但前提是，系統要先搜出至少五十張照片。其他同樣可能造成錯誤的因素包括照片修圖方式、搜尋結果的分析、判斷照片是否「相符」的標準，以及所有執法行動的後續作業。

假如你去過機場、持有護照、持有駕照，或者社群媒體上有你的臉部照片，那你的生物辨識資料很可能已經在警方與聯邦調查局使用的大型資料庫裡。在二〇一六年，資料庫裡已擁有美國半數成年人的臉部照片，而且每年人數都在增加。最先指出這種狀況的是喬治城大學法律中心（Georgetown Law School）的隱私與技術中心（Center on Privacy and Technology），他們將臉部辨識資料庫稱為「無休無止的列隊辨認」。[7]警方甚至利用資料庫搜尋集會參與者的身分。此外，搜尋照片用的演算法可能會因種族、性別或其他特徵而產生誤差。麻省理工學院針對愈來愈多執法單位使用的亞馬遜臉部辨識軟體進行了一項研究，發現若是女性或者膚色較深，光是連性別辨識的結果都會變得較不準確。[8]

我們不得不擔憂犯罪現場證據的污染問題；例如，處理證據的警員沒戴手套。今日，我們必定也會擔憂警員使用存有數億無辜民眾資料的連鎖數據庫時，錯誤地連結案件，造成污染——歡迎來到我們這個反烏托邦的大數據鑑識世界。將數據帶入鑑識科學可以是好事，但在未做可靠性評估的情況下，新科技也可以製造新的危險，就如未經測試的FACE軟體所造成的傷害。警方與實驗室愈來愈常使用指紋資料庫、風險評估系統、臉部辨識系統與DNA快篩套組。它們其中有些屬於私人營利公司，不公開自家系統的運作方式。但這種事不該受到允許。在使用任何科學方法時，無論用的是檢查表、複雜的演算法或大數據，方法都一定要公開，然後由研究者進行驗證、分析其潛在誤差與不精確性，並將這些內容透明化，包括對辯方在內的所有人也一樣。律師與科學家都必須踏入新的戰場，披露並測試這種用來把人送進監獄的黑盒子鑑識科學。

◈統計學與DNA混合物

研究者愈來愈頻繁地使用演算法分析複雜混合物，這類混合物為DNA鑑定領域帶來最棘手的挑戰。警方有時知道他們採到的是單一來源的樣本，例如犯嫌被定罪後，警方就會採集其DNA樣本，然後將檔案登記在DNA資料庫裡。性侵案的樣本往往是兩個人生物物質的簡單混合物，分析過程中可使用儀器分離出男性的DNA。犯罪現場的DNA就不同了，實驗室分析師可能完全無法知道樣本中有多少人的DNA，檢驗結果可能會顯示出一人、兩人，甚或數十人的基因片段。現在我們能用十分靈敏的儀器檢驗少量樣本，少到即使只有幾顆細胞也能做DNA鑑定，不過只要接觸過樣本的人留下少少幾顆細胞，就會使樣本變成難以分析的混合物。

美國白宮總統科技顧問委員會的報告寫道，當樣本是含有超過兩人生物物質的複雜混合物，「本質上就很難」分析。[9]即使在混合物中觀察到犯嫌的DNA片段，犯嫌真為樣本來源的機率又是多少？舉例來說，如果你在玩拼字遊戲時用了所有的字母，那當然很容易重新排列、拼出自己的名字。但如果只能隨機抽七個字母做排列組合，你成功拼出名字的機會就不高了。愈來愈多演算法開發者聲稱他們能解析複雜的DNA混合物，即使是混入了三人、四人、五人或更多來源的樣本也能分析。令人擔憂的是，他們實際上只是在用所有的字母玩拼字遊戲罷了。以主觀詮釋如此複雜的DNA混合物，可能會有出錯的風險，而艾提爾．卓爾與格雷格．漢比基安等人的研究也顯示，這種主觀詮釋可能會受到偏見影響。[10]在維吉尼亞州有椿棘手的案件，DNA分析師對混合物檢驗結果做出詮釋，並回報說十一億人中只會有一人和被告一樣，擁有這種DNA組態（DNA profile）。然而，威廉．湯普森教授後來重新檢驗證據，發現實際上兩人當中就有一人可能與樣本具有相似特徵。[11]

當聯邦調查局用以計算結果的人口數據出錯時，德州公共安全局（Department of Public Safety）在二〇一五年要求重新檢驗DNA混合物證據。結果發現刑事審判中使用的DNA混合物統計數據有嚴重錯誤，包括在某起案件的報告中指出，十四億人中只會有一人恰巧有相同的DNA片段，可是實際機率其實是三十六人中就會有一人；在另一起案件中，DNA證據則完全無法鑑別。公共安全局和德州鑑識科學委員會於是發起行動，審查了數萬起提供DNA混合物證據的案件。[12]

然而，演算法還有其他的問題。分析DNA混合物的程式有至少八個，其中一些至今仍是「黑盒子」，並擁有專利——也就是說，開發者不公開操作細節。有椿案件牽涉到演算法之間的對決，對立的兩種演算法之一是某間紐西蘭公司研究人員開發的STRmix，另一個則是美國Cybergenetics公司開發的TrueAllele。被告涉嫌謀殺一名十二歲男孩，而他試圖針對從受害者指甲縫內採下的可疑跡證所做的DNA鑑定提出異議。鑑定結果顯示，大部分都與男孩的DNA一致，但有少量的其他DNA。使用STRmix軟體的專家表示分析結果將被告納入了犯嫌名單，使用TrueAllele軟體的專家則表示結果無法鑑別。[13]法官最終裁定，不採納任一方提出的DNA證據。[14]

如果要使用演算法，究竟需要多少DNA？總統科技顧問委員會的報告認為，在刑事案件中使用DNA混合物演算法之前，應該先做嚴謹的科學研究與驗證。[15]儘管如此，還是有人在刑案中使用這類演算法。截至目前為止，沒有其他法官提出對軟體的質疑。

◈搜尋

資料庫改變了鑑識科學，使人們得以找出新的連結、提升工作效率，但在許多方面，資料庫也帶來新的深層疑慮。一九九〇年代中期以前，鑑識分析師只能徒手搜尋證據。從犯罪現場採集到的潛伏指紋會被放到架上，平時並無理由前去查看，只有在誰想到特定嫌疑人時，分析師才會去找架上的證據比對。不久以前，犯罪現場找到的彈殼或彈頭都還只能放著，除非警方沒收了犯嫌的槍枝，否則他們也沒有彈殼或彈頭可供比對。性侵物證與其他生物跡證往往同樣無人檢驗，或在一段時間過後便遭到丟棄。沒有嫌疑人，分析師手握這些陳年物證也無能為力，許多刑案始終沒有偵破。

鑑識資料庫將大數據搜尋引進犯罪事件調查。指紋資料庫能自動搜尋大量的嫌疑人檔案。為了偵破懸案，全國DNA資料庫會對數百萬份DNA樣本檔案進行搜尋。DNA聯合索引系統（Combined DNA Index System, CODIS）是由聯邦調查局管理的DNA資料庫，有聯邦法規許可，國會也提供了大量資金。全國整合彈道資訊網路資料庫（National Integrated Ballistic Information Network, NIBN）則由菸酒槍炮及爆裂物管理局（Bureau of Alcohol, Tobacco and Firearms and Explosives, ATF）維護，警方可在裡面搜尋用過的彈殼與彈頭資料，以便將它們與可能相符的其他犯罪現場槍彈資料進行比對。臉部辨識軟體會試圖比對犯罪現場照片或影片中的臉部特徵，只要你去過機場或華府鬧區，你的臉部資訊就已被掃描並儲存在資料庫。「事情就是這樣。」當地一間鑑識實驗室的副主任這麼告訴我的學生，意思是我們無法改變現狀——全美國都生活在監視社會裡。

這些資料庫與附帶開發的電腦程式提供了不少好處，可以節省時間，讓工作變得更精確。例如，程式可以自動提取指紋，替分析師在指紋上做好初步標記，分析師就不必辛苦地在證據上一一手動標記。不過指紋分析師會告訴你，儘管自動提取功能十分省時、演算法也有所改進，但仍相當不準確；希望未來會有所改善。更常使用機器的另一個好處是，它們能生成更優良的分析紀錄（如果機器有經過妥善設計）。舉例來說，某些實驗室使用的MIDEO系統能生成識別與比較過的特徵紀錄，以及在此過程中，經過識別並據此得出結論的特徵的任何改變；有些系統甚至能完整記錄檢查與決策過程。話雖如此，其他系統（就如剛才描述的黑盒子演算法）並不會將比較與估算機率的過程記錄下來。鑑識實驗室裡的分析師都不知道全國整合彈道資訊網路是如何搜尋彈殼資料、自動指紋辨識系統（Automated Fingerprint Identification System, AFIS）是如何搜尋指紋，也沒有人知道FACE臉部辨識演算法如何運作。這些至今仍是黑盒子。

◈閉鎖系統

上述資料庫一般都屬於特定單位或企業，意謂著鑑識實驗室與分析師雖能使用系統，卻可能不知道搜尋與分析數據的電腦程式或演算法是如何運作的。私人企業開發的鑑識技術是這樣，政府的程式也是如此；如前所述，聯邦調查局從未對臉部辨識演算法進行審核，亦不會測試其錯誤率。聯邦調查局一直都有保密文化，年代可溯及至胡佛時期的「勿登錄」（Do Not File）備忘錄，以及當時針對公眾人物的機密文書檔案，如今，這份保密文化也將高科技資料庫與演算法層層包圍起來。雖然刑案調查需要一定程度的保密，不過科學上的努力則需要在蒐集數據與分析方面有一定的透明度，包括同儕審查與研究結果再現性。

DNA技術提供了一個案例研究，說明鑑識學在有助於定罪時是如何被廣泛採納，而在有助於為無辜人士平反時卻沒那麼多人使用。DNA鑑定在一九八〇年代發展起來時，各州、聯邦立法機關及法官很快就採取行動，允許執法單位在法庭上呈交有力的DNA定罪證據。國會在一九九三年通過了《DNA識別法》(DNA Identification Act),准許聯邦調查局將DNA樣本集結成一個統一的全國資料庫,也就是DNA聯合索引系統。[16]美國各州都會蒐集DNA檔案,聯邦調查局的軟體可在各州資料庫中搜尋,然後將任何「相符」結果提供給執法單位。一九九六年的《反恐怖主義及有效死刑法》(Anti-Terrorism and Effective Death Penalty Act, AEDPA)與二〇〇〇年的《DNA法》(DNA Act)則授權聯邦調查局將聯邦人犯的DNA檔案加入DNA聯合索引系統。二〇〇四年的《大眾正義法》將DNA資料的蒐集範圍擴大至所有聯邦重罪犯,而二〇〇五年的聯邦法規則准許將被逮捕者的DNA資料輸入至DNA聯合索引系統。[17]到了今天,DNA聯合索引系統存入了超過一千一百萬人的檔案,而且還在擴增當中。聯邦調查局報告道,截至二〇一九年十月,索引系統「產出了超過四十八萬八千三百一十八份相符結果,協助了超過四十七萬七千八百一十二起案件調查。」[18]儘管創建資料庫的聯邦法規聲明,DNA搜尋結果可用於執法單位、司法程序與刑事辯護,但卻很少有州政府允許辯護律師用資料庫搜尋可能證明被告清白的資料。[19]

聯邦法規也將資料庫提供給科學界使用,其中包括「身分辨識研究與標準程序發展」等用途。[20]然而,儘管法條是如此規定的,聯邦調查局卻仍然幾乎完全限制研究上的使用,結果,DNA聯合索引系統用來計算「吻合」的統計資料還是不透明,我們甚至不知道各個DNA資料庫裡不同人種或種族的組成比例。[21]隨著資料庫規模成長,且部分樣本愈來愈常被拿來搜尋，出現「偶然」或湊巧吻合的機率也逐漸上升（但沒有人公開確切數值）。雖然這方面的擔憂幾年以來始終存在，但聯邦調查局在二〇一五年五月承認，DNA分析師在聯合索引系統中用來計算一致性統計數值的表格有一些基本的數學錯誤——而這些表格不只是調查局在使用，全國各地的鑑識實驗室都有。在某些情況下，這些錯誤可能會造成巨大的影響。例如，在加爾維斯敦郡（Galveston）一樁最先被重新審查的案件中，根據實驗室原始計算出的數值，人口中的一人與證據上的DNA隨機相符機率是兩億九千萬分之一。然而，在聯邦調查局公告統計錯誤後，實驗室修改了結果，新的隨機相符機率與最初的計算結果大相逕庭：僅僅三十八人當中就可能有一人與DNA樣本相符。[22]

聯邦政府積極地提供資金給辨識潛在犯人的DNA資料庫使用，相比之下，替無辜人士平反的DNA鑑定卻進行得無比緩慢。在一九九〇年代，只有紐約與伊利諾兩州訂下法規，保障被定罪者有權在定罪後使用DNA鑑定，好證明他們可能是清白的。許多因DNA鑑定結果獲釋的人，都是等了好幾年才獲得測試。時至今日，美國五十州都頒布了DNA鑑定與定罪後救濟的法規，但其中許多條文對DNA鑑定的使用有嚴格限制——包括辯護律師若未在訴訟中提出檢驗的請求，被告在定罪後就不得做DNA鑑定；被判了特定重罪的人使用DNA資料的權利也會受限；提出認罪答辯或未在訴訟中對於身分辨識提出異議的人，則是不得做後續檢驗。[23]

「終於結束了。」二〇一六年秋季，約瑟夫・巴菲（Joseph Buffey）在西維吉尼亞州哈里森郡法院的臺階上說道。巴菲入獄十五年後終於獲釋，但DNA證據打從一開始便排除了他的嫌疑。在西維吉尼亞州克拉克斯堡，一名八十三歲的老婦遭性侵後被搶劫，而這位老婦剛好是克拉克斯堡某個警員的母親——後來巴菲在二〇〇二年被判了強姦與搶劫罪。[24]巴菲對律師說過自己是無辜的，但律師請檢方提供證據時，他們卻從未收到顯示受害者身上採到的DNA並非來自巴菲的實驗室報告。檢方收到那份DNA鑑定報告的六週後，巴菲採納了律師的建議，提出認罪答辯。辯護律師本以為他只會被判十年，沒想到卻被判了七十年徒刑。巴菲在二〇一〇年再次宣稱自己無罪，並提出DNA鑑定的要求，但檢方的專家這回聲稱證據無法完全排除巴菲。在做過較先進的DNA鑑定後，結果十分肯定：那並不是巴菲的DNA。

接下來十八個月，巴菲的律師團隊想盡辦法要搜尋DNA資料庫、找出真正的犯人。但當地檢察官拒絕讓他們使用資料庫，也不肯支持釋放巴菲。檢察官表示：「假如一個人真的沒有參與犯罪，怎麼會在幾個月後提出認罪答辯並道歉？」檢察官認為DNA證據很可能是另一個性侵犯留下的，就算受害者打從一開始就堅持犯人只有一個。清白專案的共同負責人貝里・薛克反駁道：「比起找出暴力性侵老婦、還可能在外面犯下更多案子的人，這個州更想做的是掩蓋這裡發生的事情。」更有問題的是，檢方竟辯稱法官無權命人做DNA鑑定。

實際上，由聯邦調查局維護的全國DNA資料庫聯合系統完全只有單向的關係，所有州份都會將DNA檔案分享給聯邦調查局，卻很少有州份立法允許辯方律師使用資料庫搜尋結果，西維吉尼亞州亦非其中之一。檢察官表示辯方無權使用資料庫尋找可能的犯人，只有警方才有此權利，也只有檢察官能批准搜尋資料庫的要求。[25]清白專案提議請有認證的實驗室搜尋資料庫，結果被檢察官駁回，聲稱沒有這麼做的「好理由」。最終，法官命令檢方做DNA鑑定，檢方一開始拒絕了，一個月後才終於停止反抗。

搜尋資料庫時，他們找到了與DNA證據相符的另一名受刑人，是西維吉尼亞州另一所監獄中一名有性侵前科的男子：他是受害者的送報員。然而，由於巴菲當初提出了認罪答辯，獲釋需要更多時間。他的律師團隊爭辯道，當初向巴菲隱瞞鑑識結果就違反了正當程序。儘管DNA鑑定排除了巴菲的嫌疑，檢方卻堅持表示，即使巴菲拿到DNA證據也還是會提出認罪答辯，所以DNA鑑定結果並不重要、也不會排除他參與犯案的可能性。後來，西維吉尼亞州最高法院做出一項具有里程碑意義的裁定：在認罪協商期間，檢察官有義務提供辯方能用以辨明清白的鑑識證據。最高法院表示，根據布蘭迪訴馬里蘭州案規定的法定訴訟程序，即使在認罪協商的過程中，被告也有權取得可能證明他們無罪的證據，而這些理由都不「減損DNA鑑定證據證明被告無罪的本質，或其實質性」。法庭推翻了巴菲的定罪判決。[26]二〇一五年，巴菲終於拿到DNA鑑定和資料庫搜尋結果，被證明無罪。然而，他的案件顯示出，對於質疑或需要從鑑識資料庫取得證據的刑案犯嫌與被告來說，無論一般法律或憲法都沒有提供太多保障。

不只DNA資料庫，指紋資料庫也是單向的：只有執法人員能使用它們，被告則無法。阿奇・威廉斯（Archie Williams）在路易斯安那州服刑三十六年之後，於二〇一九年三月獲釋。他在一九九五年第一次寫信到紐約的清白專案，是清白專案為期最久的委託人。三十多年前的第一場訴訟中，眾人便知道犯罪現場採集到的指紋不屬於威廉斯。檢察官聲稱，它們可能來自「冷氣工、地毯清潔工，（或）放學回家的小女孩。」威廉斯從一九九九年開始請求將指紋和全國資料庫進行比對，檢方卻反對分析，路易斯安那州當時也沒有保障定罪後檢驗的法規。後來到了二〇〇九年，檢方在未通知威廉斯或其辯護律師的情況下搜尋了全國資料庫，不過沒有任何人符合分析結果。二〇一四年，之前用於搜尋資料庫的技術被取而代之，新技術稱為下一代識別系統（Next Generation Identification, NGI），但聯邦調查局的政策並沒有變，只有執法單位才能使用指紋與其他鑑識資料庫。後來，在州法官威脅要下達硬性命令之後，檢方才同意進行NGI搜尋。結果數小時內，就發現犯罪現場的指紋與另一名男子一致，此人在威廉斯入獄期間又另外犯下四起性侵案，並在一九八六年因性侵未遂被捕。無辜的威廉斯在獄中苦熬多年，就因為他無權使用指紋資料庫。他的律師評論道：「明明有可以找到真相，還他清白的技術——而我們卻被阻擋在外。」[27]

◈隱私

鑑識資料庫爆炸性成長，隨之引起了真正的隱私權疑慮。我們將鑑識實驗室視為破案團體，但實際上，我們該把他們視為私藏數據的團體。鑑識實驗室的業務有愈來愈多是處理被逮捕與被定罪者的樣本，並將資料輸入持續增長的資料庫系統。在最近一份聯邦政府針對鑑識實驗室的調查報告中寫道，向州立實驗室提出的檢驗請求有百分之三十六、送至聯邦實驗室的有百分之三十九是對數據庫樣本進行DNA鑑定——聯邦政府也大方撥下高額經費，拓展這方面的鑑識工作。[28]這些鑑識資料庫之間的連結愈漸緊密，例如美國國土安全部維護的自動生物識別系統（Automatic Biometric Identification System, IDENT），其中就包括「數位指紋、照片、虹膜掃描與臉部圖像」與相連的「個人資料」。[29]我們並不知道這些資料庫有哪些品管系統，目前也沒有關於如何使用資料庫的公共法規。政府掌握了我們的資料，並且可以恣意使用。

在二〇一九年，警用隨身密錄器的最大製造商——Axon公司（舊稱泰瑟國際公司〔Taser International〕）——組織了獨立的道德委員會，目的在於審查公司是否該使用臉部辨識科技。委員會提交的報告建議不結合密錄器與臉部辨識技術，並且指出：「即使臉部辨識精確而公平——我們也詳細地強調過，目前它並不精確或公平——這項技術會讓政府單位更輕易地監視公民，並有可能侵入他們的生活。」[30]該公司決定，未來若使用臉部辨識，也只會在道德規範下應用，而且會有相關群體進行監督。目前只有加州舊金山市禁用臉部辨識軟體；密西根州底特律等城市則委託公司操作臉部辨識系統，透過市內數百臺監視器進行監控與辨識；至於佛州奧蘭多等城市則已率先試行了即時臉部辨識系統。即使相關法規已經通過，可能也沒有人遵守。華盛頓州便立法禁止在沒有法庭裁定的情況下用駕照照片做臉部辨識搜尋。然而，二〇一九年，喬治城大學法律中心的研究人員發現，聯邦移民及海關執法局職員一直都在未聲請法庭裁定的情況下，在多個州份（包括華盛頓州）暗中用駕照照片進行臉部辨識演算法搜尋。[31]

在馬里蘭州訴金案（*Maryland v. King*）中，最高法院曾有機會介入保護鑑識數據隱私權。然而，最高法院表示，從被捕者身上採集DNA樣本以便在DNA聯合索引系統中確認此人是否為其他刑案的通緝犯，是「登記」過程中一種身分驗證的形式，只對隱私權造成極微小的侵犯。正如法學教授艾琳．莫菲（Erin Murphy）所說的，現在的警員會要求民眾提供「駕照、證件與臉頰拭子」。[32]已經有數州將DNA蒐集計畫從「嚴重」犯罪擴展到輕罪，甚至青少年犯罪。大法官安東寧．斯卡利亞在馬里蘭州訴金案中提出了令人印象深刻的異議，並對判決可能導致的「基因圓形監獄」狀況表示強烈譴責。[33]在今天，圓形監獄不只出現在DNA鑑定領域，隨著愈來愈多的政府紀錄、生物辨識資訊與社群媒體資料被匯入資料庫，生物辨識與數位資訊領域也可能造成相同的情形。理論上，這些數據能讓政府追蹤我們的生活、行動，甚至連我們在網路與現實世界的想法及感受都逃不出政府的掌握。

正如一位法官在提到使用解釋不當的風險評估時所說，「我們的法律不允許在缺乏統計背景脈絡時，只將結論單獨插上長竿、在法庭內四處展示。」[34]機器沒有解決鑑識科學所有的問題，卻已製造出新的問題。數據科學家與統計學家是以終結流言的研究員之姿踏入鑑識界，用風險評估、機率與機器學習取代「吻合」等用詞，不過統計方法也必須受到驗證，並且要透明公開。藉著使用人們不了解的昂貴專門裝置，新型的自動化程序為鑑識界蒙上了一層神祕面紗，同時也帶來了將鑑識檢驗從實驗室推向警局的威脅。我們的鑑識實驗室、我們的法官，還有最終的立法者與社會大眾都必須起而面對挑戰。

有個解決方案是立法機關於二〇一九年秋季在國會提出的《刑事鑑識演算法草案》(Justice in Forensic Algorithms Act)，該法案要求在使用這類演算法的刑事案件中，向被告提供演算法的原始碼。[35]藉由禁止以商業機密為由來阻止被告使用與質疑演算法證據，進而保護被告使用法定訴訟程序的權利。另外，該法案要求國家標準暨技術研究院成立新的計畫，在所有的電腦程式或鑑識演算法被批准讓聯邦執法單位使用之前，先對它們進行評估。我們應該通過這項法案，此外，鑑識技術除了要受政府單位審查之外，也應由獨立研究者進行評估。在允許警方、鑑識實驗室或法庭使用演算法與資料之前，我們需要先制定更為嚴格的管制。

13 改良鑑識科學 Fixing Forensics

「我們應該要有某種管制，應該要想辦法要求專家達到標準——而且是很高的標準——不然就會毀了別人的人生。」基斯．霍華德對國家鑑識科學委員會說道。儘管在霍華德案與其他相似案件中有無辜人士被誤判有罪，儘管我們已經學到了不少教訓，仍有法官持續降低法庭上的標準。時至今日，美國還是幾乎沒有對鑑識實驗室或鑑識科學的法律規範。司法部與國家標準暨技術研究院召集了頂尖科學家、鑑識專家與律師組成委員會，從二〇一三年起便定期開會討論鑑識科學的種種議題。在霍華德發言後不久，正當新任總統與行政團隊於二〇一七年一月就職之際，美國聯邦檢察長突然解散了國家鑑識科學委員會。委員會成員表示，他們「提供了改進鑑識科學的……必要討論會」，但儘管他們提出了許多建議，「仍有許多未完成的工作」，委員會還是不得不停工。[1]

基斯．霍華德懂得耐心等真相水落石出，在DNA證據證明他無罪時他已經六十歲了，這輩子超過一半的時間都是在監獄中度過。霍華德對我的法學院學生表示，他當初仍是年輕的海軍水手時，曾夢想退役後搬到藍嶺山脈、照顧年邁的父母，還有經營修車行。結果他的夢想化成了泡影，最後一次見到父母的面時，他們是在法庭上哀求陪審團饒他一命，後來霍華德在獄中收到雙親的死訊，卻無法參加他們的喪禮。而發表咬痕證詞、致使霍華德獲罪的牙醫沒有任何一人道歉，他們甚至沒有對他的案件發表評論，這些牙醫也沒有被職業委員會懲處，更不用說是被調查了。

儘管頂尖科學家提出不少建議，大部分法官仍在法庭上接受造成霍華德入獄的這類證詞，只有德州禁止使用咬痕證詞。話雖如此，情況還是逐漸改變了，喬治亞州一位上訴法官在二〇二〇年三月審理席拉・丹頓（Sheila Denton）的案件時表示：咬痕證據太不可靠，應該推翻丹頓的定罪判決才對。這位法官「明白有許多因咬痕證據被錯誤定罪的人得到了平反，且人數與日俱增」。在今天，牙醫頂多只能說他們「無法排除被告是咬人者的可能性」，而這位上訴法官甚至認為此類證詞價值不高，且丹頓案的咬痕證據「已被證明不可靠」了。[2]

考慮到人們對於變化的抗拒，鑑識科學該如何前進才好呢？真正的CSI和我們在電視上看到的不一樣，不會有魅力十足的分析師用大型電腦螢幕叫出戲劇化的檢驗結果，結果也不會馬上出現。我們都對改變生活的新科技執迷不悟，無論是自願與否，每個人都會在網路上分享照片、瀏覽紀錄等個人資料，而警方可以搜尋我們的資料，鑑識實驗室技師也能將犯罪現場的證據連結到我們身上。不過，鑑識實驗室內部其實不見得有高科技，至今仍有分析師用放大鏡與肉眼做比對。

我在本章描繪了鑑識科學界的願景，希望我們能將科學帶入鑑識實驗室，處理本書提及的各個大問題。首先，我們必須用真實的錯誤率取代絕對的結論，清楚地說明鑑識方法的限制。第二，我們必須要求鑑識專家在報告與法庭證詞中揭露這些情報，並限制他們能在作證時提出的主張。第三，專家必須接受能力試驗，讓所有人了解他們分析的精確度。第四，我們必須建立防火牆，避免認知偏誤損害鑑識科學的精確性。第五，我們必須用品管系統對鑑識實驗室進行全面管制。第六，警方蒐證時應受科學家監督。第七，法官應重新檢視自己的把關者角色，並設法確保陪審團將鑑識證據的限制聽進去。

我在前面幾章描述了各種錯誤來源，我們從這些錯誤學到的教訓全都導向相同的結論：必須制定全國性的規範，管制鑑識科學。從休士頓鑑識科學中心實施的品管機制看來，我們的確有機會做到實驗室改革，但只有一間實驗室改革還不夠。另外，我們不該將監管工作交給實驗室自行完成，而是需要獨立的跨實驗室測驗。我們需要管制鑑識體系的規範，無論是警方的犯罪現場小組、鑑識實驗室、驗屍官或法庭都應受到約束，而且還須展開大膽的全國行動。希望在讀完本書後，你也會加入這場行動，將鑑識科學界的改革推往沸點。

◈改良鑑識科學的藍圖

首先，我們必須打開錯誤率的黑盒子。在閱讀本書前，如果有人告訴你一百萬次指紋分析當中有一次結論錯誤，你會相信嗎？如果你聽到的錯誤率是三百分之一，甚至是十八分之一，你是不是會覺得更不可置信？如果有人告訴你，大部分鑑識技術的錯誤率都未經測試，沒有人知道出錯的機率有多高，你會相信嗎？我們必須終結絕對性結論的時代，讓所有人知道沒有任何一種技術完美無瑕，所有證據都有一定程度的機率成分，我們若不知道某種方法有多可靠，就不該使用它。我們應摒棄咬痕比對等經常出錯的技術，以及子彈鉛分析與毛髮比對證據等被證明無效的技術。

第二，我們必須要求鑑識專家在報告中與法庭上揭露錯誤率資訊，並禁止他們使用「識別」與「個化」等絕對且無條件的詞語，因為這類用詞可能會令人誤以為證據源自犯嫌的確定性為百分之百。在過去，鑑識專家會使用「吻合」、「一致」、「一模一樣」、「所有檢驗面向都相似」與「無法排除源自被告的可能性」等詞句，但即使是「科學上合理的確定性」等聽上去較保守的用詞也沒有被廣為接受的科學意義，所以不該為專家所用。在鑑識科學以外的領域，科學家在報告分析結果時都須遵守標準、模板與標準程序，而且在分析結果被用來協助人們做決策之前，科學家有幫助非科學家了解分析結果的道德責任。[3]是時候要求鑑識專家遵守這些基本的道德與科學規定了。

第三，如果不知道人們有多可靠，我們就不應讓他們擔任專家。實驗室必須定期用能力試驗評估分析師使用經驗、技術與判斷能力做決定的方式。一般而言，受認證的組織必須每年做一次能力試驗，不過這些測驗的難度太低，條件也不符合真實狀況且無人監督，更何況分析師從頭到尾都知道自己在接受測驗。如果要求實驗室實施盲測能力試驗，我們就能終結「自詡專家」的時代了。

第四，我們必須建立防火牆，避免認知偏誤損害鑑識分析的精確性。我們所有人都帶有偏見，不過在處理刑事案件時我們需要的是科學專家，而不是穿著實驗衣的警察。鑑識專家往往會從警方或檢察官那裡收到各種無關且造成偏見的資訊，我們應避免這種狀況。另外，鑑識分析師的工作過程應完整記錄下來並透明公開，所有關於方法與結論的資料都應分享給雙方律師與法庭眾人。

第五，我們應使用品管系統對鑑識實驗室進行全面管制。鑑識實驗室的品保機制和醫院或醫檢實驗室迴異，但所有機構都應使用遮盲試驗、抽樣稽核與作業紀錄等品管機制。無論是不守規定、不端行為或其他的錯誤，都應遵照有效的品管程序進行改正，而實驗室也應將所有的錯誤報知雙方律師與法庭。

第六，警方應在科學家的監督下進行現場蒐證作業。我們太常看到警員因缺乏資源和訓練而污染犯罪現場，以及鑑識證據未被蒐集或未受檢驗，且很多時候警方會使用不可靠的現場檢驗，而不是等實驗室做更嚴謹的檢驗。

第七，我們的法官必須站出來採取行動。在我於二〇一九年春季舉辦的研討會上，清白專案律師克里斯．法比坎特表示：「就算愛因斯坦死而復生，走進法庭宣布這東西不科學」，法官還是會准許人們呈現鑑識證據。在場的科學家、鑑識執業者與律師聽了紛紛點頭表示同意。然而，近來開始有法官意識到鑑識科學的缺陷，他們必須認清自己的把關者角色才行。此外，大部分刑事案件都不會走到訴訟這一步，而是以認罪協商告終，所以我們必須讓辯護律師了解鑑識證據的意義與力度，幫助他們替客戶協商到更好的條件。法官必須確保披露的資料足夠完整，讓檢方與辯方掌握完整的情報。

最後，法官應確保陪審團將鑑識證據的限制聽進去。近年來有六州通過了新法，允許法官因人們對定罪用的科學有了新的認知而重啟案件，分別為加州、康乃狄克州、德州、密西根州、內華達州與懷俄明州。[4]這六州都有許多人因有誤的鑑識科學被定罪，後來才得以平反。在過去，法官會為了結案而拒絕為指出鑑識檢驗錯誤的人提供定罪後救濟，而現在，我們必須要求法官重啟舊案，並且在發生麻州這等大規模鑑識災難時用適當的工具執行系統性審查。為了更有效地進行審查，我們就需要與以往不同的一套系統：全國管制。

◈短命的委員會

「任何一處的不公，都會威脅到所有人的正義。」哈利・愛德華茲法官在二〇一三年對一群人致詞時，引用了小馬丁・路德・金恩（Martin Luther King, Jr.）在〈伯明罕獄中書信〉（Letter from a Birmingham Jail）中的一句話。愛德華茲法官當時是在對司法部與國家標準暨技術研究院創立的國家鑑識科學委員會演講，該委員會的成立目的是審查鑑識科學標準，在它存在的那段時期，美國有了有權提出建議——甚至是進行管制——的全國性鑑識科學單位。委員會成員發布了只對聯邦政府有約束力的四十九份建議書，其中一項是建議刑案採取和民事案件相同的做法，將詳盡的披露資料交予辯方。委員會要求聯邦執法單位只使用受認證實驗室提供的證據，且所有聯邦實驗室都應遵守同一套道德標準。另外，委員會建議禁用「科學上具合理確定性」等誤導性詞句，可惜他們沒能一致提出鑑識報告應包含的內容，例如鑑識技術的錯誤率等資訊。

二〇〇九年，美國國家科學院發布報告的十年後，各地只零零碎碎地套用了關鍵的建議，聯邦政府並沒有成立管制鑑識科學的全國性機構。和以往相比，現在的鑑識科學界養成了研究文化，也有較多人做相關研究，還有人將注意力放在鑑識報告與證詞的標準上，可惜進步速度相當緩慢。現在社會大眾意識到鑑識科學的一些問題，就連脫口秀主持人約翰・奧利佛也在關於鑑識科學的一集節目中引用了國家科學院報告的關鍵語句，指出許多鑑識科學領域並不符合「科學的基本要求」。儘管如此，相關的法條仍舊少得可憐，法庭基本上少有改變，也有許多鑑識分析師堅信國家科學院的報告寫錯了，甚至有些分析師「完全沒聽過」那份報告的內容。

在制定全國法規之前，可以由州政府與地方科學顧問委員會指導警察機構與鑑識實驗室，幫助他們做關乎科學與技術性知識的決策。德州鑑識科學委員會除了訓練人員之外，還會為州立實驗室提供建議、調查現行鑑識技術的有效性，以及調查專業鑑識人員疏忽或行為不端等指控。[5]德州鑑識科學委員會在二〇一一年四月一份驚天動地的報告中寫道，結論「未定」。卡麥隆．陶德．威靈罕（Cameron Todd Willingham）被控在德州科西卡納市的家中縱火害死他的三個小孩，他在一九九一年被判死刑，於二〇〇四年處決。科西卡納消防局的消防員在接獲通報後到現場滅火，消防官則是在數日後到場調查起火原因，他們的結論是，火災是蓄意縱火所致。消防官並沒有寫下判斷程序或標準，縱火案調查員是憑「刪去法」與自己受過的訓練判斷是否為蓄意縱火。之前少有人做實驗研究起火原因，而實際存在的少數幾篇研究顯示，起火原因分析的錯誤率非常高。[6]

那麼，調查員為何認為火災是蓄意縱火所致？副消防官作證時表示：「我把這一區叫作燃燒路徑，燃燒路徑就像是一條路徑，像一條在燒的小徑。」他主張道：「澆灌痕跡是地上或其他地方像被人倒過某種液體，你倒了液體之後它當然會積成一灘。」在一九九〇年代早期，火場調查員以為火焰必然會向上蔓延，如果在地上倒了可燃液體，地上便會出現「澆灌痕跡」，燃燒後變成特殊的痕跡，他們認為這「本身就幾乎能證實」火災是縱火所致。火場調查員表示，意外發生的火災不可能出現這類不規則的燃燒痕跡，但我們現在知道，威靈罕家中的人造纖維地毯在燃燒時可能會融化成液體，形成調查員觀察到的痕跡。其他可能造成澆灌痕跡的事物包括燃燒的碎屑、合成纖維彈簧床與被褥燃燒時落地，以及火焰在住家中蔓延時常見的「閃燃」（flashover）現象。[7]

調查員表示，威靈罕家中走廊出現了「V形痕跡」，副消防官在作證時聲稱這表示起火點在屋子中間的走廊，而這種地點很少會意外起火。然而，現在的消防科學家知道以上的邏輯有問題：只要是火災發生時有東西在燃燒，任何地點都可能出現V形痕跡，那不一定是原始起火點。[8]檢方還提出了其他許多主張，我們現在知道這些都是錯誤的主張。

全國新聞媒體都報導了威靈罕冤死的可能性，他有可能不是縱火犯，而且那場火災可能根本就不是縱火案，而是一場意外。德州鑑識科學委員會發布了一份報告，詳細地描述了消防科學的呈現方式以及可能的誤導性因子。德州鑑識科學委員會是德州立法者在二〇〇五年五月成立的組織，委員會上九名成員負責「適時」調查任何可能「實質影響鑑識分析結果之完整性」的疏漏或行為不端指控。等到二〇一〇年，委員會有了一批調查控訴的職員，在調查威靈罕案時，他們委託消防科學家克雷格．L．貝勒（Craig L. Beyler）完整審查威靈罕案，並取得了其他獨立消防科學專家的書面評論。在委員會的努力下，德州設立了調查火場與呈現縱火結論的新標準，委員會走在達成核心目標的路上。說到底，「對刑事司法系統失去信心的其中一種方式，就是……用不可靠、不科學且完全是垃圾科學的證據判無辜人士有罪。」德州參議員胡安．伊諾霍薩（Juan Hinojosa）表示。[9]委員會的另外一份任務是監督德州所有的鑑識實驗室。[10]

「州政府應管制鑑識科學」並不是新概念，紐約州在一九九四年就率先成立了監督與管制鑑識實驗室的委員會。[11]委員會給予州總監察長調查實驗室問題的權力。[12]在今天，華府與十三個州份都創立了類似的單位。在面對關於鑑識科學的疑慮時，維吉尼亞州立法者將鑑識科學部門從執法單位中分離出來，並成立了鑑識科學委員會（Forensic Science Board）與科學顧問委員會（Scientific Advisory Committee）。[13]緬因州與密西根州近期也考慮成立鑑識科學相關的委員會。[14]德州的委員會成員命人全面審查過去使用毛髮證據、ＤＮＡ證據與咬痕證據的案件[15]，也為德州制定了新政策：在審查過科學證據之後，委員會認為德州不應使用咬痕證據。另外，德州鑑識科學委員會也提供鑑識訓練並制定了鑑識標準。其他州的鑑識科學委員會實際上很少監督鑑識方法與實際作業，大部分都只扮演顧問團體的角色，也很少開會討論鑑識議題。

面對嚴重的鑑識問題，其他州都沒什麼反應。舉例而言，加州組織了多個專門小組，目的是審查州內各間鑑識實驗室，其中一支專門小組在二〇〇九年建議成立監督鑑識實驗室的新機構，但該專門小組在二〇一〇年遭到解散。威廉·湯普森教授評論道，該組織受反對新規制的「實驗室經理支配」。[16]亞利桑那州也發生了類似的情形，改革倡議者試圖成立委員會，卻因實驗室的反對而失敗；話雖如此，亞利桑那州其實有檢察長成立的鑑識科學顧問委員會（Forensic Science Advisory Committee）。許多鑑識科學委員會都不甚活躍，他們不常見面議事，或者除了偶爾提供訓練課程之外少有作為。[17]

至於聯邦規制，這方面的監督也沒什麼效果。美國五十個州的鑑識實驗室都收到了聯邦政府科弗代爾DNA鑑定計畫的經費，必須依法聘僱有權調查實驗室品管問題的獨立稽核人員。[18]結果後續一場調查顯示，許多實驗室並未依法提供認證，或者在聯繫稽核人員時沒說明他們應在實驗室做的獨立調查。[19]儘管如此，聯邦機構沒有懲戒違規的實驗室，國家司法研究院只舉例告訴實驗室未來該如何依法行事。[20]聯邦政府雖為州立與地方鑑識實驗室提供了大量經費，至今卻仍未強烈要求實驗室配合相關法規。

◈全國管制機關

當國家科學院集結的科學界與法界權威人物結束了一系列聽證會，完成了對於科學研究紀錄的鑽研，並在二〇〇九年的報告中陳述結論時，他們提出了一項核心建議：國會應撥經費成立新的全國機構，負責處理鑑識科學的種種問題，這個機構可以參照國家衛生研究院（National Institutes of Health, NIH）的模式設立，命名為國家鑑識科學院（National Institute of Forensic Science, NIFS）。這並不是冗長報告中一系列提案之一，委員會甚至將國家鑑識科學院稱為「成功的最大希望」，並表示「餘下所有建議……都與國家鑑識科學院的創立密不可分。」[21]許多學者與鑑識界一些人對此提案表示支持，但即使在報告發布之前，執法界已經有一些人開始大聲抗議了。[22]國會並沒有聽取建議，成立全面性管制鑑識科學的全國機構，也許這也是鑑識界改革如此緩慢的原因之一。

國會成員轉而將注意力放在了國家標準暨技術研究院這個研究來源之上。[23]國家標準暨技術研究院的專門領域是量測科學，專門發展與評估科學及科技的標準。乍看之下，確實是最適合研究鑑識科學的機構，但它並不是監管機構，也無權強制鑑識實驗室依法行事。儘管如此，國家標準暨技術研究院還是採取了一些行動，希望能處理鑑識科學界的問題；除了發表關於鑑識科學中人為因素與認知偏誤議題的研究報告之外，還集結了一大群科學家與執業者，致力發展出適用於所有鑑識科學領域的一套標準，這個團體被命名為「科學領域委員會組織」（Organization of Scientific Area Committees, OSAC）。到目前為止，標準暨技術研究院的行動進展遲緩，也沒有推出太多新的標準，而他們提出的標準還須由另一個機構批准才能實施。[24]除此之外，當統計學家提出關於標準之精確性的疑慮時，往往會在表決時被多數人的意見淹沒。舉例而言，科學領域委員會組織推出的第一條標準是和較冷僻的玻璃比對領域有關，它指稱玻璃比對的錯誤率「小於百分之〇．一」。統計學家凱倫．卡法達與凱倫．潘恩（Karen Pan）提出了異議，表示在實際分析現存數據時，會發現錯誤率其實高得多，可能介於百分之一與百分之十一之間。科學領域委員會組織還是將不精確的百分之〇．一錯誤率寫了下來，並暗示找到「相符」或無可區別的兩塊玻璃是可行的一件事。[25]

若新研究找不到提升鑑識技術可靠性的方法，我們就該停用這些技術。在科學界發表關鍵的研究報告後，聯邦調查局便不再使用子彈鉛比對與語音比對法。我們可以摒棄這些種類的鑑識方法，也確實有許多實驗室選擇停用這些技術。休士頓實驗室等大部分的大型實驗室並不進行油漆碎屑、玻璃碎塊、膠帶或纖維比對，也不做鞋印比對；這些是較不重要且甚少用到的鑑識方法，嚴謹且設有品管機制的實驗室不會花時間做這些比對。鑑識科學界最主流的技術包括潛伏指紋比對、毒理學分析、管制物質檢驗、DNA鑑定，以及現在愈來愈常用到的數位證據分析。好消息是，聯邦政府為這些領域提供的經費大幅增加了。多所大學的研究者合力組織了鑑識證據統計與應用中心，用統計學發展出分析指紋、彈殼等各種證據的方法，我也是這個團體的一員。新一代研究者將統計學帶進了鑑識科學界。

在讀完本書後，如果哪天你被選為刑事訴訟的陪審員，想必會有許多想對專家提出的問題。專家有沒有聲稱自己「識別」了證據的來源？專家有沒有說明鑑識分析的限制？他們使用的鑑識技術有多可靠？還是根本沒有人知道這種方法的可靠性？這種方法的錯誤率有多高？專家本人的熟練度夠高嗎？專家有接受過盲測能力試驗嗎？專家有沒有從警方、檢方或同事那裡收到可能造成偏誤的資訊？辯方有沒有在訴訟前收到所有的分析紀錄與數據？辯方有另外請專家來作證嗎？實驗室用了哪一些品管機制？專家有沒有使用鑑識資料庫？若有，他們搜尋資料庫時使用的電腦程式有多可靠？我們不需要複雜的統計數據，但我們必須完整地了解鑑識證據的品質，專家也應該用我們能理解的方式提供說明。

身為刑事訴訟陪審員，我們必須注意證據的力度是否足夠，並判斷檢方是否排除了所有合理懷疑、成功證明被告有罪。然而，我們被誤導了數十年，一直以為鑑識證據強而有力。鑑識專家聲稱自己是不會犯錯的超級英雄，這種說法雖然很有戲劇效果，但也會導致無辜人士被冤枉。這些是可以解決的問題，如果我們抱持懷疑的心態擔任陪審員，鑑識專家就會改變他們說話的方式；當我們對鑑識科學了解得更多、要求專家提供更好的證據，他們就不會再用「來源相同」與「識別」等詞語敷衍我們了。法官與律師必須確保專家回答我們提出的問題，下一代鑑識科學研究也會幫忙確保專家能夠回答這些問題。

我們在本書介紹的布蘭登．梅菲爾德現在仍在世，他現居奧勒岡州，女兒莎莉亞．梅菲爾德（Sharia Mayfield）也和父親一樣當了律師。梅菲爾德在多場全國鑑識科學研討會發表了演說，談論鑑識科學可能發生的錯誤，我就是在國家標準暨技術研究院的研討會上初次和他見面。他曾評論道，鑑識專家常表示他們為他的經歷感到「十分抱歉」，這象徵了一種文化上的變遷，也是「這個國家走上正確方向的跡象」。[26]長久以來，不完美的鑑識科學造成了嚴重的不公，其中被推翻與導正的案例實在太少了。我們永遠不會知道有多少無辜人士因不完美的科學而被捕、被處以罰金、提出認罪答辯、被告、被錯誤定罪或入獄，也永遠不可能完整地補償他們；反過來說，我們永遠不會知道被污染或處理不當的鑑識證據導致多少罪犯逍遙法外。然而，我們不必過於悲觀，因為科學與統計學的新文化正緩步取代了完美鑑識科學的迷思。在剖析鑑識實驗室之後，鑑識科學終於走上了重生之路。

致謝 Acknowledgments

以下各位為本書提供了無價的評論：凱莉・亞伯拉姆斯（Kerry Abrams）、傑夫・貝林（Jeff Bellin）、亞當・本佛拉多（Adam Benforado）、克蒂斯・布拉德利（Curtis Bradley）、莎拉・朱（Sarah Chu）、賽門・科爾、威廉・克羅澤、艾提爾・卓爾、海蒂・埃德里奇、布雷特・賈丁納、亞當・格修維茲（Adam Gershowitz）、保羅・賈內利、莉莎・格里芬（Lisa Griffin）、賴瑞・海爾弗（Larry Helfer）、愛莎・傑因（Eisha Jain）、李・戈瓦斯基（Lee Kovarsky）、珊德拉・萊維克、丹・梅德維德（Dan Medwed）、雅莉珊德拉・納塔波夫（Alexandra Natapoff）、彼得・內費爾德、莎拉・歐爾森（Sarah Olson）、維克蘭特・雷迪（Vikrant Reddy）、克里斯・斯羅柏金（Chris Slobogin）與瑞貝卡・維克斯勒（Rebecca Wexler）。感謝阿曼達・諾克斯、布蘭登與莎莉亞・梅菲爾德及貝蒂・安・華特斯閱讀講述他們經歷的章節並提供回饋，感謝彼得・斯陶特閱讀討論休士頓鑑識科學中心改革的章節，也感謝帕美拉・科洛夫（Pamela Colloff）閱讀關於喬・布萊恩案的章節。非常感謝杜克大學法學院接下了研究助理工作的亨特・阿爾布里頓（Hunter Albritton）與尼古拉斯・林奇（Nicholas Lynch）兩位學生，他們幫忙修改了一些章節並檢查了引用文獻的部分，是我不可或缺的助力。另外，感謝兩位同儕審查員提供詳細的評論，大大提升了書稿品質。

本書數章用到法律評論與經同儕審查的期刊文章，其中一篇是我和彼得・內費爾德對於鑑識證據在DNA平反案件中扮演之角色的研究。此外，許多章節也用到了關於陪審員對鑑識證據之評估的研究。我和桂葛瑞・米歇爾長期合作做了許多次模擬陪審團研究，深深改變了我對鑑識證據在法庭上扮演之角色的認知，這些和其他檢視鑑識證據的研究——包括和凱倫・卡法達等統計學家、威廉・克羅澤、傑夫・庫庫卡與尼古拉斯・舒利奇等心理學家，及彼得・斯陶特與休士頓鑑識科學中心等鑑識實驗室職員合作完成的研究——受益於鑑識證據統計與應用中心的支持，以及國家標準暨技術研究院間接的支持。

我和約翰・莫納漢（John Monahan）在維吉尼亞大學法學院開設數年的鑑識科學討論課程，除了教育學生之外，我自己也體會到教學相長的益處。另外，我也和凱特・菲爾波特（Kate Philpott）多次合開鑑識訴訟課程，讓法學生與執業律師進行模擬訴訟、聽指紋分析師發表證詞。近期，我和妮塔・法拉黑尼（Nita Farahany）在杜克大學合開了鑑識科學討論課與顧問實驗課程，帶學生合寫辯論意見書，並在意見書中討論上訴案件中的鑑識科學問題。

我在杜克大學法學院組織了刑事司法寫作研討會，與會者提供了對本書的評論；我在北卡羅來納大學法學院圓桌研討會、格拉斯哥大學法學院講座、柏克萊法學院講座，以及華府公設辯護人服務處研討會基本政策演說上分享了本書部分章節的內容，感謝各位與會者提供對於各章節的評論。我和杜克大學法學院多位優秀的同仁聊天時收到了不少極有幫助的評論，也在許多公設辯護人辦公室與檢察署及相關組織分享過本書內容與背後的研究基礎，收穫了對本書幫助極大的實務見解。

感謝加州大學出版社的茂拉・羅斯納（Maura Roessner）細心引導我走過出版流程，也感謝兩位同儕審查員提供深具洞察力的見解，並感謝保羅・泰勒（Paul Tyler）提供專業的審稿服務。感謝出版經紀人——詹姆斯・勒文（James Levine）——熟練地替書稿找到理想的出版商。

我最感謝的人與以往一樣，是我太太凱莉・亞伯拉姆斯，她在各方面都是我優秀又可愛的伙伴。

附錄　參考資料
Appendix: Suggested Resources

◈第一部　鑑識科學的危機

本書前言講述了布蘭登．梅菲爾德因指紋證據被冤枉與拘留的故事。若想深入了解關於那場冤錯案的聯邦調查行動，請參考美國司法部總監察長辦公室在二〇〇六年發布的調查報告。[1]

我在第一章講述了基斯．霍華德的故事。現在因DNA檢驗而平反的案件當中，有半數以上的人最初是因有誤的鑑識科學而被冤枉；我創建了相關的資源網站，網站上的資料包括鑑識專家在這些DNA平反案件訴訟中的證詞。[2]重獲清白後，霍華德離開維吉尼亞州，搬到了北卡羅來納，距離我居住與教書的地點不遠。二〇一九年春季，基斯來杜克大學對我的法學院學生演講，講到了他的DNA平反冤案、咬痕證詞的問題，並表示他會繼續提倡鑑識科學的改革；有興趣的話，歡迎上網觀看他的演講影片。Netflix的《無罪檔案》（*The Innocence Files*）系列紀錄片第三集也講述了基斯的故事。[3]

在本書第二章，我描述了國家科學院二〇〇九年那份報告如何改變了人們對於鑑識科學限制的理解，其中包括將證據連結至特定犯嫌的各種非DNA鑑識方法。那份報告有一些部分描述了各種鑑識方法的限制，我強烈建議讀者上網免費閱讀報告。[4]國家科學院發表報告後，白宮在二〇一六年跟著寫了一份報告，更明確地指出數種鑑識技術缺乏驗證的問題，其中包括槍彈比對技術的問題，你也能上網免費閱讀這份報告。[5]

◈第二部　鑑識科學的缺陷

我在第三章探討了指紋分析等鑑識方法可能發生的錯誤，並將焦點放在了布蘭登・梅菲爾德的故事上。布蘭登與莎莉亞・梅菲爾德合寫了一本令人印象深刻的書，講述他被錯誤指控、被監視、逮捕與拘禁的經歷。[6]我也鼓勵你閱讀賽門・科爾的《嫌疑身分》（*Suspect Identities*），他在書中詳細介紹了指紋分析的歷史，包括專家的無錯誤主張，以及他們對於出錯可能性的否定。[7]

我在第四章開頭介紹了肯尼・華特斯的故事，講到能排除嫌疑的指紋證據被隱瞞，導致他被錯誤定罪的經過，也講到了為幫他平反而奮鬥多年的手足——貝蒂・安・華特斯。二〇一〇年電影《非常上訴》便是改編自貝蒂・安的故事，由希拉蕊・史旺飾演主角，我也建議讀者觀賞這部電影。此案點出了我們在法庭上極少聽到錯誤率資訊的問題，且除了不提供一般的錯誤率證據之外，專家有時甚至會隱瞞證明被告清白的證據。

美國總統科技顧問委員會報告清楚地指出，在當時很少有人計算分析方法的錯誤率。在槍彈比對方面，只有埃姆斯國家實驗室做過一份合格的研究，研究顯示槍彈比對的偽陽性錯誤率僅百分之一．〇一，但如果計入無法鑑別錯誤，錯誤率便會大幅上升至百分之三十四．七六。[8]潛伏指紋比對這個領域有兩份合格的研究，聯邦調查局的研究發現偽陽性率高達三百零六分之一，邁阿密－戴德郡的研究則發現偽陽性率高達十八分之一。[9]這些估計值包括部分的文書錯誤，不包括無法鑑別錯誤。我們無法光憑兩份研究充分了解指紋分析的可靠性，但從這兩份文獻可以看出指紋分析技術仍亟需改進。人們往往認定鑑識技術的錯誤率極低，傑伊．柯勒教授的研究顯示，陪審員估計的指紋比對錯誤率為五百五十萬分之一，他們心目中咬痕比對與毛髮比對的錯誤率則是一百萬分之一。[10]假如將正確的錯誤率告知陪審團，就有機會實質影響判決：桂葛瑞．米歇爾教授和我合作進行的模擬陪審團研究顯示，當指紋分析師承認鑑定結果可能有誤時，陪審員賦予證據的重要性顯著降低了。[11]

在第五章的開頭，我介紹了華府毛髮比對案件中誇張的證詞，以及聯邦調查局後續的全國審查行動；當時是《華盛頓郵報》記者史賓塞．許撰寫一系列的報導，揭發了誇飾證詞的醜聞。[12]聯邦調查局也發布了一份可在線上閱讀的報告，在調查局審查的兩千九百起案件中，百分之九十六的案件出現了誇飾證詞。[13]另外，我建議讀者閱讀美國統計協會發表的指導方針，認識鑑識結論應使用的詞句。[14]美國司法部在二〇一九年宣布了數個鑑識領域的新指導方針，指出專家不該用他們多年的經驗支持鑑定結論，但這套指導方針也明言准許專家使用可能令人誤會的「來源識別」一詞。[15]

我在第六章提出了問題：什麼樣的人才有資格當鑑識專家？我們長期缺乏鑑識科學的證書與教育計畫，《前線》與ProPublica就在《真實的CSI》（*The Real CSI*）紀錄片中展示出無鑑識背景與能力的人如何輕易取得「鑑識顧問」證照。[16]另外，即使是經驗豐富、擁有多項憑證的專家也可能出錯，許多鑑識專家還會在常規性的能力試驗中出錯。我和桂葛瑞・米歇爾蒐集了一九九五年至二〇一六年間三十九份指紋比對測驗的結果，發現錯誤率變化相當大。[17]我們另外研究了陪審員聽到個別專家能力試驗結果時會如何反應，結果不出所料，當專家在能力試驗中表現較差，陪審員對於鑑識證據的重視程度也會跟著下降。[18]

我在第七章討論了隱藏的偏誤，探討研究者揭露認知偏誤在鑑識科學扮演之角色的方法。如果你對這方面的研究感興趣，建議從艾提爾・卓爾的研究讀起，也建議你先閱讀他假稱指紋來自布蘭登・梅菲爾德案、請指紋分析師檢視潛伏指紋的研究。卓爾的網站上也列出了他撰寫的多份作品。[19]英國官方仔細調查了蘇格蘭的夏莉・麥基指紋冤錯案，指出了循環論證與偏見資訊在冤錯案中扮演的角色。[20]我也建議你閱讀心理學家丹尼爾・莫瑞等人的文章，他們在一系列研究中顯示出了法醫心理學家強烈的「治療者期望效應」，這種效應往往會使分析結果偏向對辯方或檢方有利。[21]最後，英國鑑識科學監管機構鉅細靡遺的指導方針建議鑑識實驗室使用消除偏誤的技巧，確保鑑識執業者「只掌握與分析相關的案件資訊」。[22]

我在第八章轉而介紹法官扮演的角色，講到在缺乏可靠性證據的情況下，還是有法官在法庭上接受鑑識證據。我強烈建議讀者閱讀路易斯・波拉克在葉拉・普拉札案中兩次裁定的大轉彎。[23]賽門・柯爾教授描述了法官一般基於先例做「祖父條款」判決的狀況：法官往往會避免針對鑑識證據的可靠性做裁定。[24]我和克里斯・法比坎特研讀了數百份關於鑑識科學的州立法庭裁定，發現法官幾乎每次都認為鑑識證據可被接受，甚少有人提及證據的可靠性。[25]法學教授保羅・賈內利也在一篇文章中詳細地寫道，實驗室拒絕分享鑑識分析筆記等文件時，許多法官也放任它們這麼做。[26]

◈第三部　不合格的實驗室

我在第九章轉而介紹鑑識實驗室較大的管制問題，講述了一系列的實驗室醜聞。我強烈建議你閱讀珊德拉・古拉・湯普森的作品《穿著實驗衣的警察》，深入了解更有效地管理與營運實驗室的方法。[27]Netflix紀錄片《麻州毒品醜聞》（*How to Fix a Lab Scandal*）刻劃的故事便是麻州實驗室醜聞。

犯罪現場的蒐證作業會影響後續鑑識分析；我在第十章開頭描述了喬・布萊恩案中的血

跡證據，以及犯罪現場的污染情形。記者帕美拉・科洛夫在深具影響力的ProPublica系列〈血落石出〉(Blood will Tell) 中描述了布萊恩的經歷。[28]《紐約時報》則在二〇一九年一篇報導中，以引人入勝的文字概述了現場血液酒精濃度檢驗的問題。[29]

◈第四部　鑑識科學改良運動

我接著在第十一章討論改良鑑識科學的方法，首先描述了改善鑑識實驗室的方法，並以休士頓鑑識科學中心的重生為例。有興趣了解詳情的話，我再次強烈推薦珊德拉・古拉・湯普森的《穿著實驗衣的警察》一書。休士頓鑑識科學中心已經成立十年了，彼得・斯陶特持續做為實驗室負責人推出新的品管計畫，實驗室不斷擴張遮盲能力試驗計畫，斯陶特也持續對其他實驗室推廣這類品管機制。[30]

我在第十二章提到，大數據有機會改善鑑識科學，卻也可能製造新的錯誤來源與侵犯隱私。我首先介紹了臉部辨識的問題；若想知道那些政府機關臉部辨識資料庫可能存有你的照片，可以上電子前哨基金會 (Electronic Frontier Foundation) 網站了解詳情。[31]另外，我建議讀者閱讀喬治城大學法律中心隱私與科技中心關於臉部辨識的報告，包括最初提出「無休止的嫌疑人行列」一說的那份報告。[32]

在本書最後的第十三章，我討論了改良鑑識科學的各種方法，並列出成立了鑑識科學委員會的州份：阿肯色、德拉瓦、馬里蘭、明尼蘇達、密蘇里、蒙大拿、紐約、新墨西哥、北卡羅來納、羅德島、德州、維吉尼亞、華盛頓與華府都成立了鑑識科學委員會。[33]若想閱讀鑑識科學委員會特別出色的作品，我推薦德州鑑識科學委員會關於卡麥隆・陶德・威靈罕案的報告。[34]在二〇一七年一月被司法部解散前，國家鑑識科學委員會發表了最後一份報告，概述了該團體的工作，以及鑑識科學在全國層級仍待改進的部分。[35]

哈利・愛德華茲法官至今仍持續發表演說，在介紹國家科學院報告中指出的種種問題的同時，大力批判了司法系統對於這些問題不夠充分的反應。愛德華茲法官表示：「也許最關鍵的是，我們還是不知道我們不知道什麼。」十年後，我們仍「需要更好的科學研究與標準，以便形塑鑑識執業者的工作，並對法庭接受的鑑識證據進行管制。」我們仍需要頂尖科學家「研究鑑識方法並出庭解釋證據」。最後，愛德華茲法官總結道：「該做的事情還很多。」[36]

33. Ark. Code 2015, § 12–12–302; D. C. Law § 5–1501.01 et seq. (creating Science Advisory Board and Stakeholder Counsel to supervise crime lab); Delaware Code tit. 29, ch. 47, § 4714 (2015); Md. Code Ann., Health-Gen. § 17–2A-02 (LexisNexis 2009) (establishing oversight of forensic science laboratories in Maryland); Minn. Stat. Ann. § 299C.156 (West 2007); Mo. Ann. Stat. § 650.059.1 (West Supp. 2011); N. C. Gen. Stat. ch. 11, art. 9, § 114–61; R. I. Gen. Laws §§12–1.2– 1 to -7 (2002 & Supp. 2010) (Rhode Island State Crime Laboratory); Forensic Science Laboratory Advisory Board, Mont. Department of Just., www.doj.mt.gov /enforcement/crimelab/#advisoryboard; N. M. Stat. Ann. § 29–16–5 (Supp. 2004) (DNA Oversight Committee); R. I. Gen. Laws § 12–1–1–3 (2002) (State Crime Laboratory Commission); Va. Code Ann. § 9.1–1110(A) (1), (4) (2006); Wash. Rev. Code Ann. § 43.103.030 (2007) (Washington State Forensic Investigations Council).

34. *Report of the Texas Forensic Science Commission, Willingham/Willis Investigation,* April 15, 2011, www.fsc.state.tx.us/documents/FINAL.pdf.

35. National Commission of Forensic Science, "Reflecting Back—Looking toward the Future," National Institute of Standards and Technology, April 11, 2017. 36. Statement of Judge Harry T. Edwards, February 21, 2019, www.innocenceproject.org/judge-edwards-nas-statement/.

19. Itiel E. Dror, David Charlton, and Ailsa E. Peron, "Contextual Information Renders Experts Vulnerable to Making Erroneous Identifications," *Forensic Science International* 156 (2006): 74–78; see also Dr. Itiel E. Dror, www.ucl.ac .uk/~ucjtidr/.
20. "The Fingerprint Inquiry Report" (Edinburgh: APS Group Scotland, 2011), accessed July 14, 2019, www.thefingerprint inquiryscotland.org.uk /inquiry/3127–2.html.
21. Daniel C. Murrie, Marcus T. Boccaccini, Lucy A. Guarnera, and Katrina A. Rufino, "Are Forensic Experts Biased by the Side That Retained Them?" *Psychological Science* 24, no. 10 (2013): 1889–97; and Daniel C. Murrie and Marcus T. Boccaccini, "Adversarial Allegiance among Expert Witnesses," *Annual Review Law Social Science* 11 (2015): 37–55.
22. Forensic Science Regulator, "Cognitive Bias Effects Relevant to Forensic Science Examinations," FSR-G-217, 1 (2015).
23. U. S. v. Llera Plaza, 179 F. Supp. 2d 492 (E. D. Pa. 2002); *rev'd* 188 F. Supp. 2d 549 (E. D. Pa. 2002).
24. Simon A. Cole, "Grandfathering Evidence: Fingerprint Admissibility Ruling from Jennings to Llera Plaza and Back Again," *American Criminal Law Review* 41 (2004): 1195–97.
25. Brandon Garrett and Chris Fabricant, "The Myth of the Reliability Test," *Fordham Law Review* 86 (2018): 121.
26. Paul C. Giannelli, "Scientific Evidence: Bench Notes & Lab Reports," *Criminal Justice* 22, no. 2 (2007): 50–51.
27. Sandra Guerra Thompson, *Cops in Lab Coats: Curbing Wrongful Convictions through Independent Forensic Laboratories* (Durham, NC: Carolina Academic Press, 2015), 52–61.
28. Pamela Colloff, "Blood Will Tell: Investigating a Forensic Science," ProPublica, July 24, 2018, www.propublica.org/series/blood-will-tell.
29. Stacy Cowley and Jessica Silver-Greenberg, "These Machines Can Put You in Jail: Don't Trust Them," *New York Times,* November 2019.
30. For an example of a podcast in which Stout discusses the lab's work, see, for example, Just Science, "Blind Proficiency Testing," January 2019, www.ncjrs .gov/App/Publications/abstract.aspx?ID = 274792.
31. The Electronic Frontier Foundation, "Who Has Your Face?," at https://whohasyourface.org/#.
32. Stephen Gains and Sara Williams, "The Perpetual Lineup: Unregulated Police Facial Recognition in America," Center on Privacy and Technology at Georgetown Law, October 18, 2016.

2. *Convicting the Innocent, DNA Exonerations Database,* at www.convicting theinnocent.com.
3. *Getting Forensics Right,* March 6, 2019, https://web.law.duke.edu/video /tags/keith-harward/; and Netflix, *The Innocence Files,* season 1, episode 3, "The Evidence: The Duty to Correct" (2020), www.netflix.com/title/80214563.
4. NAS Report.
5. PCAST Report.
6. Sharia Mayfield and Brandon Mayfield, *Improbable Cause: The War on Terror's Assault on the Bill of Rights* (Salem, NH: Divertir, 2015).
7. Simon A. Cole, *Suspect Identities: A History of Fingerprinting and Criminal Identification* (Cambridge, MA: Harvard University Press, 2002).
8. United States v. Tibbs, No. 2016 CF1 19431, 42 (D. C. Super. Ct. 2019).
9. PCAST Report, 11–12.
10. Jonathan J. Koehler, "Intuitive Error Rate Estimates for the Forensic Sciences," *Jurimetrics Journal* 57 (2017): 153–68.
11. Brandon Garrett and Gregory Mitchell, "How Jurors Evaluate Fingerprint Evidence: The Relative Importance of Match Language, Method Information, and Error Acknowledgment," *Journal of Empirical Legal Studies,* 10, no. 3 (September 2013): 484–511.
12. Spencer S. Hsu, "Convicted Defendants Left Uninformed of Forensic Flaws Found by Justice Dept.," *Washington Post,* April 16, 2012.
13. Federal Bureau of Investigation, Criminal Justice Information Services Division, "FBI / DOJ Microscopic Hair Comparison Analysis Review," www.fbi .gov/services/laboratory/scientific-analysis/fbidoj-microscopic-hair-comparisonanalysis-review.
14. *American Statistical Association Position on Statistical Statements for Forensic Evidence 1* (January 2, 2019), www.amstat.org/asa/files/pdfs/POLForensicScience.pdf.
15. U. S. Department of Justice, "Approved ULTR for the Forensic Firearms /Toolmarks Discipline—Pattern Match," January 24, 2019, www.justice.gov/olp/page/file/1083671/download.
16. Andres Cediel and Lowell Bergman, "The Real CSI," *Frontline,* PBS, April 17, 2012, www.pbs.org/wgbh/frontline/film/real-csi/transcript/.
17. Brandon L. Garrett and Greg Mitchell, "The Proficiency of Experts," *University of Pennsylvania Law Review* 166 (2018): 915–16.
18. Gregory Mitchell and Brandon Garrett, "The Impact of Proficiency Testing on the Weight Given to Fingerprint Evidence," *Behavioral Sciences and the Law* 37 (2019): 195–210.

14. Massachusetts S. B. 2371, Michigan House Bill No. 6 (2018).
15. See Texas Forensic Science Commission, Fourth Annual Report, 2015, 15–22.
16. California Crime Laboratory Review Task Force, "An Examination of Forensic Science in California," November 2009, 47; Letter from William Thompson et al. to Members, California Crime Laboratory Review Task Force, June 25, 2010.
17. Larry A. Hammond, "The Failure of Forensic Science Reform in Arizona," *Judicature* 93 (2010): 227, 228.
18. Office of Justice Programs, National Institute of Justice, FY2010 Paul Coverdell National Forensic Science Improvement Act Report to Congress: Funding Table (2010).
19. U. S. Department of Justice, Office of the Inspector General, Review of the Office of Justice Programs' Paul Coverdell Forensic Science Improvement Grants Program, 2008, 7, www.justice.gov/oig/reports/OJP/e0801/final.pdf.
20. U. S. Department of Justice, National Institute of Justice, "Solicitation: Paul Coverdell Forensic Science Improvement Grants Program, 2020, 5–8, www.ncjrs.gov/pdffiles1/nij/sl000921.pdf.
21. NAS Report, 177–78.
22. See, e.g., Paul C. Giannelli, "Daubert and Forensic Science: The Pitfalls of Law Enforcement Control of Scientific Research," *Illinois Law Review* 2011 (2011): 53; and Quintin Chatman, "How Scientific Is Forensic Science?" *The Champion,* August 2009, at 36, 37–38.
23. Strengthening Forensic Science in the United States: The Role of the National Institute of Standards and Technology: Hearing Before the Subcommittee on Technology and Innovation of the House Commission on Science and Technology, 111th Congress, March 10, 2009, 3–4 (2009).
24. National Institute of Standards and Technology, "Forensic Science Standards Effort Takes Shape as NIST Appoints Scientific Area Committees Members," September 3, 2014, www.nist.gov/forensics/sac-members-announcement .cfm.
25. Karen D. Pan and Karen Kafadar, "Statistical Modeling and Analysis of Trace Element Concentrations in Forensic Glass Evidence," *Annals of Applied Statistics* 21 (2018): 788.
26. David Sarasohn, "Brandon Mayfield, 11 Years Later," *Oregonian,* September 22, 2015.

附錄　參考資料

1. U. S. Department of Justice, Office of the Inspector General, *A Review of the FBI's Handling of the Brandon Mayfield Case,* March 2006, 99, 111, https://oig.justice.gov/special/s0601/f inal.pdf.

31. Catie Edmondson, "ICE Used Facial Recognition to Mine State Driver's License Databases," *New York Times,* July 7, 2019.
32. Murphy, *Inside the Cell,* 153.
33. Maryland v. King, 569 U. S. 435, 482 (2013) (Scalia, J., dissenting).
34. Iowa v. Guise, No. 17–0589, 10 (Iowa Ct. App. 2018).
35. Justice in Forensic Algorithms Act of 2019, H. R. 4368, 116th Cong. (2019–2020).

CHAPTER 13——改良鑑識科學

1. National Commission of Forensic Science, "Reflecting Back—Looking toward the Future," National Institute of Standards and Technology, April 11, 2017.
2. State v. Sheila Denton, No. 04R-330 (Ga. Sup. Ct. Ware County 2020).
3. Loene M. Howes et al., "Forensic Scientists' Conclusions: How Readable Are They for Non-Scientist Report-Users?," *Forensic Science International* 231 (2013): 102.
4. Cal. Penal Code § 1473 (West 2017); 2018 Conn. Pub. S. B. 509 Acts No. 18–61 (Reg. Sess.); Mich. Ct. R. 6.502(g)(2); 2019 Nev. Stat. 356 (2019); Tex. Code Crim. Proc. Ann. art 11.073(b) (West 2015); Wyo. Stat. Ann. § 7–12–403 (West 2018).
5. See Tex. Code Crim. Proc. Ann. art. 38.01; Juan Hinojosa and Lynn Garcia, "Improving Forensic Science through State Oversight: The Texas Model," *Texas Law Review* 91 (2012): 19, 20; and Brandi Grissom, "Bill, Budget Expand Authority of Forensic Science Commission," *Texas Tribune,* May 25, 2013, www .texastribune.org/2013/05/25/reforms-expand-forensic-science-commission-authori.
6. *Report of the Texas Forensic Science Commission, Willingham/Willis Investigation,* April 15, 2011, www.fsc.state.tx.us/documents/FINAL.pdf.
7. Ibid., 24.
8. Ibid., 23.
9. Forensic Technology Center of Excellence, *Final Report, State Forensic Science Commissions* 2016, 4, www.txcourts.gov/media/1440436/forensic-technologycenter-of-excellence-report-on-state-forensic-science-commissions.pdf.
10. Tex. Code Crime. Proc. Ann. art. 38.01 (West 2015).
11. N. Y. Exec. Law § 995-a(1)(b), (2) (McKinney 1996).
12. Joseph Fisch, N. Y. Office of the Inspector General, "Report of Investigation of the Trace Evidence Section of the New York State Police Forensic Investigation Center," 2009, 10–11.
13. "About DFS," Virginia Department of Forensic Science, www.dfs.virginia .gov/about/index.cfm; and Paul C. Giannelli, "Wrongful Convictions and Forensic Science: The Need to Regulate Crime Labs," *North Carolina Law Review* 86 (2007): 163, 194–95.

perma.cc/VQ32-J6RB.

14. Jesse McKinley, "Potsdam Boy's Murder Case May Hinge on Minuscule DNA Sample from Fingernail," *New York Times,* July 25, 2016.
15. PCAST Report, 79–81.
16. DNA Identification Act, Pub. L. No. 103–322, 108 Stat. 2065 (1994) (codified at 42 U. S. C. § 14132).
17. See USA PATRIOT Act of 2001, Pub. L. No. 107–56, § 503, 115 Stat. 272, 364 (codified at 42 U. S. C. § 14135a(d)(2)); see also Regulations under the DNA Analysis Backlog Elimination Act of 2000, 68 Fed. Reg. 74855 (December 29, 2003); Justice for All Act of 2004, Pub. L. No. 108–405, § 203(b), 118 Stat. 2260, 2270 (codified at 42 U. S. C. § 14135a(d)); and DNA Sample Collection from Federal Offenders under the Justice for All Act of 2004, 70 Fed. Reg. 4763, 4764 (January 31, 2005).
18. FBI, "CODIS—NDIS Statistics" (as of January 2020).
19. 42 U. S. C. 14133 (a)(1).
20. 42 U. S. C. 14133 (b)(2).
21. Erin E. Murphy, *Inside the Cell: The Dark Side of Forensic DNA* (New York: Bold Type Books, 2015), 146–47; and Erin Murphy, "DNA in the Criminal Justice System: A Congressional Research Service Report* (*From the Future)," *UCLA Law Review In Discourse,* November 2, 2016.
22. Gabrielle Banks, "Texas Reviewing Thousands of DNA Cases That Used Outdated Method for Calculating Odds," *Dallas News,* January 31, 2016.
23. Brandon Garrett and Lee Kovarsky, *Federal Habeas Corpus: Executive Detention and Post-Conviction Litigation* (New York: Foundation Press, 2013), 164.
24. Kate White, "Joseph Buffey Agrees to Plea Deal, Freed after 15 Years in Prison," *Charleston Gazette-Mail,* October 11, 2016.
25. Ethan Bronner, "Lawyers, Saying DNA Cleared Inmate, Pursue Access to Data," *New York Times,* January 3, 2013.
26. Buffey v. Ballard, 782 S.E.2d 204, 216 (W. Va. 2015).
27. Thomas Fuller, "He Spent 36 Years behind Bars: A Fingerprint Database Cleared Him in Hours," *New York Times,* March 21, 2019.
28. Matthew R. Durose and Connor Brooks, Bureau of Justice Statistics, *Census of Publicly Funded Forensic Crime Laboratories, 2014,* Bureau of Justice Statistics (2015), 1.
29. Kenneth Gantt, U. S. Department of Homeland Security, "Privacy Impact Assessment for the Automated Biometric Identification System (IDENT)," December 7, 2012, 2.
30. Axon Enterprise Inc., *First Report of the Axon AI and Policing Technology Ethics Board,* June 2019.

12. Brandon L. Garrett, Jeff Kukucka, and William Crozier, "Juror Appraisals of Forensic Evidence: Effects of Blind Proficiency and Cross-Examination," *Forensic Science International* 315 (2020).
13. U. S. Department of Justice, Justice News, "Deputy Attorney General Rosenstein Delivers Remarks at the American Academy of Forensic Sciences," February21,2018,www.justice.gov/opa/speech/deputy-attorney-general-rosensteindelivers-remarks-american-academy-forensic-sciences.

CHAPTER 12——大數據鑑識科學

1. Jack Karp, "Facial Recognition Technology Sparks Transparency Battle," *Law360*, November 3, 2019.
2. Ben Conark, "Police Surveillance Technology under Fire in Appeal," *Florida Times Union,* March 12, 2018.
3. Ben Conark, "Florida Court: Prosecutors Had No Obligation to Turn over Facial Recognition Evidence," *Florida Times Union,* January 23, 2019.
4. U. S. Government Accountability Office, *Face Recognition Technology: DOJ and FBI Have Taken Some Actions in Response to GAO Recommendations to Ensure Privacy and Accuracy, But Additional Work Remains,* GAO-19–579T, June 4, 2019, 4, www.gao.gov/assets/700/699489.pdf.
5. Drew Harwell, FBI, "ICE Find State Driver's License Photos Are a Gold Mine for Facial-Recognition Searches," *Washington Post,* June 7, 2019.
6. U. S. Government Accountability Office, *Face Recognition Technology,* 11.
7. Stephen Gains and Sara Williams, "The Perpetual Lineup: Unregulated Police Facial Recognition in America," Center on Privacy and Technology at Georgetown Law, October 18, 2016.
8. James Vincent, "Gender and Racial Bias Found in Amazon's Facial Recognition Technology (Again)," *The Verge,* January 5, 2019.
9. PCAST Report, 21.
10. Itiel Dror and Greg Hampikian, "Subjectivity and Bias in Forensic DNA Mixture Interpretation," *Science & Justice* 51, no. 4 (2011).
11. William Thompson, "Painting the Target around the Matching Profile: The Texas Sharpshooter Fallacy in Forensic DNA Interpretation," *Law, Probability and Risk* 8, no. 3 (2009): 257–76.
12. PCAST Report, 77.
13. President's Council of Advisors on Science and Technology, "An Addendum to the PCAST Report on Forensic Science in Criminal Courts," September 2017, 8, https://

9, 2007, BCE1; and Todd Ruger, "CMI's Refusal to Disclose Software Source Code Has Stalled DUI Cases," *Sarasota Herald Tribune,* October 6, 2007.

31. "Inside the Forensic Files: NYPD Shows PIX11 How It's Tracking Evidence," *Pix11,* May 5, 2015, https://pix11.com/2015/05/05/inside-the-forensicfiles-nypd-shows-pix11-how-its-tracking-evidence/.
32. Brady v. Maryland, 373 U. S. 83 (1963).
33. California v. Trombetta, 467 U. S. 479, 489 (1984).
34. Arizona v. Youngblood, 488 U. S. 51, 56–58 (1988).
35. Brandon L. Garrett, *Convicting the Innocent: Where Criminal Prosecutions Go Wrong* (Cambridge, MA: Harvard University Press, 2011), 196.
36. San Diego Gas & Elec. Co. v. City of San Diego, 450 U. S. 621, 661 n.26 (1981) (Brennan, J., dissenting) (asking "why not a planner").

CHAPTER 11 ——實驗室的重生

1. Adam Liptak and Ralph Blumenthal, "New Doubt Cast on Testing in Houston Police Crime Lab," *New York Times,* August 5, 2004, A19.
2. Adam Liptak, "Worst Crime Lab in the Country—Or Is Houston Typical?" *New York Times,* March 11, 2003.
3. Michael R. Bromwich, *Final Report of the Independent Investigator for the Houston Police Department Crime Laboratory and Property Room* (June 13, 2007), 54–57, www.hpdlabinvestigation.org/reports/070613report.pdf.
4. Sandra Guerra Thompson, *Cops in Lab Coats: Curbing Wrongful Convictions through Independent Forensic Laboratories* (Durham, NC: Carolina Academic Press, 2015), 52–61.
5. "About Us," Board of Directors, Houston Forensic Science Center, www .houstonforensicscience.org/about-us.php.
6. Callan Hundl, Maddisen Neuman, Alicia Rairden, Preshious Rearden, and Peter Stout, "Implementation of a Blind Quality Control Program in a Forensic Laboratory," *Journal of Forensic Science* 1 (2019).
7. Thomas H. Maugh, II, "Navy Viewed as Setting Drug-Testing Standard," *Los Angeles Times,* October 29, 1986.
8. Houston Forensic Science Center, "HFSC Begins Blind Testing in DNA, Latent Prints, National First," press release, November 17, 2016.
9. For an overview, see Hundl et al., "Implementation," 6.
10. Ibid., 5.
11. Ibid., 4–5.

November 2, 2016.

15. Megan Molteni, "How DNA Testing at the US-Mexico Border Will Actually Work," *Wired,* May 2, 2019.
16. Sergio Bichao, "20,000 SWI Cases in NJ Closer to Possibly Bring Thrown Out," *New Jersey 101.5*, October 20, 2017; and Steve Janowski and Lindy Washburn, "20,000 Alcohol Breath Tests Cannot be Used as Evidence in Drunken Driving Cases," *North Jersey Record,* November 13, 2018.
17. See Centers for Disease Control and Prevention, "Impaired Driving: Get the Facts, Centers for Disease Control and Prevention," https://perma.cc/4EXE-63ZJ; and National Highway Traffic Safety Administration (NHTSA), "Facts and Statistics: Alcohol-Impaired Driving," Insurance Information Institute, www.iii.org /fact-statistic/ facts-statistics-alcohol-impaired-driving (citing 2017 data).
18. State v. Ferrer, 95 Hawai'i 409, 23 P.3d 744 (Haw. Ct. App. 2001) ("the majority of courts that have addressed the issue generally consider psychomotor FSTs to be non-scientific evidence").
19. Simon Cole and Ronald Nowaczyk, "Field Sobriety Tests: Are They Designed for Failure?" *Perceptual and Motor Skills Journal* 79 (1994): 99.
20. R. C. 4511.19(D)(4)(b); see also State v. Nutter, 811 N.E.2d 185, 186–87 (Ohio Mun. 2004).
21. Mark Denbeaux et al., "The Untestable Drunk Driving Test," Seton Hall University School of Law, Center for Policy & Research, March 25, 2019, https://ssrn.com/abstract = 3360029.
22. People v. Gower, 366 N.E.2d 69, 71 (1977).
23. N. J. Stat. 39:4–50.
24. State v. Chun, 194 N. J. 54 (N. J. 2008).
25. Denbeaux et al., "Untestable Drunk Driving Test," 28–29.
26. Stacy Cowley and Jessica Silver-Greenberg, "These Machines Can Put You in Jail. Don't Trust Them," *New York Times,* November 2019.
27. Charles Short, "Guilt by Machine," *Florida Law Review* 61 (2009): 177; *In re* Commissioner of Public Safety, 735 N.W.2d 706 (Minn. 2007).
28. In re Source Code Evidentiary Hearings in Implied Consent Matters, 816 N.W.2d 525, 529 (Minn. 2012).
29. See Fla. Stat. § 316.1932(4) (2008)（文中寫道，被告有權索取的完整科學檢驗資料不包括「操作手冊、概要或用以檢驗此人的儀器軟體，或其他檢方未實際掌握的資料」）。
30. See Todd Ruger, "Fines Rise in DUI Software Fight," *Sarasota Herald Tribune,* March

Bristol and Norfolk Counties," *The Enterprise,* November 30, 2017.

CHAPTER 10 ——犯罪現場的污染

1. NAS Report, 177.
2. Texas Forensic Science Commission, "Report on Investigation of Complaint Filed by Walter M. Reaves, Jr. on Behalf of Joe D. Bryan, Concerning Bloodstain Pattern Analysis, Serology and Trace Evidence," 2018, 11.
3. Brief of Amici Curiae of Scholars, State v. Bryan, No. WR089, 339–01 (2019).
4. Joseph Peterson and Ira Sommers, *The Role and Impact of Forensic Evidence in the Criminal Justice Process,* CSU–LA, School of Criminal Justice and Criminalistics, June 10, 2010, www.ncjrs.gov/pdffiles1/nij/grants/231977 .pdf.
5. Tami Abdollah, "OJ Simpson Case Taught Police What Not to Do at a Crime Scene," *Associated Press,* June 8, 2014.
6. Peter Gill, "Analysis and Implications of the Miscarriages of Justice of Amanda Knox and Raffaele Sollecito," *Forensic Science International: Genetics* 23 (2016): 9.
7. Margaret Kadifa and Andrew Kragie, "Police Shoot Man Brandishing Assault Rifle outside Houston Night Club," *Houston Chronicle,* May 17, 2017, www.chron.com/news/houston-texas/houston/article/Police-shoot-man-brandishingassault-rif le-11152187.php.
8. Frank Horvath and Robert T. Meesig, *A National Survey of Police Policies and Practices Regarding the Criminal Investigation Process: Twenty-Five Years after Rand,* November 2001, 76, www.ncjrs.gov/pdffiles1/nij/grants/202902 .pdf.
9. Howard Cohen, "She Told Cops They Were Vitamins. But Botched Test Kept Florida Mom in Jail for Months," *Miami Herald,* March 10, 2018, www .miamiherald.com/news/state/f lorida/article204511844.html.
10. ProPublica, Facebook, March 13, 2018, www.facebook.com/propublica /posts/a-running-list-of-items-that-have-resulted-in-false-positives-on-these-\field-tes/10156305427129445/ (sharing Radley Balko, "Opinion: Why Are Police Still Using Field Drug Tests?" *Washington Post,* March 13, 2018).
11. Texas Forensic Science Commission, *Report in Compliance with HB-34,* December 4, 2018.
12. Ryan Gabrielson, "Houston Police End Use of Drug Tests That Helped Produce Wrongful Convictions," ProPublica, July 14, 2017.
13. Heather Murphy, "Coming Soon to a Police Station Near You: The DNA 'Magic Box'," *New York Times,* January 21, 2019.
14. Erin Murphy, "DNA in the Criminal Justice System," *UCLA Law Review in Discourse,*

Non-scientist Report-Users?" *Forensic Science International* 231 (2013): 102.
33. National Commission on Forensic Science, *Recommendation to the Attorney General: National Code of Professional Responsibility for Forensic Science and Forensic Medical Service Providers,* 2015, 3.
34. Farak Report, 9. 35. Ibid., 11–12.
36. Ibid., 13–14.
37. Ibid., 16–17.
38. Ibid., 16.
39. Ibid., 20.
40. Petition Appendix 9–11, Committee for Public Counsel Services v. Attorney General of Massachusetts, No. SJ-2017 (September 20, 2017).
41. International Standard, "General Requirements for the Competence of Testing and Calibration Laboratories," ISO / IEC 17025:2017(E), 3rd ed., 2017, 8.7.1. (ISO / IEC 17025:2017).
42. NAS Report, 14.
43. National Commission on Forensic Science, *Universal Accreditation,* 2016, 1, www.justice.gov/archives/ncfs/page/file/624026/download.
44. See Okla. Stat. Ann. tit. 74, § 150.37 (2004); N. Y. Exec. § 995b (McKinney 2003) (requiring accreditation by the state Forensic Science Commission). Like New York, Texas created a Forensic Science Commission; Tex. Crim. Proc. Code art. 43 38.01 (2007).
45. Andrea M. Burch et al., *Publicly Funded Forensic Crime Laboratories: Quality Assurance Practices, 2014,* Bureau of Justice Statistics (2016), www.bjs .gov/content/pub/pdf/pffclqap14.pdf.
46. Wendy J. Koen and C. Michael Bowers, eds., *Forensic Science Reform: Protecting the Innocent,* (London: Academic Press, 2017), 257–60.
47. Mandy Locke and Joseph Neff, "Inspectors Missed All SBI Faults," *News and Observer,* August 26, 2010.
48. ANSI National Accreditation Board, "Forensic Accreditation," www.anab .org/forensic-accreditation (last visited February 25, 2020)
49. ISO / IEC 17025:2017(E), 7.7.1–2.
50. Bridgeman v. District Attorney for the Suffolk District, 471 Mass. 465 (2015).
51. Bridgeman v. District Attorney for the Suffolk District, 476 Mass. 298, 309 (2017).
52. Karen Brown, "After Scandals, Officials Say Mass. Drug Labs Have Improved—Concerns Linger," *New England Public Radio,* May 23, 2016.
53. Massachusetts S. B. 2371, Michigan House Bill No. 6 (2018).
54. Joe Pelletier, "Drug Lab Scandal Will Drop More Than 376 Convictions in Plymouth,

17. Matthew R. Durose, Kelly A. Walsh, and Andrea M. Burch, *Census of Publicly Funded Forensic Crime Laboratories, 2009*, Bureau of Justice Statistics (August 2012), 1, www.bjs.gov/content/pub/pdf/cpffcl09.pdf.
18. Max Blau, "As New and Lethal Opioids Flood U. S. Streets, Crime Labs Race to Identify Them," *Stat,* July 5, 2017, www.statnews.com/2017/07/05 /opioid-identif ication-analogs/.
19. See, for example, Arash Khamooshi, "Breaking Down Apple's iPhone Fight with the U. S. Government," *New York Times,* March 21, 2016.
20. Matthew R. Durose and Connor Brooks, Bureau of Justice Statistics, *Census of Publicly Funded Forensic Crime Laboratories, 2014*, Bureau of Justice Statistics (2015), 1; Durose et al., *Census of Publicly Funded Forensic Crime Laboratories, 2009.*
21. John Stith, "Judge Makes the Call on DNA Fee: Even if Defendant's DNA Is in State Databank, Some Judges Require the Fee Be Paid Again," *Post-Standard* (Syracuse), April 8, 2007; and Kirsten D. Levingston, "The Cost of Staying Out of Jail," *New York Times,* April 2, 2006.
22. Human Rights Watch, "Testing Justice: The Rape Kit Backlog in Los Angeles City and County," March 31, 2009.
23. Tina Daunt, "LAPD Blames Faulty Training in DNA Snafu," *Los Angeles Times,* July 31, 2002, B3.
24. Innocence Project, "Cody Davis," www.innocenceproject.org/cases /cody-davis/.
25. U. S. Department of Justice, *Notice Regarding the Solicitation "Paul Coverdell Forensic Science Improvement Grants Program—Formula,"* April 19, 2018, www.nij.gov/funding/documents/solicitations/nij-2018–13760.pdf.
26. Durose and Brooks, *Census of Publicly Funded Forensic Crime Laboratories, 2014*, Appendix Table 9.
27. Michael Connelly, "Making L. A. Come Alive—With a Little Help from Cal State L. A.," *Today Magazine,* Spring 2015, www.calstatela.edu/univ/ppa/today /city-detective-and-crime-lab.
28. Trial Testimony, 134–44, *In re* Minor (March 2017), www.documentcloud .org/documents/5765041-Seavers-Redacted-2.html#document/p73/a485948.
29. Nicole Westman, "CPD Police Fingerprint Work Undermines Chicago Property Crime Cases," *Chicago Reporter,* March 12, 2019.
30. Katie Mettler, "How a Lab Chemist Went from 'Superwoman' to Disgraced Saboteur of More Than 20,000 Drug Cases," *Washington Post,* April 21, 2017.
31. NAS Report, 134.
32. Loene M. Howes et al., "Forensic Scientists' Conclusions: How Readable Are They for

CHAPTER 9——不合格的品管

1. Petition Appendix, 18, Commonwealth v. Cotto, Indictment No. 2007770, 2017 WL 4124972 (Sup. Ct. Mass. June 26, 2017), n. 15.
2. Commonwealth of Massachusetts, Office of the Attorney General, "Investigative Report Pursuant to *Commonwealth v. Cotto,* 471 Mass. 97 (2015)," April 1, 2016, 22–23 [hereafter Farak Report].
3. Farak Report, 9.
4. Ibid., 14.
5. Affidavit, Petition Appendix, 183.
6. Ibid., 184; see also Committee for Public Health Services v. Attorney General (Sept. 20, 2017), Complaint, 14, www.courthousenews.com/wp-content /uploads/2017/09/mass-farak.pdf.
7. Eric S. Lander, "DNA Fingerprinting on Trial," *Nature* 339 (1989): 501, 505.
8. Sandra Guerra Thompson, *Cops in Lab Coats: Curbing Wrongful Convictions through Independent Forensic Laboratories* (Durham, NC: Carolina Academic Press, 2015), 52–61.
9. Murray Weiss, "Criminal Errors," *New York Post,* December 4, 2007; Jaxon Van Derbeken, "SFPD Drug-Test Technician Accused of Skimming," *San Francisco Chronicle,* March 10, 2010, A1; and Steve Mills and Maurice Possley, "Report Alleges Crime Lab Fraud: Scientist Is Accused of Providing False Testimony," *Chicago Tribune,* January 14, 2001.
10. Ben Schmitt and Joe Swickard, "Troubled Detroit Police Crime Lab Shuttered: State Police Audit Results 'Appalling,' Wayne County Prosecutor Declares," *Detroit Free Press,* September 26, 2008, 1; and Lianne Hart, "DNA Lab's Woes Cast Doubt on 68 Prison Terms," *Los Angeles Times,* March 31, 2003, A19.
11. Michael Kranish, "Crime Lab Scandal Rocked Kamala Harris's Term as San Francisco District Attorney," *Washington Post,* March 6, 2019.
12. Rick Anderson, "The Fallibility of Forensic Science," *Criminal Legal News,* January 2019.
13. New State Ice Co. v. Liebmann, 285 U. S. 262, 311 (1932) (Brandeis, J., dissenting).
14. John F. Fox, Jr., FBI Historian, "The Birth of the FBI's Technical Laboratory—1924 to 1935," www.fbi.gov/about-us/history/highlights-of-history/articles /laboratory.
15. Paul Giannelli, "Forensic Science: Why No Research?", *Fordham Urban Law Journal* 38 (2010): 503.
16. See John I. Thornton, "Criminalistics: Past, Present and Future," *Lex et Scienta* 11 (1975): 23.

35. State v. Favela, 323 P.3d 716, 718 (Ariz. Ct. App. 2014).

36. Brandon Garrett and Chris Fabricant, "The Myth of the Reliability Test," *Fordham Law Review* 86 (2018): 121.

37. Rakoff, "Judging Forensics."

38. Ibid.

39. State v. Rose, Case No. K06–0545, 25 (Md. Cir. Ct. Oct. 19, 2007); U. S. v. Rose, No. CCB-08–0149 (D. Md. Dec. 8, 2009).

40. U. S. v. Monteiro, 407 F. Supp. 2d 351, 355 (D. Mass. 2006). 41. U. S. v. Willock, 696 F. Supp. 2d 536 (D. Md. 2010).

42. Gardner v. U. S., 140 A.3d 1172 (D. C. 2016).

43. Brandon L. Garrett, Nicholas Scurich, and William Crozier, "Firearms Testimony and Jurors' Evaluation of Firearms Testimony," *Law and Human Behavior* (forthcoming, 2020).

44. Fed. R. Crim. P. 16 (Advisory Committee's Note, 1975).

45. National Commission on Forensic Science, "Recommendations to the Attorney General Regarding Pretrial Discovery," July 12, 2015.

46. Paul C. Giannelli, "Scientific Evidence: Bench Notes & Lab Reports," *Criminal Justice* 22, no. 2 (2007): 50–51.

47. Paul C. Giannelli, "Criminal Discovery, Scientific Evidence, and DNA," *Vanderbilt Law Review* 44 (1991): 791, 808.

48. Procedural Order: Trace Evidence 1 (D. Mass. Mar. 2010), www.mad .uscourts.gov-boston/pdf/ProcOrderTraceEvidenceUPDATE.pdf.

49. State v. Proctor, 347 S. C. 587 (Ct.App. 2001); *rev'd* State v. Proctor 358 S. C. 417 (2004).

50. Brandon L. Garrett, "Constitutional Regulation of Forensic Evidence," *Washington & Lee Law Review* 73 (2016): 1147, 1181.

51. Dist. Attorney's Office for Third Judicial Dist. v. Osborne, 557 U. S. 52, 55 (2009).

52. Garrett, "Constitutional Regulation of Forensic Evidence," 1183.

53. Melendez-Diaz v. Massachusetts, 557 U. S. at 318 (2009).

54. Williams v. Illinois, 132 S. Ct. 2221 (2012).

55. Jennifer Mnookin and David Kaye, "Confronting Science: Expert Evidence and the Confrontation Clause," *Supreme Court Review* 4 (2012): 99.

56. David Alan Sklansky, "Hearsay's Last Hurrah," *Supreme Court Review* 1 (2009): 73–74.

57. Fed. R. Evid. 706 (Advisory Committee Notes to 1972 Proposed Rules). 58. Jones v. United States, No. 15-CO-1104 (D. C. Cir. 2017).

59. Gretchen Gavett, "The Real CSI: Judge Harry T. Edwards: How Reliable Is Forensic Evidence in Court?" *Frontline,* April 17, 2012.

10. United States v. Starzecpyzel, 880 F. Supp. 1027 (S. D. N. Y. 1995).
11. Williamson v. Reynolds, 904 F. Supp. 1529, 1554 (E. D. Okla. 1995), *rev'd* Williamson v. Ward, 110 F.3d 1508, 1523 (10th Cir. 1997).
12. Kumho Tire Co., Ltd. v. Carmichael, 526 U. S. 137 (1999).
13. U. S. v. Llera Plaza, 188 F. Supp. 2d 549, 550 (E. D. Pa. 2002). 14. U. S. v. Llera Plaza, 179 F. Supp. 2d 492 (E. D. Pa. 2002).
15. U. S. v. Llera Plaza, 188 F. Supp. 2d 549 (E. D. Pa. 2002).
16. Ibid., 565.
17. Ibid., 556.
18. Ibid., 558.
19. See, e.g., United States v. Crisp, 324 F.3d 261, 269–73 (4th Cir. 2003); United States v. Havvard, 260 F.3d 597 (7th Cir. 2001); United States v. George, 363 F.3d 666, 672–73 (7th Cir. 2004); and United States v. John, 597 F.3d 263, 275 (5th Cir. 2010).
20. See United States v. Bonds, No. 15 CR 573–2, 2017 WL 4511061, at 4 (N. D. Ill. October 10, 2017).
21. Oliver Wendell Holmes, "The Path of the Law," *Harvard Law Review* 10 (1897): 457.
22. Peter Neufeld, "The (Near) Irrelevance of Daubert to Criminal Justice and Some Suggestions for Reform," *American Journal of Public Health* 95 (2005): S107.
23. State v. O'Connell, No. 2010CF012600, 2015 WL 10384608, at 4 (Fla. Cir. Ct. 2015).
24. Simon A. Cole, "Grandfathering Evidence: Fingerprint Admissibility Ruling from Jennings to Llera Plaza and Back Again," *American Criminal Law Review* 41 (2004): 1195–97.
25. Johnson v. Com., 12 S.W.3d 258, 262 (Ky. 1999).
26. Meskimen v. Com., 435 S.W.3d 526 (Ky. 2013)
27. Ibid., 534–36.
28. United States v. Llera Plaza, Nos. CR. 98–362–10, CR. 98–362–11, CR. 98–362–12 (E. D. Pa. Jan. 7, 2002).
29. Transcript of Trial, Day Three at 114–15, United States v. Mitchell, No 96–407 (E. D. Pa. July 9, 1999).
30. United States v. Havvard, 117 F. Supp. 2d 848, 854 (S. D. Ind. 2000).
31. *60 Minutes,* "Fingerprints: Infallible Evidence," aired January 5, 2003, CBS.
32. Kay Stephens, "Judge Permits Bite Mark Evidence for Ross Retrial: District Attorney Can Use Testimony about Mark during Ross Murder Retrial," *Altoona Mirror,* March 9, 2017.
33. Gen. Elec. Co. v. Joiner, 522 U. S. 136 (1997).
34. Johnson v. Commonwealth, 12 S.W.3d 258 (Ky. 1999).

27. Debra Rosenberg and Evan Thomas, "I Didn't Do Anything," *Newsweek,* November 9, 1997; and Commonwealth v. Woodward, 694 N.E.2d 1277, 1281 (Mass. 1998).
28. Stephen T. Goudge, "Inquiry into Pediatric Forensic Pathology in Ontario" (Toronto: Ontario Ministry of the Attorney General, 2008), 531.
29. 每年一千五百份診斷與兩百次定罪的估計數值，出自 Deborah Tuerkheimer, "The Next Innocence Project: Shaken Baby Syndrome and the Criminal Courts," *Washington University Law Review* 87, no. 1 (January 2009).
30. Brief of Amici Curiae, State v. McPhaul, No. 421PA17 (N. C. July 30, 2018).
31. State v. McPhaul, 808 S.E.2d 294 (2017).
32. Alicia Rairden, Brandon L. Garrett, Daniel Murrie, Sharon Kelley, and Amy Castillo, "Resolving Latent Conflict: What Happens When Latent Print Examiners Enter the Cage?" *Forensic Science International* 289 (June 2018): 215–22.
33. Michael D. Risinger, "The NAS / NRC Report on Forensic Science: A Glass Nine-Tenths Full (This Is about the Other Tenth)," *Jurimetrics* 50, no. 1 (2009– 10): 21; and NAS Report, 191.
34. Forensic Science Regulator, "Cognitive Bias Effects Relevant to Forensic Science Examinations," FSR-G-217, no. 1 (2015).
35. Melissa K. Taylor et al., *Latent Print Examination and Human Factors: Improving the Practice Through a Systems Approach,* U. S. Department of Commerce, National Institute of Standards and Technology, February 2012.
36. Ibid., 182.

CHAPTER 8——把關者

1. Henry T. Greely and Judy Illes, "Neuroscience-Based Lie Detection: The Urgent Need for Regulation," *American Journal of Law and Medicine* 33 (2007): 385.
2. Frye v. United States, 293 F. 1013 (D. C. Cir. 1923).
3. National Research Council, *The Polygraph and Lie Detection* (Washington, DC: National Academies Press, 2003), 8.
4. United States v. Scheffer, 523 U. S. 303 (1998).
5. Daubert v. Merrell Dow Pharmaceuticals Inc., 509 U. S. 579 (1993).
6. Jed Rakoff, "Judging Forensics," keynote address, *Virginia Journal of Criminal Law* 6 (2018): 35.
7. Daubert, 509 U. S. 579, 590.
8. Barry C. Scheck, "DNA and Daubert," *Cardozo Law Review* 15 (2004): 1959.
9. Randolph N. Jonakait, "The Meaning of Daubert and What That Means for Forensic Science," *Cardozo Law Review* 15 (2004): 2117.

and Robert Rosenthal, "Cognitive Issues in Fingerprint Analysis: Interand Intra-expert Consistency and the Effect of a 'Target' Comparison," *Forensic Science International* 208 (May 2011): 1–3.

16. "Fingerprint Inquiry Report," 638.
17. Itiel E. Dror, William C. Thompson, Christian A. Meissner, I. Kornfield, Dan Krane, Michael Saks, and Michael Risinger, "Context Management Toolbox: A Linear Sequential Unmasking (LSU) Approach for Minimizing Cognitive Bias in Forensic Decision Making," *Journal of Forensic Sciences* 60, no. 4 (July 2015): 1111–12.
18. U. S. Department of Justice, Office of the Inspector General, "A Review of the FBI's Progress in Responding to the Recommendations in the Office of the Inspector General Report on the Fingerprint Misidentification in the Brandon Mayfield Case," June 2011, 5, 27.
19. Itiel E. Dror and Jennifer Mnookin, "The Use of Technology in Human Expert Domains: Challenges and Risks Arising from the Use of Automated Fingerprint Identification Systems in Forensics," *Law, Probability and Risk* 9, no. 1 (January 2010): 47–67. See also Itiel E. Dror, Kasey Wertheim, Peter Fraser-Mackenzie, and Jeff Walajtys, "The Impact of Human-Technology Cooperation and Distributed Cognition in Forensic Science: Biasing Effects of AFIS Contextual Information on Human Experts," *Journal of Forensic Sciences* 57, no. 2 (March 2012): 343–52.
20. Brett Gardner, Sharon Kelley, Daniel Murrie, and Kellyn Blaisdell, "Do Evidence Submission Forms Expose Latent Print Examiners to Task-Irrelevant Information?" *Forensic Science International* 297 (April 2019): 236–42.
21. National Commission on Forensic Science, "Ensuring That Forensic Analysis Is Based upon Task-Relevant Information," 2015, www.justice.gov/archives/ncfs/page/file/641676/download.
22. Emily Pronin, Daniel Y. Lin, and Lee Ross, "The Bias Blind Spot: Perceptions of Bias in Self Versus Others," *Personality and Social Psychology Bulletin* 28, no. 3 (March 2002): 369–81.
23. Kassin, Dror, and Kukucka, "Forensic Confirmation Bias."
24. NAS Report, 177–78.
25. Michael Taylor et al., "Reliability of Pattern Classification in Bloodstain Pattern Analysis, Part I: Bloodstain Patterns on Rigid Non-absorbent Surfaces," *Journal of Forensic Science* 64 (2016): 922, 926–27.
26. D. M. Albert, J. W. Blanchard, and B. L. Knox, "Ensuring Appropriate Expert Testimony for Cases Involving the 'Shaken Baby,' " *Journal of the American Medical Association* 308, no. 1 (2012): 39–40.

2. Daniel Kahneman and Amos Tversky, "On the Psychology of Prediction," *Psychological Review* 80, no. 4 (July 1973).
3. Sue Russell, "Bias and the Big Fingerprint Dust-Up," *Pacific Standard,* June 18, 2009.
4. Itiel E. Dror, David Charlton, and Ailsa E. Peron, "Contextual Information Renders Experts Vulnerable to Making Erroneous Identifications," *Forensic Science International* 156 (2006): 74–78.
5. Andres Cediel and Lowell Bergman, "The Real CSI," *Frontline,* PBS, April 17, 2012, www.pbs.org/wgbh/frontline/film/real-csi/transcript/.
6. Itiel E. Dror and R. Rosenthal, "Meta-Analytically Quantifying the Reliability and Biasability of Forensic Experts," *Journal of Forensic Sciences* 53, no. 4 (July 2008): 900–903.
7. "The Fingerprint Inquiry Report" (Edinburgh: APS Group Scotland, 2011), accessed-July14,2019,www.thefingerprintinquiryscotland.org.uk/inquiry/3127- 2.html.
8. Itiel E. Dror and Greg Hampikian, "Subjectivity and Bias in Forensic DNA Mixture Interpretation," *Science & Justice* 204 (2011).
9. Paul Bieber, "Measuring the Impact of Cognitive Bias in Fire Investigation," in *Proceedings of the International Symposium on Fire Investigation Science and Technology* (Sarasota, FL: National Association of Fire Investigators, 2012), 3–17.
10. Larry S. Miller, "Procedural Bias in Forensic Examinations of Human Hair," *Law and Human Behavior* 11 (1987): 157; and Paul Bieber, "Fire Investigation and Cognitive Bias," in *Wiley Encyclopedia of Forensic Science,* ed. Allan Jamieson and Andre Moenssens (New York: Wiley, 2014).
11. Saul M. Kassin, Itiel E. Dror, and Jeff Kukucka, "The Forensic Confirmation Bias: Problems, Perspectives, and Proposed Solutions," *Journal of Applied Research in Memory & Cognition* 2 (2013): 43, 45.
12. Brandon Garrett, "The Substance of False Confessions," *Stanford Law Review* 62, no. 4 (April 2010): 1051–119.
13. Daniel C. Murrie, Marcus T. Boccaccini, Lucy A. Guarnera, and Katrina A. Rufino, "Are Forensic Experts Biased by the Side That Retained Them?" *Psychological Science* 24, no. 10 (2013): 1889–97; and Daniel C. Murrie and Marcus T. Boccaccini, "Adversarial Allegiance Among Expert Witnesses," *Annual Review Law Social Science* 11 (2015): 37–55.
14. Gregory Mitchell and Brandon L. Garrett, "Creating Reasonable Doubt in Fingerprint Identification Cases: Substantive and Methodological Rebuttals by Defense Experts" (under submission).
15. Itiel E. Dror, Christophe Champod, Glenn Langenburg, David Charlton, Heloise Hunt,

Irrelevant and Prejudicial?" *Jurimetrics Journal* 35 (Winter 1995): 201–19.

17. Brandon L. Garrett and Greg Mitchell, "The Proficiency of Experts," *University of Pennsylvania Law Review* 166 (2018): 915–16.
18. Ibid. See also Simon A. Cole, "Grandfathering Evidence: Fingerprint Admissibility Ruling from Jennings to Llera Plaza and Back Again," *American Criminal Law Review* 41 (2004): 1189, 1213.
19. Brett O. Gardner, Sharon Kelley, and Karen D. Pan, "Latent Print Proficiency Testing: An Examination of Test Respondents, Test-Taking Procedures, and Test Characteristics," *Journal of Forensic Sciences* 64 (2019) 1–7.
20. Brandon L. Garrett and Gregory Mitchell, "The Impact of Proficiency Testing Information and Error Aversions on the Weight Given to Fingerprint Evidence," *Behavioral Sciences and Law* 37, no. 1 (2019).
21. Jennifer McMenamin, "Police Expert Lied about Credentials," *Baltimore Sun,* March 9, 2007.
22. *In re* Renewed Investigation of the State Police Crime Lab., Serology Div., 438 S.E.2d 501, 514–20 (W. Va. 1993).
23. Andres Cediel and Lowell Bergman, "The Real CSI," *Frontline,* PBS, April 17, 2012, www.pbs.org/wgbh/frontline/film/real-csi/transcript/.
24. NAS Report, 210–11.
25. Ibid., 237.
26. Mike Bowers, "Bitemarkers Double-Down With a 'Pay-to-Play' Membership Drive," *CSI DDS,* February 15, 2017, https://csidds.com/2017/02/15/bitemarkersdouble-down-with-a-pay-to-play-membership-drive-aafs2017/; and ABFO, *Qualifications and Application,* February 2017, http://abfo.org/wp-content /uploads/2012/08/APPLY-Intro-v.-Feb-2017.pdf.
27. Garrett and Mitchell, "Impact of Proficiency Testing Information," 915–16.
28. 42 U. S. C. § 263a (2012).
29. Walt Bogdanich, "Lax Laboratories: The Pap Test Misses Much Cervical Cancer through Labs' Errors," *Wall Street Journal,* November 2, 1987, A1.
30. See, e.g., Okla. Stat. Ann. tit. 74, § 150.37.
31. NAS Report, 208–9.
32. U. S. v. Lewis, 220 F. Supp. 2d 548, 554 (S. D. W. V. 2002).

CHAPTER 7 ——隱藏的偏誤

1. Maria Godoy, "The Judgment of Paris: The Blind Taste Test That Decanted the Wine World," *NPR,* May 24, 2016.

40. Beatrice Gitau, "D. C. to Pay Tennessee Man $16.65 Million over Wrongful Conviction," *Christian Science Monitor*, November 20, 2015.
41. Spenser S. Hsu, "Judge Orders D. C. to Pay $13.2 Million in Wrongful FBI Hair Conviction Case," *Washington Post*, February 28, 2016.

CHAPTER 6——資格

1. Collaborative Testing Services, a leading provider, used a test like this in 2019. Firearms Examination, Test No. 19–526 Summary Report, https://cts-forensics.com/reports/19-526_Web.pdf.
2. Spencer S. Hsu and Keith L. Alexander, "Forensic Errors Trigger Reviews of D. C. Crime Lab Ballistics Unit, Prosecutors Say," *Washington Post*, March 24, 2017.
3. Keith Alexander, "FBI, Federal Prosecutors Investigate District's Forensic Firearms Lab," *Washington Post*, January 30, 2020.
4. Hearing Transcript, 34, State of North Carolina v. Daniels, No. 17-CRS54689, 18-CRS-5391 (Sup. Ct. North Carolina, July 24, 2019).
5. Ibid., 11.
6. Ibid., 36–39.
7. Eric Bradner and Rene Marsh, "Acting TSA Director Reassigned after Screeners Failed Tests to Detect Explosives, Weapons," *CNN*, June 2, 2015.
8. Jim Fisher, *Forensics under Fire: Are Bad Science and Dueling Experts Corrupting Criminal Justice?* (New Brunswick, NJ: Rutgers University Press, 2008), 242.
9. NAS Report, 232.
10. National Commission on Forensic Science, *Proficiency Testing in Forensic Science*, Views Document, February 25, 2016.
11. New York State Unified Court System, Language Access and Court Interpreters, accessed March 19, 2020, ww2.nycourts.gov/COURTINTERPRETER /ExamInformation.shtml.
12. 42 U. S. C. § 263a(b).
13. U. S. Department of Justice, Office of the Inspector General, "Combined DNA Index System, Operational and Laboratory Vulnerabilities," May 2006, vi, 11, 55.
14. Hugh J. Hansen et al., "Crisis in Drug Testing, Results of CDC Blind Study," *Journal of the American Medical Association* 253 (April 1985): 2382–87.
15. National Commission on Forensic Science, "Views of the Commission, Optimizing Human Performance in Crime Laboratories through Testing and Feedback," May 27, 2016.
16. Jonathan J. Koehler et al., "The Random Match Probability (RMP) in DNA Evidence:

Investigation into Laboratory Practices and Alleged Misconduct in Explosives-Related and Other Cases" (April 1997) [hereafter 1997 OIG Report].
24. Ibid.
25. Earle, "Discredited Ex-FBI Agent Hired Back."
26. 1997 OIG Report, 5.
27. U. S. Department of Justice, Office of the Inspector General, "The FBI Laboratory One Year Later: A Follow-Up to the Inspector General's April 1997 Report on FBI Laboratory Practices and Alleged Misconduct in ExplosivesRelated and Other Cases" (June 1998).
28. U. S. Department of Justice, Office of the Inspector General, "An Assessment of the 1996 Department of Justice Task Force Review of the FBI Laboratory," July 2014.
29. Ibid., 52.
30. U. S. Department of Justice, "Letter to Chief Judge Lee F. Satterfield," November 15, 2010; and U. S. Department of Justice, "Letter to Chief Judge Lee F. Satterfield," December 16, 2010.
31. Carrie Johnson, "Justice Delayed: After Three Decades, An Apology," *NPR All Things Considered,* July 10, 2012.
32. 1997 OIG Report, 5.
33. Ibid.
34. Federal Bureau of Investigation Criminal Justice Information Services Division, "FBI / DOJ Microscopic Hair Comparison Analysis Review," accessed March 21, 2020, www.fbi.gov/services/laboratory/scientific-analysis/fbidojmicroscopic-hair-comparison-analysis-review.
35. ABS Group, "Root and Culture Cause Analysis of Report and Testimony Errors by FBI MHCA Examiners," August 2018, 12–13, 77, 120, 126, 222, 226.
36. Seth Augenstin, "DOJ's Fingerprint Uniform Language Is Part of 'Constant Evolution,' Says IAI," *Forensic Magazine,* March 1, 2018, www.forensicmag .com/news/2018/03/dojs-fingerprint-uniform-language-part-constant-evolutionsays-iai.
37. Federal Bureau of Investigation, "Root Cause Analysis for Microscopic Hair Comparison Completed," press release, August 14, 2019.
38. American Statistical Association, *American Statistical Association Position on Statistical Statements for Forensic Evidence,* presented under the guidance of the ASA Forensic Science Advisory Committee, January 2, 2019, 1, www.amstat.org/asa/files/pdfs/POL-ForensicScience.pdf.
39. Spencer S. Hsu, "D. C. Police Framed Man Imprisoned 27 Years for 1981 Murder, U. S. Jury Finds," *Washington Post,* November 18, 2015.

_049712.pdf.
6. Sir Arthur Conan Doyle, "A Case of Identity," in *The Adventures of Sherlock Holmes* (Mineola, NY: Dover, 2009).
7. Laboratory Division of Federal Bureau of Investigation, "Proceedings of the International Symposium on Forensic Hair Comparisons," June 1985.
8. John W. Hicks, Special Agent, *Microscopy of Hairs: A Practical Guide and Manual, Federal Bureau of Investigation,* U. S. Department of Justice, January 1977, 41.
9. NAS Report, 5–25.
10. Richard E. Bisbing, *Forensic Hair Comparisons: Guidelines, Standards, Protocols, Quality Assurance and Enforcement,* presentation to the National Academy of Sciences, April 24, 2007.
11. Richard E. Bisbing, "Forensic Identification Subspecialities: Hair Evidence," in *Modern Scientific Evidence: The Law and Science of Expert Testimony,* ed. David Faigman et al. (West Group, 2010–11).
12. Government Brief, 8–9, Donald Gates v. United States, No. 82.1529 (D. C. Court of Appeals).
13. Federal Bureau of Investigation, *Microscopic Hair Analysis,* November 9, 2012, accessed August 5, 2019, www.mtacdl.org/attachments/CPE/Nelson /FBI_Limits_of_Science__%20Microscopic_Hair_Comparison.pdf.
14. Brandon L. Garrett and Peter J. Neufeld, "Invalid Forensic Science Testimony and Wrongful Conviction," 95 *Virginia Law Review* 1, 47 (2009).
15. Trial Transcript, 2838, People v. Kharey Wise, No. 4762 / 89 (N. Y. Supreme Ct. Nov. 13, 1990).
16. People v. Campbell, 516 N.E.2d 1364, 1369 (Ill. App. 4 Dist. 1987).
17. State v. Melson, 638 S.W.2d 342, 349 (Tenn. 1982).
18. Bivins v. State, 433 N.E.2d 387, 389–390 (Ind. 1982).
19. State v. Stouffer, 721 A.2d 207, 209 n.1 (Md. 1998).
20. American Academy of Forensic Science, "Code of Ethics and Conduct, Article II" (2019); American Board of Criminalistics, *Code of Ethics,* §§ 9–10, reprinted in Peter D. Barnett, *Ethics in Forensic Science: Professional Standards for the Practice of Criminalistics* (Boca Raton, FL: CRC Press, 2001), 125.
21. Status Hearing Transcript, 20, Donald E. Gates v. United States, F-6602– 81 (D. C. Superior Court November 3, 2009).
22. Spencer S. Hsu, "Convicted Defendants Left Uninformed of Forensic Flaws Found by Justice Dept.," *Washington Post,* April 16, 2012.
23. U. S. Department of Justice, Office of the Inspector General, "The FBI Laboratory: An

37. Jonathan Koehler, "If the Shoe Fits They Might Acquit: The Value of Forensic Science Testimony," *Journal of Empirical Legal Studies* 8 (2011): 21.
38. Brandon L. Garrett, William Crozier, and Rebecca Grady, "Likelihood Ratios, Error Rates, and Jury Evaluation of Forensic Evidence," *Journal of Forensic Sciences* (2020).
39. Trial Transcript, 84, State v. Pacheco (Cal. Super. Ct. Dec. 2016), 7–8.
40. Ibid., 101–2.
41. Ibid., 129.
42. Paul Flahive, "Experts Call for CSI Reform at San Antonio Forensics Event," Texas Public Radio, August 6, 2018.
43. Nicole Wetsman, "Fingerprint Analysis Could Finally Get Scientific, Thanks to a New Tool," *Gizmodo,* May 15, 2018. 44. Ibid.
45. FrStat Software, at www.forensicxpert.com/frstat/.
46. Jonathan J. Koehler, "Error and Exaggeration in the Presentation of DNA Evidence at Trial," *Jurimetrics Journal* 34 (1993): 21.
47. Ibid.
48. William Thompson and Edward L. Schumann, "Interpretation of Statistical Evidence in Criminal Trials: The Prosecutor's Fallacy and the Defense Attorney's Fallacy," *Law & Human Behavior* 11 (1987): 167.
49. Ted R. Hunt, "Agenda Materials on 'Overstatement' in Forensic Science," Advisory Committee on the Federal Rules of Evidence, April 29, 2019.

CHAPTER 5 ——誇大其詞

1. Brandon L. Garrett, "Donald Eugene Gates," *Convicting the Innocent: DNA Exonerations Database,* www.convictingtheinnocent.com/exoneree/donaldeugene-gates/.
2. U. S. Department of Justice, Office of the Inspector General, "Part Five: Findings and Recommendations Concerning Individuals," *The FBI Laboratory: An Investigation into Laboratory Practices and Alleged Misconduct in Explosives-Related and Other Cases,* April 1997, https://oig.justice.gov/special/9704a /index.htm.
3. John F. Fox, Jr., "The Birth of the FBI's Technical Laboratory—1924 to 1935," *Federal Bureau of Investigation,* accessed August 5, 2019, www.fbi.gov /about-us/history/highlights-of-history/articles/laboratory.
4. Geoff Earle, "Discredited Ex-FBI Agent Hired Back as Private Contractor Years Later," *New York Post,* July 21, 2014.
5. National Academy of Sciences, *Needs of the Forensic Science Community: The Perspective of the FBI Laboratory and Other Federal Crime Laboratories,* accessed August 5, 2019, https://sites.nationalacademies.org/cs/groups/pgasite /documents/webpage/pga

Arson Investigation and Innocence Claims," *West Virginia Law Review* 119 (January 2017): 549–619; and John J. Lentini, "The Evolution of Fire Investigation and Its Impact on Arson Cases," *Criminal Justice* 27, no. 1 (Spring 2012): 12.

21. U. S. Fire Administration, "Fire Investigation: Essentials R0206," accessed August 19, 2019, https://apps.usfa.fema.gov/nfacourses/catalog/details/38.
22. P. A. Pizzola et al., "Blood Droplet Dynamics—I," *Journal of Forensic Science* 31 (1986): 36, 37.
23. NAS Report, 179.
24. Michael Taylor et al., "Reliability of Pattern Classification in Bloodstain Pattern Analysis, Part I: Bloodstain Patterns on Rigid Non-absorbent Surfaces," *Journal of Forensic Science* 64 (2016): 922, 926–27.
25. NAS Report, 23.
26. Paul Giannelli, "Forensic Science: Why No Research?", *Fordham Urban Law Journal* 38, no. 2 (January 2011): 502–18.
27. Jonathan J. Koehler, "Intuitive Error Rate Estimates for the Forensic Sciences," *Jurimetrics Journal* 57 (2017): 153–68.
28. PCAST Report, 6.
29. Ibid., 11–12.
30. Joseph B. Kadane, "Fingerprint Infallibility" (draft on file with author, 2020). 31. Bradford T. Ulery, R. Austin Hicklin, JoAnn Buscaglia, and Maria Antonia Roberts, "Accuracy and Reliability of Forensic Latent Fingerprint Decisions," *Proceedings of the National Academy of Sciences* 118 (2011): 7733.
32. United States v. Tibbs, No. 2016 CF1 19431, 42 (D. C. Super. Ct. 2019).
33. Itiel E. Dror and Glenn Langenburg, " 'Cannot Decide': The Fine Line between Appropriate Inconclusive Determinations Versus Unjustifiably Deciding Not to Decide," *Journal of Forensic Science* 64 (2019): 10, 11.
34. Alicia Rairden, Brandon L. Garrett, Daniel Murrie, Sharon Kelley, and Amy Castillo, "Resolving Latent Conflict: What Happens When Latent Print Examiners Enter the Cage?" *Forensic Science International* 289 (2018): 215.
35. Bradford T. Ulery, R. Austin Hicklin, JoAnn Buscaglia, and Maria A. Roberts, "Repeatability and Reproducibility of Decisions by Latent Fingerprint Examiners," *PLoS ONE* 7, no. 3 (2012).
36. Brandon Garrett and Gregory Mitchell, "How Jurors Evaluate Fingerprint Evidence: The Relative Importance of Match Language, Method Information, and Error Acknowledgment," *Journal of Empirical Legal Studies* 10, no. 3 (September 2013): 484–511.

2. The Innocence Project, "Kenny Waters," at www.innocenceproject.org /cases/kenny-waters/.
3. Interview with Betty Anne Waters, January 10, 2020.
4. Decca Aitkenhead, "Betty Anne Waters: 'We Thought Kenny Was Coming Home,' " *The Guardian,* December 10, 2010.
5. The Innocence Project, "Troy Webb," www.innocenceproject.org/cases /troy-webb/.
6. Frank Green, "Blood-Typing Error Alleged to Have Contributed to Wrongful Murder Convictions," *Richmond Times-Dispatch,* April 6, 2016.
7. Federal Bureau of Investigation, *The Science of Fingerprinting: Classification and Uses* (Washington, DC: U. S. Government Printing Office, 1985), iv.
8. Simon A. Cole, *Suspect Identities: A History of Fingerprinting and Criminal Identification* (Cambridge, MA: Harvard University Press, 2001), 182.
9. United States v. Byron Mitchell, 365 F.3d 215 (3d Cir. 2004).
10. Simon A. Cole, "More Than Zero: Accounting for Error in Latent Fingerprint Identification," *Journal of Criminal Law and Criminology* 990, no. 27 (2005): 95.
11. Robert Epstein, "Fingerprints Meet Daubert: The Myth of Fingerprint 'Science' Is Revealed," *Southern California Law Review* 75 (March 2002): 605–57.
12. Andres Cediel and Lowell Bergman, "The Real CSI," *Frontline,* PBS, April 17, 2012, www.pbs.org/wgbh/frontline/film/real-csi/transcript/.
13. Max M. Houck and Bruce Budowle, "Correlation of Microscopic and Mitochondrial DNA Hairs Comparisons," *Journal of Forensic Sciences* 47, no. 5 (September 2002): 1–4.
14. The Honorable Fred Kaufmann, *The Commission on Proceedings Involving Guy Paul Morin* (Ontario: Commission on Proceedings Involving Guy Morin, 1998), 324.
15. The Honorable Douglas M. Lucas, *Report on Forensic Science Matters to the Commission of Inquiry re: James Driskell,* August 17, 2006, 24.
16. Kristopher L. Arheart and Iain A. Pretty, *Results of the 4th ABFO Bitemark Workshop—1999,* Forensic Science International 104 (December 2001): 124; and Michael Bowers et al., "Forensic Bitemark Identification: Weak Foundations, Exaggerated Claims," *Journal of Law and Biosciences* 3 (2016): 538–75.
17. PCAST Report, 86.
18. Sherie A. Blackwell et al., "3-D Imaging and Quantitative Comparison of Human Dentitions and Simulated Bite Marks," *International Journal of Legal Medicine* 121 (January 2007): 9.
19. Robert Garrett, IAI President, "Letter to All Members," International Association for Identification, February 19, 2009.
20. Parisa Dehghani-Tafti and Paul Bieber, "Folklore and Forensics: The Challenges of

28. Bonnie Lanigan, "Firearms Identification: The Need for a Critical Approach to, and Possible Guidelines for, the Admissibility of 'Ballistics' Evidence," *Suffolk Journal of Trial & Appellate Advocacy* 17 (2012): 54.
29. United States v. Monteiro, 407 F. Supp. 2d 351, 361 (D. Mass. 2006).
30. Association of Firearms and Tool Mark Examiners, "Theory of Identification as It Relates to Toolmarks," *AFTE Journal* 30, no. 1 (1998): 86.
31. National Research Council, *Ballistic Imaging* (Washington, DC: National Academies Press, 2008).
32. NAS Report, 155.
33. United States v. Tibbs, No. 2016 CF1 19431, 46 (D. C. Super. Ct.); United States v. Glynn, 578 F. Supp. 2d 567, 572 (S. D. N. Y. 2008); United States v. Romero-Lobato, 379 F. Supp. 3d 111, 1121 (D. Nev. 2019); and United States v. Green, 405 F. Supp. 2d 104, 114 (D. Mass. 2005).
34. For an overview, see Brandon L. Garrett, Nicholas Scurich, and William Crozier, "Firearms Testimony and Jurors' Evaluation of Firearms Testimony" (draft on file with author).
35. U. S. Department of Justice, "Approved ULTR for the Forensic Firearms /Toolmarks Discipline—Pattern Match," January 24, 2019, www.justice.gov/olp/page/file/1083671/download.
36. Federal Bureau of Investigation (FBI), "The Science of Fingerprints" (Washington, DC: Justice Dept., Federal Bureau of Investigation, 1984), iv.
37. Seth Augenstin, "DOJ's Fingerprint Uniform Language Is Part of 'Constant Evolution,' Says IAI," *Forensic Magazine,* March 1, 2018, www .forensicmag.com/news/2018/03/dojs-fingerprint-uniform-language-part-constantevolution-says-iai.
38. U. S. Department of Justice, "Approved Uniform Language for Testimony for the Forensic Latent Print Disciplines," February 2018, www.justice.gov/file/1037171/download.
39. Heidi Eldridge, " 'I Am 100% Certain of My Conclusion.' (But Should the Jury be Certain?)," *Evidence Technology Magazine,* March–April 2012.
40. Simon Cole, Valerie King, and Henry Swofford, poster presentation, "Survey of Fingerprint Examiners on Probabilistic Reporting Standards," CSAFE All Hands Meeting, June 2019.

CHAPTER 4——錯誤率

1. The National Registry of Exonerations, "Kenny Waters," www.law.umich .edu/special/exoneration/Pages/casedetail.aspx?caseid = 3722.

7. Cole, *Suspect Identities,* 181.
8. Mark Twain, *The Tragedy of Pudd'nhead Wilson* (Hartford, CT: American, 1894), 185.
9. Arthur Conan Doyle, *The Sign of the Four* (Philadelphia: Lippincott's Magazine, 1891), 7.
10. David Sedaris, *Holidays on Ice* (Boston, MA: Little Brown, 1997).
11. 圖片出自司法部關於布蘭登・梅菲爾德案的報告。Office of the Inspector General Report (Unclassified and Redacted), "A Review of the FBI's Handling of the Brandon Mayfield Case," Department of Justice, March 2006 [hereafter 2006 OIG Report].
12. 2006 OIG Report, 189. 13. Ibid., 132.
14. Ibid., 132.
15. Ibid., 135–37.
16. Ibid., 144.
17. Andres Cediel and Lowell Bergman, "The Real CSI," *Frontline,* PBS, April 17, 2012, www.pbs.org/wgbh/frontline/film/real-csi/transcript/.
18. Ibid.
19. For a timeline of these events, see 2006 OIG Report, 2–3.
20. Alicia Rairden, Brandon L. Garrett, Daniel Murrie, Sharon Kelley and Amy Castillo, "Resolving Latent Conflict: What Happens When Latent Print Examiners Enter the Cage?" *Forensic Science International* 215 (2018): 289.
21. Ibid.
22. Brandon Garrett and Gregory Mitchell, "How Jurors Evaluate Fingerprint Evidence: The Relative Importance of Match Language, Method Information, and Error Acknowledgment," *Journal of Empirical Legal Studies* 10, no. 3 (September 2013): 484–511. 在另一份研究中，百分之八十四・三的人做了相同的反應。Gregory Mitchell and Brandon Garrett, "The Impact of Proficiency Testing on the Weight Given to Fingerprint Evidence," *Behavioral Sciences and the Law* 37 (2019): 195–210.
23. Katsuhiro Kikuchi, Keiji Higuchi, Takao Kameda, and Akira Yamashita, "A Global Classification of Snow Crystals, Ice Crystals, and Solid Precipitation Based on Observations from Middle Latitudes to Polar Regions," *Atmospheric Research* 460 (2013): 132.
24. NAS Report, 141–44.
25. Christian Sheckler and Ken Armstrong, "The Questionable Conviction, and Reconviction, of Ricky Joyner," ProPublica, July 19, 2019.
26. Ryan Gabrielson, "The FBI Says Its Photo Analysis Is Scientific Evidence; Scientists Disagree," ProPublica, January 17, 2019.
27. Bureau of Justice Statistics, "Nonfatal Firearm Violence, 1993–2011, Special Tabulation from the Bureau of Justice Statistics' National Crime Victimization Survey" (2011), www.nij.gov/topics/crime/gun-violence/pages/welcome.aspx.

Slams President's Council of Advisors on Science and Technology Report," press release, September 2, 2016.
36. Harold Ruslander, *IAI Response to the Report to the President "Forensic Science in Criminal Courts Ensuring Scientific Validity of Feature-Comparison Methods" Issued by the President's Council of Advisors on Science and Technology (PCAST) in September 2016*, International Association for Identification, accessed July 14, 2019, https://theiai.org/docs/8.IAI_PCAST_Response.pdf.
37. National Research Council, *On the Theory and Practice of Voice Identification* (Washington, DC: National Academies Press, 1979).
38. National Research Council, *Forensic Analysis: Weighing Bullet Lead Analysis* (Washington, DC: National Academies Press, 2004).
39. Cliff H. Spiegelman and Karen Kafadar, "Data Integrity and the Scientific Method: The Case for Bullet Lead Data as Forensic Evidence," *Chance* 19, no. 2 (2006): 17–25.
40. Seth Augenstein, "Deputy AG: Forensic Science Is Not Only Numbers, Automation," *Forensic Magazine,* August 8, 2018, www.forensicmag.com /news/2018/08/deputy-ag-forensic-science-not-only-numbers-automation.
41. Brief of the New England Journal of Medicine, the Journal of the American Medical Association, and Annals of Internal Medicine as Amici Curiae in Support of Respondent, Daubert v. Merrell Dow Pharm., Inc., 509 U. S. 579 (1993), January 19, 1993.

CHAPTER 3——錯誤的身分

1. Vindu Goel, "That Fingerprint Sensor on Your Phone Is Not as Safe as You Think," *New York Times,* April 10, 2017; and "About Touch ID Advanced Security Technology," Apple, accessed July 14, 2019, https://support.apple.com /en-us/HT204587.
2. ABS Group, "Root and Culture Cause Analysis of Report and Testimony Errors by FBI MHCA Examiners," August 2018, 67, 79.
3. "The Fingerprint Inquiry Report" (Edinburgh: APS Group Scotland, 2011), accessed July 14, 2019, www.thefingerprint inquiryscotland.org.uk/inquiry /3127–2.html.
4. H. Cummins and C. Midlo, *Fingerprints, Palms, and Soles: An Introduction to Dermatoglyphics* (New York: Dover, 1943), 12–13 (quoting J. C. A. Mayer, *Anatomical Copper-plates with Appropriate Explanations* [1788]).
5. Simon A. Cole, *Suspect Identities: A History of Fingerprinting and Criminal Identification* (Cambridge, MA: Harvard University Press, 2002), 173.
6. "Fingerprinting Evidence Is Used to Solve a British Murder Case," *History .com,* November 13, 2009, last updated July 27, 2019, www.history.com/thisday-in-history/fingerprint-evidence-is-used-to-solve-a-british-murder-case.

Columbia Conference on the Role of the Court in an Age of Developing Science and Technology, "The National Academy of Sciences Report on Forensic Sciences: What It Means for the Bench and Bar," Washington, DC, May 6, 2010, 8.
19. Ibid.
20. Garrett, *Convicting the Innocent,* 94–95; see also Brandon Garrett and Peter Neufeld, *Improper Use of Forensic Science in the First 200 Post-Conviction DNA Exonerations,* https://sites.nationalacademies.org/cs/groups/pgasite /documents/webpage/pga _049970.pdf.
21. Sue Ballou, "The NAS Report: Ten Years of Response," *Journal of Forensic Sciences* 64, no. 1 (2019): 6–9.
22. NAS Report, 4–5.
23. Ibid., 12.
24. Ibid., 19.
25. Jonathan J. Koehler, "Forensic Science Reform in the 21st Century: A Major Conference, A Blockbuster Report and Reasons to be Pessimistic," *Law, Probability & Risk* 9 (2010): 1–6, doi: 10.1093/lpr/mgp029; and Jennifer L. Mnookin et al., "The Need for a Research Culture in the Forensic Sciences," *UCLA Law Review* 58 (2011): 725–79.
26. Melendez-Diaz v. Massachusetts, 557 U. S. 305 (2009).
27. Paul Giannelli, "The 2009 NAS Forensic Science Report: A Literature Review," *Criminal Law Bulletin* 48, no. 2 (2012): 378–93.
28. *Strengthening Forensic Science in the United States: Hearing Before the S. Comm. on the Judiciary,* 111th Cong. 1 (2009) (statement of Senator Jefferson Sessions).
29. NAS Report, 176.
30. Judicial Conference Advisory Committee on Evidence Rules, "Symposium on Forensic Expert Testimony, *Daubert,* and Rule 702," October 17, 2017. Transcript available in *Fordham Law Review* 86 (2018): 1463–550.
31. PCAST Report, 87.
32. Federal Bureau of Investigation, *Comments On: President's Council of Advisors on Science and Technology Report to the President,* September 20, 2016, www.fbi.gov/file-repository/fbi-pcast-response.pdf.
33. President's Council of Advisors on Science and Technology, *An Addendum to the PCAST Report on Forensic Science in Criminal Courts,* Executive Office of the President, January 6, 2017, 2–3, https://obamawhitehouse.archives.gov /sites/default/files/microsites/ostp/PCAST/pcast_forensics_addendum_finalv2 .pdf.
34. Judicial Conference Advisory Committee, "Symposium."
35. National District Attorneys Association, "National District Attorneys Association

CHAPTER 2 ——鑑識科學的危機

1. Testimony of Mr. John Grisham, Senate Committee on Commerce, Science and Transportation, "Turning the Investigation on the Science of Forensics," December 7, 2011.
2. U. S. Senate, Hearing Before the Committee on Commerce, Science, and Transportation, "Turning the Investigation on the Science of Forensics," December 7, 2011.
3. Harry T. Edwards, "Solving the Problems That Plague the Forensic Science Community," *Jurimetrics* 50, no. 1 (Fall 2009): 5, 7.
4. Brandon L. Garrett, "Judging Innocence," *Columbia Law Review* 55 (2008): 108.
5. "About NAS: Membership Overview," National Academy of Sciences, accessed March 9, 2020, www.nasonline.org/about-nas/membership/.
6. "Short Tandem Repeats (STRs)," DNA Diagnostics Center, accessed July 9, 2019, www.forensicdnacenter.com/dna-str.html.
7. Jay D. Aronson, *Genetic Witness: Science, Law, and Controversy in the Making of DNA Profiling* (New Brunswick, NJ: Rutgers University Press, 2007), 15, 17.
8. Adapted from Kerry Abrams and Brandon L. Garrett, "DNA and Distrust," *Notre Dame Law Review* 91, no. 2 (February 2016): 774–75.
9. Eric S. Lander, "DNA Fingerprinting on Trial," *Nature* 339 (1989): 501.
10. National Research Council, *DNA Technology in Forensic Science* (Washington, DC: National Academies Press, 1992); and National Research Council, *The Evaluation of Forensic DNA Evidence* (Washington, DC: National Academies Press, 1996).
11. Brandon L. Garrett, *Convicting the Innocent: Where Criminal Prosecutions Go Wrong* (Cambridge, MA: Harvard University Press, 2011).
12. NAS Report, 44–45.
13. John Grisham, "Why the Innocent End Up in Prison," *Los Angeles Times*, March 11, 2018.
14. These data are available at *Convicting the Innocent, DNA Exonerations Database,* Duke Law: Center for Science and Justice, www.convictingtheinnocent .com.
15. Paul C. Giannelli and Edward J. Imwinkelried, *Scientific Evidence,* 4th ed. (LexisNexis 2007), chaps. 14, 18, 21.
16. Paul Coverdell National Forensic Sciences Improvement Act of 2000, Pub. L. No. 106–561, 114 Stat. 2787 (2000) (codified at 42 U. S. C. § 3797(j) et seq.); and Erin Murphy, "What 'Strengthening Forensic Science' Today Means for Tomorrow: DNA Exceptionalism and the 2009 NAS Report," *Law, Probability and Risk* 9 (2010): 21–22.
17. Donald Kennedy, editorial, "Forensic Science: Oxymoron?," *Science* 302, no. 5651 (December 2003): 1625.
18. Honorable Harry T. Edwards, Presentation at the Superior Court of the District of

7. Paul Giannelli, "Bite Mark Evidence," *Public Defender Reporter* 9, no. 5 (June 1986): 3–4.
8. Trial Transcript, 506, Commonwealth v. Harward, No. 9489–83 (Circuit Court, Newport News, March 6, 1982) [hereafter Harward Trial Transcript].
9. NAS Report, 175.
10. NAS Report, 174–75; see also Bowers, "Identification from Bitemarks," 538, 549–50 (reviewing "less than persuasive" literature and concluding "[t]he demonstration of uniqueness is a blend of art and opinion").
11. President's Council of Advisors on Science and Technology Report, "Forensic Science in Criminal Courts: Ensuring Scientific Validity of Feature-Comparison Methods," Executive Office of the President, September 2016 [hereafter PCAST Report], 84–85, 174.
12. Giannelli, "Bite Mark Evidence," 4.
13. Brandon L. Garrett and Peter J. Neufeld, "Invalid Forensic Science Testimony and Wrongful Convictions," *Virginia Law Review* 95, no. 1 (March 2009): 68.
14. Harward Trial Transcript, 559.
15. Stanley L. Brodsky, Tess M. S. Neal, Robert J. Cramer, and Mitchell H. Ziemke, "Credibility in the Courtroom: How Likeable Should an Expert Witness Be?", *Journal of the American Academy of Psychiatry and the Law* 37 (2009): 525; and Stanley L. Brodsky, *Coping with Cross Examination and Other Pathways to Effective Testimony* (Washington, DC: American Psychological Association, 2004).
16. Jonathan Koehler, N. J. Schweitzer, Michael Saks, and Dawn McQuiston, "Science, Technology, of the Expert Witness: What Influences Jurors' Judgments about Forensic Science Testimony," *Psychology, Public Policy and Law* 22 (2016): 401.
17. Frank Green, "Keith Harward Lashes Out at Field of Dentistry That Helped Wrongly Convict Him," *Richmond Times-Dispatch*, February 13, 2017.
18. Garrett and Neufeld, "Invalid Forensic Science Testimony," 69–70.
19. Green, "Keith Harward Lashes Out."
20. American Board of Forensic Odontology, *Standards and Guidelines for Evaluating Bitemarks*, accessed February 2018, http://abfo.org/wp-content /uploads/2012/08/ABFO-Standards-Guidelines-for-Evaluating-Bitemarks-Feb2018.pdf.
21. Aura Bogado, "Here's How ICE Sent Children Seeking Asylum to Adult Detention Centers, *Reveal News*, May 3, 2018; and Mimi Dwyer, Belle Cushing, and Antonia Hylton, "The U. S. Is Checking Immigrant Kids' Teeth to See if They Actually Belong in Adult Detention," *Vice News*, October 11, 2018.
22. Green, "Keith Harward Lashes Out."

註釋
Notes

前言

1. *CSI: Miami,* season 7, episode 9, "Power Trip," directed by Joe Chappelle, written by Anthony Zuiker, Ann Donahue, Carol Mendelsohn, Matthew Partney, and Corey Evett, featuring Adam Rodriguez, aired January 24, 2008, CBS.
2. Steven T. Wax, *Kafka Comes to America: Fighting for Justice in the War on Terror—A Public Defender's Inside Account* (New York: Other Press, 2008), 212–13.
3. U. S. Department of Justice, Office of the Inspector General, *A Review of the FBI's Handling of the Brandon Mayfield Case,* March 2006, 99, 111; https://oig.justice.gov/special/s0601/f inal.pdf.
4. Brandon L. Garrett, *Convicting the Innocent: Where Criminal Prosecutions Go Wrong* (Cambridge, MA: Harvard University Press, 2011), 9.
5. National Research Council, *Strengthening Forensic Science in the United States: A Path Forward* (Washington, DC: National Academies Press, 2009) [hereafter NAS Report], 107–8.

CHAPTER 1 ——咬痕案

1. Frank Green, " 'Bite Mark' Testimony Questioned in 1982 Newport News Rape and Murder Case," *Richmond Times-Dispatch,* March 27, 2016.
2. C. Michael Bowers, "Identification from Bitemarks," in *Modern Scientific Evidence: The Law and Science of Expert Testimony,* ed. David Faigman et al. (West Group 2010).
3. People v. Marx, 54 Cal. App. 3d 100 (1975).
4. Gerry L. Vale et al., "Unusual Three-Dimensional Bite Mark Evidence in a Homicide Case," *Journal of Forensic Science* 21 (1976): 642.
5. Michael Saks et al., "Forensic Bitemark Evidence: Weak Foundations, Exaggerated Claims," *Journal of Law and the Biosciences* 3 (2016): 538.
6. Andre Moenssens et al., *Scientific Evidence in Civil and Criminal Cases,* 4th ed. (New York: Foundation Press 1995), 985.

犯罪手法系列SP

解剖犯罪實驗室

揭露鑑識科學的缺陷與危機

犯罪手法系列SP－解剖犯罪實驗室：
揭露鑑識科學的缺陷與危機／
布蘭登・葛雷特（Brandon L. Garrett）著；
朱崇旻譯.
－初版.－臺北市：麥田出版：
英屬蓋曼群島商家庭傳媒股份有限公司
城邦分公司發行，2023.06
面；　公分
譯自：Autopsy of a crime lab :
exposing the flaws in forensics
ISBN 978-626-310-178-4（平裝）
1.CST: 鑑識　2.CST: 證據
3.CST: 刑事偵查　4.CST: 法醫學
586.6　　110022381

封面設計　蔡佳豪
印　　刷　漾格科技股份有限公司
初版一刷　2023年06月

定　　價　新台幣430元

I S B N　978-626-310-178-4
9786263102095（EPUB）

Printed in Taiwan.
本書若有缺頁、破損、裝訂錯誤，
請寄回更換。

作　　者　布蘭登・葛雷特（Brandon L. Garrett）
譯　　者　朱崇旻
責任編輯　林如峰
國際版權　吳玲緯
行　　銷　闕志勳　吳宇軒
業　　務　李振東　陳美燕
副總編輯　何維民
編輯總監　劉麗真
發 行 人　凃玉雲

出　　版
麥田出版
台北市中山區104民生東路二段141號5樓
電話：(02) 2500-7696　傳真：(02) 2500-1966
麥田網址：https://www.facebook.com/RyeField.Cite/

發　　行
英屬蓋曼群島商家庭傳媒股份有限公司城邦分公司
地址：10483台北市民生東路二段141號11樓
網址：http://www.cite.com.tw
客服專線：(02)2500-7718; 2500-7719
24小時傳真專線：(02)2500-1990; 2500-1991
服務時間：週一至週五09:30-12:00; 13:30-17:00
劃撥帳號：19863813　戶名：書虫股份有限公司
讀者服務信箱：service@readingclub.com.tw
麥田網址：https://www.facebook.com/RyeField.Cite

香港發行所
城邦（香港）出版集團有限公司
地址：香港灣仔駱克道193號東超商業中心1樓
電話：+852-2508-6231　傳真：+852-2578-9337
電郵：hkcite@biznetvigator.com

馬新發行所
城邦（馬新）出版集團【Cite(M) Sdn. Bhd. (458372U)】
地址：41, Jalan Radin Anum, Bandar Baru Sri Petaling,
57000 Kuala Lumpur, Malaysia.
電話：+603-9057-8822　傳真：+603-9057-6622
電郵：cite@cite.com.my